Roppo / Cafari Panico / Delle Monache

Aktuelle Entwicklungen im europäischen Vertrags- und Gesellschaftsrecht

Jahrbuch für Italienisches Recht

Im Auftrag der Deutsch-italienischen Juristenvereinigung (Vereinigung für den Gedankenaustausch zwischen deutschen und italienischen Juristen e.V.) herausgegeben von Professor Dr. Dr. h.c. mult. Erik Jayme, Professor Dr. Heinz-Peter Mansel, Professor Dr. Thomas Pfeiffer und Professor Dr. Michael Stürner zusammen mit dem Vorstand der Vereinigung Professor Dr. Günter Hirsch (Präsident), Professor Dr. Peter Kindler (Generalsekretär), Dr. Herbert Asam, Professor Dr. Rainer Hausmann, Rudolf F. Kratzer, Ludwig Markus Martin (Ehrenpräsident), Professor Dr. Walter Odersky (Ehrenpräsident), Professor Dr. Gerd Pfeiffer (Ehrenpräsident)

Band 22

Wissenschaftliche Redaktion: Professor Dr. Michael Stürner, M. Jur. (Oxon)
Europa-Universität Viadrina Frankfurt (Oder)

Aktuelle Entwicklungen im europäischen Vertrags- und Gesellschaftsrecht

von

Vincenzo Roppo, Ruggiero Cafari Panico,
Stefano Delle Monache

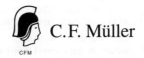

C.F. Müller

Zitiervorschlag:
Jahrbuch für Italienisches Recht 22 (2009) S. oder JbItalR 22 (2009) S.

Anschrift der Redaktion:
Prof. Dr. Michael Stürner
Europa-Universität Viadrina Frankfurt (Oder)
Lehrstuhl für Bürgerliches Recht,
Internationales Privatrecht und Rechtsvergleichung
Große Scharrnstr. 59
15230 Frankfurt (Oder)

e-mail-Adresse der Redaktion:
stuerner@euv-frankfurt-o.de

Bibliografische Information der Deutschen Nationalbibliothek

Die Deutsche Nationalbibliothek verzeichnet diese Publikation in der Deutschen National-
bibliografie; detaillierte bibliografische Daten sind im Internet über <http://dnb.d-nb.de> abrufbar.

Bei der Herstellung des Werkes haben wir uns zukunftsbewusst für umweltverträgliche und
wiederverwertbare Materialien entschieden.
Der Inhalt ist auf elementar chlorfreies Papier gedruckt.

ISSN 0932-772X
ISBN 978-3-8114-7729-2

E-Mail: kundenbetreuung@hjr-verlag.de
Telefon: +49 89/2183-7928
Telefax: +49 89/2183-7620

© 2010 C.F. Müller, eine Marke der Verlagsgruppe Hüthig Jehle Rehm GmbH
Heidelberg, München, Landsberg, Frechen, Hamburg
www.hjr-verlag.de

Satz: Gottemeyer, Rot
Druck: Beltz Druckpartner, Hemsbach

Vorwort

Der vorliegende Band des Jahrbuchs befasst sich mit einem breiten Spektrum von Problemen des deutsch-italienischen Rechtsverkehrs. Ein besonderer Schwerpunkt liegt erneut auf aktuellen europäischen Entwicklungen. So behandeln die Abhandlungen das Europäische Vertragsrecht (*Roppo*), die Politiken der Europäischen Union im Hinblick auf den Lissabon-Vertrag (*Cafari Panico*) sowie das sich schnell weiterentwickelnde Europäische Gesellschaftsrecht (*delle Monache*). Die Beiträge sind ganz überwiegend praxisrelevanten Themen gewidmet: Sie betreffen den Einfluss der Verfassung auf das Zivilrecht (*Caponi*), Fragen des Haftungsumfanges bei Verkehrsunfällen in Italien (*Mansel/Seilstorfer*) und bieten Hilfestellung beim Immobilienerwerb in Italien (*Dolce*). Weitere Themen sind das Institut des danno esistenziale (*Ivone*) sowie Rechtsfragen des Vorabentscheidungsverfahrens aus italienischer Sicht (*Happacher*).

Die Dokumentation der deutschen Judikatur und Literatur zum italienischen Recht und zum deutsch-italienischen Rechtsverkehr sind wichtige Hilfsmittel für den juristischen Alltag. Sie werden bis 2009 fortgeführt.

Die wissenschaftliche Redaktion lag in den Händen von Herrn Professor Dr. *Michael Stürner*, Frankfurt (Oder), der seit diesem Band auch Mitherausgeber des Jahrbuches ist. Herausgeber und Verlag freuen sich, dass Herr Professor Stürner nun dem Herausgeberkreis angehört.

Die Rechtsprechungs- und die Literaturübersicht haben Frau stud. iur. *Anna-Katharina Hübler* und Herr stud. iur. *Dominik Braun*, beide Heidelberg, verfasst. Die Erstellung des Entscheidungsregisters, des Gesetzesverzeichnisses sowie Sachverzeichnisses haben Frau cand. iur. *Stephanie-Marleen Raach* und Herr cand. iur *Lorenz Jarass*, beide Heidelberg, übernommen. Herr Wiss. Ass. Dr. *Matthias Weller* hat die Arbeiten am Heidelberger Institut koordiniert. Allen gilt unser herzlicher Dank für ihre Arbeit. Dem Verlag C.F. Müller danken die Herausgeber für die stete Unterstützung.

Köln, im Februar 2010

Für die Herausgeber
Heinz-Peter Mansel

Inhalt

Vorwort V

Abkürzungen X

I. Abhandlungen 1

Prof. Dr. Vincenzo Roppo
Universität Genua
Die Zukunft des Europäischen Vertragsrechts – Vom Verbrauchervertrag
zum asymmetrischen Vertrag? 3

Prof. Dr. Ruggiero Cafari Panico
Universität Mailand
Die Reform des EG-Vertrages nach dem Scheitern der europäischen
Verfassung – Die Politiken der Europäischen Union 29

Prof. Dr. Stefano Delle Monache
Universität Padua
Aktuelle Probleme des europäischen Gesellschaftsrechts 61

II. Beiträge, Berichte, Besprechungen 85

Prof. Avvocato Dr. Remo Caponi
Universität Florenz
Zwischen Zivil- und Verfassungsrecht:
Der mutige italienische Oberste Gerichtshof 87

Prof. Dr. Heinz-Peter Mansel/Silvia Seilstorfer
Universität zu Köln
Nutzungsausfallschaden und Schmerzensgeld bei Verkehrsunfall nach
italienischem Recht 95

Dr. Rodolfo Dolce
Rechtsanwalt und Avvocato, Frankfurt a.M.
Immobilienerwerb in Italien 109

Prof. Dr. Vitulia Ivone
Universität Salerno
Kurze Anmerkungen zu den neuesten Entwicklungen der italienischen
Rechtsprechung zum Thema des danno esistenziale 137

Ass.-Prof. Dr. Esther Happacher
Leopold-Franzens-Universität Innsbruck
Der italienische Verfassungsgerichtshof und das Vorabentscheidungsverfahren
gemäß Art. 234 EGV: neue Entwicklungen 149

Prof. Dr. Michael Stürner, M.Jur. (Oxon)
Europa-Universität Viadrina Frankfurt (Oder)
Rezension zu Piltz, Burghard, Internationales Kaufrecht, 2. Aufl., München,
C.H. Beck 2008, XX, 492 S. 163

Dr. Moritz Brinkmann, LL.M. (McGill)
Universität zu Köln
Rezension zu Arlt, Roland, True Sale Securitisation unter besonderer
Berücksichtigung der Rechtslage in Deutschland und Italien,
Berlin, Duncker & Humblot 2009, 843 S. 165

III. Entscheidungen 169

Nr. 1 OLG Düsseldorf vom 26.2.2009, Az. 10 U 121/08
Schadensersatz bei Stornierung einer Hotelbuchung 171

Nr. 2 OLG Nürnberg vom 18.2.2008, Az. 10 UF 1639/06
Zur Trennung von Tisch und Bett nach italienischem Recht 175

IV. Rechtsprechungsübersicht 179

  1. Schuld-, Sachen-, Handels- und Wirtschaftsrecht 181
  2. Zivilverfahrensrecht 181
  3. Steuerrecht 181
  4. Strafrecht und Strafprozessrecht 182
  5. Gemeinschaftsrecht 182

V. Deutschsprachiges Schrifttum zum italienischen Recht 185

  1. Allgemeines 186
  2. Schuld-, Sachen-, Handels- und Wirtschaftsrecht 186
  3. Familien-, Erb- und Staatsangehörigkeitsrecht 187
  4. Arbeits- und Sozialrecht 187
  5. Gewerblicher Rechtsschutz, Medien- und Urheberrecht 188
  6. Zivilverfahrens- und Insolvenzrecht 188
  7. Steuerrecht 189
  8. Öffentliches Recht 189
  9. Strafrecht und Strafprozessrecht 190
 10. Gemeinschaftsrecht 190

VI. Gutachten des italienischen Justizministeriums 191

VII. Anhang 193

Verzeichnis der Organe und der korporativen Mitglieder der
Deutsch-italienischen Juristenvereinigung. Vereinigung für den
Gedankenaustausch zwischen deutschen und italienischen Juristen e.V. 194

VIII. Verzeichnis der Entscheidungen 195

IX. Gesetzesverzeichnis 196

Sachverzeichnis 203

Abkürzungen

Es wird verwiesen auf das Abkürzungsverzeichnis in Band 17.

I. Abhandlungen

Vincenzo Roppo

Die Zukunft des Europäischen Vertragsrechts –
Vom Verbrauchervertrag zum asymmetrischen Vertrag?[*]

Übersicht

I. Europäisches Vertragsrecht und acquis communautaire
II. Europäisches Vertragsrecht und Verbrauchervertrag: zwei Forderungen
III. Europäische Regelungen der B2B-Verträge: Verträge über Finanzsicherheiten
IV. Das Ziel, die „schwächere" Vertragspartei zu schützen: der *Small Business Act* und der *acquis* im Bereich der B2B-Verträge
V. Eine erste Familie von Richtlinien: der Schutz des Unternehmens, das die charakteristische Leistung liefert
   1. Die Handelsvertreter-Richtlinie und die Zahlungsverzugs-Richtlinie
   2. Eine Gegenüberstellung mit den Vorschriften zum Verbraucherschutz
VI. Der Schutz des Empfängers der vertragscharakteristischen Leistung: vom Verbraucher zum Kunden
VII. Eine zweite Richtlinienfamilie: der Schutz des Kunden (Empfänger der vertragscharakteristischen Leistung)
VIII. Die allgemeine Richtlinie über Dienstleistungen
IX. Die Richtlinien im Bereich des Versicherungsrechts
X. Die Richtlinie über den elektronischen Geschäftsverkehr (e-commerce)
XI. Die Richtlinie über die Märkte für Finanzinstrumente (MiFID)
XII. Die Richtlinie über Zahlungsdienste im Binnenmarkt
XIII. Von den Richtlinien zu den Verordnungen: Die Rom I-Verordnung über das auf vertragliche Schuldverhältnisse anzuwendende Recht
XIV. Vom Europäischen „Gemeinschaftsrecht" zum Europäischen „common law"
   1. Die *Principles of European Contract Law* (PECL)
   2. Der *Draft Common Frame of Reference* (DCFR)
XV. Vom Verbrauchervertrag zum asymmetrischen Vertrag
XVI. Für eine bessere Definition des asymmetrischen Vertrags: Vertrag zwischen Marktteilnehmern, gekennzeichnet durch eine allgemein physiologische nicht pathologische Asymmetrie
XVII. Die Tendenz zur Überwindung des Verbrauchervertrags
   1. Bewertung aus politischer Sicht
   2. Bewertung aus juristischer Sicht: Einheit oder Spaltung des vertragsrechtlichen Systems
XVIII. Möglichkeiten der Wiedererlangung einer einheitlichen Systematik und Gefahren neuer Fragmentierungen: asymmetrischer Vertrag oder „dritter Vertrag"?

---

[*] Schriftliche Fassung eines auf dem XXII. Kongress der Deutsch-Italienischen Juristenvereinigung am 11.10.2008 in Berlin gehaltenen Vortrags. Die Übersetzung aus dem Italienischen erfolgte durch Frau *Dr. Susanne Kratzer*, Staatsanwältin in München.

I. Europäisches Vertragsrecht und *acquis communautaire*

Um sich die Zukunft des Europäischen Vertragsrechts vorstellen zu können, muss man zunächst das gegenwärtige Vertragsrecht bestimmen. Dies setzt sich aus einer Vielzahl unterschiedlicher Faktoren zusammen, die alle auf bestimmte Weise von Bedeutung sind. So gibt es zahlreiche Richtlinien, einige Verordnungen (beginnend mit den Gruppenfreistellungsverordnungen für wettbewerbsbeschränkende Vereinbarungen bis hin zur jüngsten Rom I-Verordnung über das auf vertragliche Schuldverhältnisse anwendbare Recht), Aktionspläne der Kommission (hier ist zuerst natürlich an den Aktionsplan zum Europäischen Vertragsrecht aus dem Jahr 2003 zu denken[1]) sowie das durch die Rechtsprechung des Europäischen Gerichtshofes entwickelte *case law*.

Dennoch liegt der Schwerpunkt ohne Zweifel auf den Richtlinien. In einer Schrift aus dem Jahr 2005 nennt *Riesenhuber* 19 Richtlinien, die für das Vertragsrecht von Bedeutung sind:[2] von der ältesten (84/450 über irreführende Werbung, die durch die Richtlinie 2002/47 ersetzt wurde) bis zur jüngsten Richtlinie (2004/39 über Märkte für Finanzinstrumente – MiFID 1. Stufe). Möglicherweise hätte *Riesenhuber* auch die Richtlinie 2002/47 über Finanzsicherheiten mit einbeziehen können. Heute ist es zwingend erforderlich, die Liste noch um vier weitere Richtlinien zu ergänzen: 2005/29 über unlautere Geschäftspraktiken; 2006/123 über Dienstleistungen im Binnenmarkt und 2007/64 über die Zahlungsdienste im Binnenmarkt (die unter anderem die Richtlinie 97/5 über grenzüberschreitenden Überweisungen ersetzt).

Von dort ausgehend muss man sich eine wesentliche Frage stellen. Ist es möglich und wünschenswert zu denken, dass das Vertragsrecht nach den bestehenden Richtlinien den Kernpunkt des zukünftigen Europäischen Vertragsrechts ausmacht, welches sich auf einer viel allgemeineren und einheitlicheren Ebene abspielt? Oder ist es im Gegenteil vorzugswürdig, dass der Entwicklungsprozess des Europäischen Vertragsrechts den *acquis communautaire*, der durch die Richtlinien verkörpert ist, ignoriert, oder wenigstens diesen nicht als wesentliches Prinzip zugrunde legt?

Auf diese Frage gibt es verschiedene Antworten, bedingt durch die unterschiedlichen Meinungen, die die Kommentatoren in Bezug auf den *acquis* im Vertragsrecht haben – man könnte vielleicht sagen: in Beziehung zu dem unterschiedlichen Grad an Sympathie, die im Bereich des Europäischen Vertragsrechts den Richtlinien entgegengebracht wird.

Einige Autoren empfinden große Sympathie für den *acquis communautaire* im Bereich des Vertragsrechts. Sowohl vom technischen Gesichtspunkt aus betrachtet, weil sie darin ein ausreichend einheitliches normatives Gebilde erblicken, das auf Prinzipien beruht, die geeignet sind, ein großes Maß an Übereinstimmung zu gewährleisten.[3] Aber auch unter politischen Gesichtspunkten, weil sie der Meinung sind, dass dadurch ein gerechtes, rationales und effizientes Gleichgewicht der auf dem Spiel stehenden Werte

---

1 *Aktionsplan* der Europäischen Kommission zum Europäischen *Vertragsrecht* vom 12.2.2003, KOM (2003) 68 endgültig.
2 *Riesenhuber*, European Review of Contract Law 2005, 301 f.
3 *Riesenhuber*, System und Prinzipien des Europäischen Vertragsrechts, 2003.

(auf der einen Seite die Privatautonomie und die Handlungsfreiheit der Unternehmer; auf der anderen Seite die Schutzbedürftigkeit der schwächeren Vertragspartei) verwirklicht wird. Folglich sehen sie die Zukunft des Europäischen Vertragsrechts als Entwicklung und Verfeinerung des bereits bestehenden *acquis*. *Stefan Grundmann* ist wahrscheinlich der einflussreichste Verfechter dieser Meinung.[4]

Andere Kommentatoren haben eine vollkommen unterschiedliche Auffassung: Sie sind der Ansicht, dass die Zukunft des Europäischen Vertragsrechts sich nicht auf der Grundlage des gegenwärtigen *acquis* entwickeln kann und darf. In diesem Urteil überwiegen die technischen Gründe, insbesondere die Vorstellung, dass Richtlinien im Bereich des Vertragrechts zu bruchstückhaft, uneinheitlich und widersprüchlich sind, um daraus ein vernünftiges „System" des Vertragsrechts herleiten zu können.[5] Bei anderen überwiegen politische Gründe, und hier ist es interessant, festzustellen, dass diese unterschiedlichen Ursprungs sein können oder sich teilweise auch widersprechen.[6]

So wird teilweise angenommen, dass der *aquis communautaire* im Bereich des Vertragsrechts (und insbesondere in Bezug auf Verbraucherverträge) von einer instrumentalen Konzeption geprägt, oder besser gesagt: verunreinigt ist, eine Konzeption, die sich vollkommen auf das Ziel der wirtschaftlichen Integration konzentriert, und weniger sensibilisiert ist für die Bedürfnisse der Ausgewogenheit innerhalb vertraglicher Beziehungen.

Wiederum aus einem ganz anderen Blickwinkel heraus denken andere, dass der bestehende *aquis* auf effiziente und zufrieden stellende Art und Weise ausreichenden Schutz für die Verbraucher bereithält, die als die schwächere Vertragspartei betrachtet werden. Sie widersetzen sich der Vorstellung, dass sich dieser Normenkomplex in Richtung eines allgemein gehaltenen Rechtssystems entwickelt, weil sie befürchten, dass eine Ausweitung des Anwendungsbereichs – im Namen anderer Interessen – die bewusste Ausrichtung auf den Verbraucher verwässern könnte und vor allem an Schutzwirkung zugunsten der schwächeren Vertragspartei einbüßen könnte.[7]

II. Europäisches Vertragsrecht und Verbrauchervertrag: zwei Forderungen

Die beiden eben dargestellten Meinungen sind weit von einander entfernt, aber sie haben einen gemeinsamen Ausgangspunkt, den ich gerne hervorheben möchte: Beide identifizieren den *acquis communautaire* im Bereich des Vertrages mit dem *consumer acquis,* d.h. mit den Richtlinien, die sich mit den Verbraucherverträgen beschäftigen, genauer gesagt mit den Verträgen zwischen Verbrauchern und Unternehmern.

Diese Annahme hat eine nicht zu leugnende Grundlage: Man muss anerkennen, dass das Europäische Vertragsrecht, das seinen Ursprung in den Richtlinien findet, im

---

4 *Grundmann*, European Review of Contract Law 2005, 184, 204 ff.; *ders.*, in: Studi in onore di Cesare Massimo Bianca, Band I, 2006, S. 201 ff.
5 *P. Roth*, European Review of Private Law 2002, 761 sowie bereits *Kötz*, RabelsZ 50 (1986), 1.
6 *C. U. Schmid*, European Review of Contract Law 2005, 211.
7 *Howells*, European Review of Contract Law 2005, 360.

Wesentlichen als Verbraucherschutzrecht geboren wurde und auch heute überwiegend als Verbraucherschutzrecht konzipiert ist, das geschaffen wurde, um die speziellen Beziehungen auf dem Markt zu regeln, die wir gewohnt sind, B2C zu nennen.

In der Rechtsprechung des Europäischen Gerichtshofes wird der von diesen Regeln erfasste Bereich als sehr restriktiv und abschließend gehandhabt. Es wird die Möglichkeit abgelehnt, den Anwendungsbereich auf Beziehungen zwischen Personen auszudehnen, die keine Verbraucher im engeren Sinn sind. Diese Haltung wird deutlich bei einer Entscheidung wie im Fall Gruber, in dem es der Gerichtshof abgelehnt hat, die für den Verbraucher geltenden Regelungen auf einen Vertrag über eine Lieferung anzuwenden, die zu 60 % persönlich-familiären Zwecken diente und nur zu 40 % beruflichen Zwecken des Verkäufers.[8]

Eine solche Position scheint eine klare Rollenverteilung zwischen Gemeinschaft und Mitgliedstaaten zu implizieren: Alle gemeinschaftsrechtlichen Einrichtungen unterliegen den Regelungen der vertraglichen B2C-Beziehungen, während die Regelungen der vertraglichen B2B-Beziehungen, die zwischen Marktteilnehmern vorliegen, die keine Verbraucher sind, der Wahl der Mitgliedstaaten überlassen sind.[9]

Davon ausgehend stelle ich mir zwei Fragen. Zunächst: Ist es möglich, in der neuesten Entwicklung des gemeinschaftsrechtlichen Vertragsrechts eine ganz andere Entwicklung zu erkennen, nämlich eine gewisse Tendenz, als europäischen Regelungsgegenstand auch die B2B-Beziehungen (im speziellen die vertraglichen Beziehungen) zwischen zwei Unternehmen zu betrachten? Und weiter: Wenn die erste Frage mit „ja" beantwortet wird, welche Schlussfolgerungen lassen sich daraus in technischer und politischer Hinsicht ziehen?

Im weiteren Verlauf meines Vortrages werde ich versuchen, eine Antwort auf diese zwei Fragen zu finden.

III. Europäische Regelungen der B2B-Verträge: Verträge über Finanzsicherheiten

Die Richtlinie 2002/47/EG über Finanzsicherheiten liefert ein erstes eindeutiges Beispiel für eine gemeinschaftsrechtliche Regelung der B2B-Verträge. Art. 1.2 legt fest, dass die Vertragparteien – der Begünstigte und der Garantiegeber – notwendigerweise Rechtssubjekte sein müssen, die keinesfalls die typischen Merkmale eines Verbrauchers aufweisen: entweder weil sie im Rahmen ihrer unternehmerischen Tätigkeit agieren (Behörden, Zentralbanken oder ähnliche Organe, Finanzunternehmen usw.), oder weil sie keine natürlichen Personen sind (sie sind „die von den natürlichen Personen zu unterscheidenden Personen", wie in Buchstabe e geregelt wird).

Dort ist das Ziel der Regelung nicht, Asymmetrien auf dem Markt auszugleichen, indem der schwächeren Vertragspartei Schutz gegenüber der überlegenen Vertragspartei gewährt wird. Ziel ist es hingegen, „die Rechtssicherheit im Bereich der Finanz-

---

8 EuGH v. 20.1.2005, Rs. 464/01, Slg. 2005, I-439.
9 Vgl. diesbezüglich für Italien insbesondere das Gesetz n. 192/1998 über Zulieferverträge.

sicherheiten zu erhöhen" (Erwägungsgrund 5) und auf diese Weise „zu einer weiteren Integration und höheren Kostenwirksamkeit des Finanzmarkts sowie zur Stabilität des Finanzsystems in der Gemeinschaft beizutragen und dadurch den freien Dienstleistungs- und Kapitalverkehr im Finanzbinnenmarkt" zu fördern (Erwägungsgrund 3).

IV. Das Ziel, die „schwächere" Vertragspartei zu schützen: der *Small Business Act* und der *acquis* im Bereich der B2B-Verträge

Aber es verhält sich nicht immer so. Ganz im Gegenteil: Normalerweise ist es gerade umgekehrt. Normalerweise ist der Zweck, der beim Erlass von Richtlinien im Bereich der B2B-Verträge zugrunde liegt, die informativen Asymmetrien gegenüberzustellen, das Ungleichgewicht in der Verhandlungsposition und andere Fälle von Marktversagen, die die Gerechtigkeit und Effizienz der Beziehungen zwischen den Unternehmen bedrohen. Deshalb geht es darum – im Bereich der asymmetrischen Beziehungen auf dem Markt – das schwächere gegenüber dem stärkeren Unternehmen zu schützen.

Der eben angeführte Zweck scheint Ausfluss der Politik zugunsten und zur Unterstützung kleinerer bis mittelständischer Unternehmen zu sein, die im Juni 2008 in dem wichtigen Dokument der Kommission, gewöhnlich genannt „Small Business Act für Europa"[10], Niederschlag gefunden hat.

Es ist wahr, dass das Dokument unter den von der Gemeinschaft verfolgten Zielen nicht spezifisch die Entwicklung einer Gesetzgebung anzeigt, die den Schutz der schwächeren Unternehmen gegenüber den auf dem Markt überlegenen Unternehmen in asymmetrischen Vertragsbeziehungen gewährleistet. Dennoch kann man dieses Ziel in viele vorweggenommene Strategien zur Umsetzung der zehn Prinzipien, die die Grundlage des Programms bilden, hineinlesen. Zum Beispiel in den Bereichen, in denen Initiativen für kleinere bis mittlere Unternehmen ergriffen wurden, um diesen die Teilnahme an globalen Lieferketten zu ermöglichen. So ist bekannt, dass eines der Hauptprobleme sich im Rahmen der *supply chains* stellt – ein Bereich, der typischerweise von B2B-Verträgen gekennzeichnet ist –, bedingt durch die ungleiche Kräfteverteilung auf dem Markt zwischen den auf verschiedenen Ebenen der Kette angesiedelten Unternehmen und bedingt durch das Bedürfnis, die in einer schwächeren Position befindlichen Unternehmen im Bereich der sogenannten *hierarchical contractual networks* zu schützen.[11]

Darüber hinaus wird dies im Rahmen des sechsten Grundsatzes ausdrücklich genannt unter Bezugnahme auf ein besonderes Problem, das Regelungsgegenstand der asymmetrischen vertraglichen B2B-Beziehungen ist: „Für die KMU soll der Zugang zu Finanzierungen erleichtert und ein rechtliches und wirtschaftliches Umfeld für mehr Zahlungsdisziplin im Geschäftsleben geschaffen werden."

---

10 Mitteilung der Kommission vom 25.6.2008, KOM(2008) 394 endgültig.
11 Der Begriff stammt von *Fabrizio Cafaggi*: Contractual Networks and the Small Business Act: Towards European Principles?, EUI Working Papers, Law 2008/15, S. 27.

Eine Klarstellung, um den von mir angesprochenen *acquis communautaire* (bereits bestehend oder für die Zukunft geplant) besser definieren zu können: Dieser soll B2B-Verträge erfassen und dem Zweck dienen, die schwache Vertragspartei gegenüber der auf dem Markt überlegenen Partei zu schützen, indem Fälle eines Marktversagens überwunden werden sollen: Wir können diesen als *aquis* im Bereich der B2B-Verträge bezeichnen. Aber diesen *acquis* kann man nicht als homogenen normativen Block betrachten. Im Gegenteil, man muss ihm verschiedene Komponenten entnehmen, die notwendigerweise auseinander gehalten werden müssen, um ausreichend präzise und tiefgehende Geltungsgründe – die durchaus unterschiedlich sein können – zu gewinnen, die hinter den verschiedenen Disziplinen stehen, aus denen sie gebildet werden.

Ich schlage vor, als Arbeitshypothese innerhalb dieses *B2B contracts acquis* zwei Kategorien von Regelungen zu unterscheiden.

V. Eine erste Familie von Richtlinien: der Schutz des Unternehmens, das die charakteristische Leistung liefert

Die erste Kategorie umfasst Richtlinien, die sich auf vertragliche Beziehungen mit folgenden Merkmalen erstrecken:

– Es handelt sich um Beziehungen, die auf subjektiver Ebene ausschließlich als B2B gekennzeichnet sind, in denen kein Raum für die Figur des Verbrauchers ist: beide Vertragsteile sind notwendigerweise Unternehmen oder Rechtssubjekte, die im Rahmen ihrer geschäftlichen Tätigkeit agieren.

– Der durch die Asymmetrie des Marktes benachteiligte Vertragspartner und damit Schutzobjekt der Regelung ist der Vertragsteil, dem es im Rahmen der Vertragsbeziehung obliegt, die charakteristische Leistung auszuführen, sprich die Ware zu liefern oder die Dienstleistung zu erbringen, die den Vertragstyp ausmachen, während dem anderen Vertragsteil eine „neutrale" Leistung, wie die Bezahlung einer entsprechenden Geldsumme, obliegt.

Zumindest zwei Richtlinien fallen in diese Kategorie: die Richtlinie 86/654 zum selbständigen Handelsvertreter und die Richtlinie 2000/35 zum Zahlungsverzug.

1. Die Handelsvertreter-Richtlinie und die Zahlungsverzugs-Richtlinie

In der Richtlinie 86/653 ist die geschützte Partei der Handelsvertreter – ein selbständiger Unternehmer –, dem es obliegt, die vertragstypische Leistung im Rahmen des Agenturvertrages zu erbringen. Der Grund für den gesetzlichen Schutz liegt in der Asymmetrie des Marktes, unter der der Handelsvertreter im Verhältnis zum Geschäftsherrn leidet. Die Wurzel dieses Ungleichgewichts ist die Tatsache, dass der Handelsvertreter die vertragscharakteristische Leistung erbringen muss, die aus einer verteilenden Tätigkeit besteht: Im Hinblick auf diese Tätigkeit sieht sich der Vertreter oft größeren Investitionen ausgesetzt, die eine vorzeitige Beendigung der Beziehung für ihn sehr riskant machen und ihn daher in eine wirtschaftliche Abhängigkeit vom Geschäftsherrn bringen.

Eine analoge Argumentation kann für die Richtlinie 2000/35 angewendet werden. Diese bezieht sich ausschließlich auf B2B-Beziehungen: Sie betrifft nur „Handelsgeschäfte" und „umfasst [keine] Geschäfte mit Verbrauchern" (Erwägungsgrund 13); sie betrifft genauer gesagt „Geschäftsvorgänge zwischen Unternehmen oder zwischen Unternehmen und öffentlichen Stellen, die zu einer Lieferung von Gütern oder Erbringung von Dienstleistungen gegen Entgelt führen" (Art. 2 Nr. 1).

Die geschützte Vertragspartei ist das Unternehmen, das die Waren oder Dienstleistungen erbracht hat und daher Gläubiger des Zahlungsanspruchs ist: Diese Partei hat bereits auf eigene Gefahr die charakteristische Leistung erbracht, ohne die entsprechende Gegenleistung in Geld erhalten zu haben. In diesem Umstand liegt das zu ihren Lasten gehende Ungleichgewicht und damit der Grund für die Schutzbedürftigkeit: Das leistende Unternehmen finanziert kostenlos die Gegenseite, die das Gut oder die Dienstleistung erhält; es trägt die Gefahr von „übermäßig langen Zahlungsfristen und Zahlungsverzug", wodurch es „großen Verwaltungs- und Finanzlasten" ausgesetzt ist, die besonders schwerwiegende Auswirkungen auf kleinere und mittlere Unternehmen haben (Erwägungsgrund 7).

2. Eine Gegenüberstellung mit den Vorschriften zum Verbraucherschutz

Wenn man diese Art von Regelungen mit dem Regelungsmodell der Verbraucherverträge vergleicht, lassen sich eine Ähnlichkeit und gleichzeitig ein Unterschied feststellen.

Die Ähnlichkeit besteht in dem Umstand, dass beide Regelungen dazu dienen, Asymmetrien des Marktes zu korrigieren, die dazu führen, dass eine Vertragspartei schwächer und damit schutzbedürftig ist.

Der Unterschied besteht darin, dass hinsichtlich der Regelungen zum Verbraucherschutz die geschützte Vertragspartei diejenige ist, die die Güter oder Dienstleistungen auf dem Markt erwirbt, indem sie im Gegenzug einen entsprechenden Geldbetrag entrichtet (es ist somit nicht diejenige Partei, die die vertragscharakteristische Leistung erbringt), während bei den Regelungen zu den asymmetrischen B2B-Verträgen die Partei geschützt wird, die die Güter bzw. Dienstleistungen auf dem Markt erbringt (also der Vertragsteil, der die vertragscharakteristische Leistung erbringt).

Dieser Unterschied verdient es, hervorgehoben zu werden, weil dadurch eine gewisse Unregelmäßigkeit in der zuletzt genannten Marktbeziehungen und dem entsprechenden Regelungswerk hierzu zum Ausdruck kommt. In der Tat – wie wir sehen werden – entspricht es in den meisten asymmetrischen Verbindungen der Regel, dass die „stärkere" Partei diejenige ist, die das Angebot unterbreitet und die vertragscharakteristische Leistung erbringt; während die „schwächere" Partei, auf die sich der gesetzliche Schutz erstreckt, diejenige ist, die sich auf der Seite der Nachfrage befindet und die vertragscharakteristische Leistung in Empfang nimmt. Mit einem Wort: es ist der Kunde.

VI. Der Schutz des Empfängers der vertragscharakteristischen Leistung: vom Verbraucher zum Kunden

Das Bedürfnis, den Kunden zu schützen, welches über den Schutz des Verbrauchers hinausgeht, wird seitens des gemeinschaftsrechtlichen Gesetzgebers in dem Moment zum Ausdruck gebracht, in dem dieser sich speziell mit dem Verbraucherschutz beschäftigt. Hierfür möchte ich zwei Beispiele anführen.

Ein erstes Beispiel betrifft die Richtlinie 2005/29 über die unlauteren Geschäftspraktiken. Es ist wahr, dass diese nur die unlauteren Geschäftspraktiken zulasten der Interessen der Verbraucher regelt, denen seitens der Unternehmen Angebote über Güter und Dienstleistungen unterbreitet werden. Dennoch fügt der Gesetzgeber ergänzend hinzu, dass es „andere Geschäftspraktiken [gibt], die zwar nicht den Verbraucher schädigen, sich jedoch nachteilig für die Mitbewerber und gewerblichen Kunden auswirken können". Weiter führt er aus, dass „die Kommission sorgfältig prüfen [sollte], ob auf dem Gebiet des unlauteren Wettbewerbs über den Regelungsbereich dieser Richtlinie hinausgehende gemeinschaftliche Maßnahmen erforderlich sind, und gegebenenfalls einen Gesetzgebungsvorschlag zur Erfassung dieser anderen Aspekte des unlauteren Wettbewerbs vorlegen" sollte (Erwägungsgrund 8).

Ein weiteres, noch bedeutenderes Beispiel lässt sich aus dem Grünbuch der Kommission zur Überprüfung des Verbraucherschutzes (2006) gewinnen.[12] Darin finden sich speziell und ausschließlich Überlegungen zu den Regelungen der B2C-Beziehungen, die notwendigerweise das Vorhandensein eines Verbrauchers im strengen Sinne voraussetzen. Dennoch findet sich in einer Passage des Dokuments folgende Formulierung: „Zudem können beispielsweise Ein-Personen-Unternehmen oder kleine Betriebe in einer ähnlichen Lage sein wie Verbraucher, etwa wenn sie Waren oder Dienstleistungen einkaufen, weshalb sich die Frage stellt, ob sie nicht bis zu einem gewissen Grad auch einen Verbraucherschutz genießen sollten."[13]

Die mögliche Tendenz, die darin implizit zum Ausdruck kommt, ist klar. Man fängt an darüber nachzudenken, dass es in einer Reihe von Verbindungen auf dem Markt Vertragsparteien gibt, die schutzwürdig sind, nicht wegen des Umstandes, dass es sich dabei um natürliche Personen handelt, die nicht im Rahmen ihrer gewerblichen, industriellen oder selbständigen beruflichen Tätigkeit agieren (klassische Definition des Verbrauchers), sondern wegen des viel allgemeineren Umstandes, dass sie sich auf der Seite der Nachfrage nach bestimmten Gütern oder Dienstleistungen befinden. Kurz gesagt: Sie verdienen nicht deswegen geschützt zu werden, weil sie „Verbraucher" sind, sondern weil sie „Kunden" sind.

Wir beschrieben diese Tendenz am besten mit folgendem Satz, den die englische Sprache bereithält: *„from consumer protection to customer protection"*.

---

12 Grünbuch Die Überprüfung des gemeinschaftlichen Besitzstands im Verbraucherschutz vom 8. Februar 2007, KOM(2006) 744 endg.

13 KOM (2006) 744 endg., unter Ziff. 4.1.

VII. Eine zweite Richtlinienfamilie: der Schutz des Kunden als Empfänger der vertragscharakteristischen Leistung

Hierunter lassen sich am besten die Richtlinien der zweiten Kategorie zusammenfassen. Diese betreffen vertragliche Beziehungen, die folgendermaßen gekennzeichnet sind:

– Es handelt sich um subjektiv neutrale Beziehungen, in dem Sinne, dass es sich sowohl um B2B- als auch um B2C-Verträge handeln kann: Ein Vertragsteil ist notwendigerweise ein Unternehmen, aber die Gegenseite kann sowohl ein Unternehmen als auch ein Verbraucher sein, aber auch ein Rechtssubjekt, dass sich keiner der beiden Kategorien zuordnen lässt (beispielsweise ein gemeinnütziges Unternehmen).

– Geschützter Vertragsteil ist derjenige, der sich auf der Nachfrageseite befindet und damit Empfänger der vertragscharakteristischen Leistung ist; die Asymmetrie des Marktes, die dessen Schutzbedürftigkeit bedingt, ergibt sich grundsätzlich aus dem Umstand, dass er in Bezug auf die vertragscharakteristische Leistung ein Außenseiter ist und damit nicht über die speziellen Informationen wie die Gegenseite – als Insider hinsichtlich der vertragscharakteristischen Leistung – verfügt.

Hinsichtlich dieses zuletzt genannten Charakteristikums entspricht das untersuchte Regelungswerk offensichtlich den Verbraucherverträgen. Dies ist wichtig, weil sich unter diesem Gesichtspunkt die Überlegung rechtfertigen lässt, inwiefern sich auf die B2B-Verbindungen die ursprünglich nur zum Schutz der B2C-Verbindungen geltenden Vorschriften anwenden lassen.

Die Richtlinien, in denen dieses Modell Einzug findet, haben eine weitere Gemeinsamkeit: Sie betreffen wirtschaftliche Tätigkeiten, die aus Dienstleistungen bestehen; sie befassen sich daher mit Verträgen, deren Vertragsgegenstand aus Dienstleistungen und nicht aus Warenlieferungen besteht.

VIII. Die allgemeine Richtlinie über Dienstleistungen

Gehen wir stellvertretend für alle von der allgemeinen Richtlinie über Dienstleistungen aus, 2006/123: der „Dienstleistungsrichtlinie".

Martin Schauer hat gezeigt, dass diese trotz des ersten Anscheins und trotz der *contraria protestatio* des europäischen Gesetzgebers bedeutende Elemente des Vertragsrechts enthält.[14] Dieser Kern der vertraglichen Regelung basiert auf der Vorstellung einer möglichen Asymmetrie zwischen Leistungserbringer und Leistungsempfänger (wobei der Erstgenannte *outsider* und der Zweitgenannte *insider* ist); daraus folgt eine *policy* des Schutzes zugunsten des Empfängers.

Aber wer ist aus Sicht der Richtlinie der Empfänger der Leistung? Sicherlich nicht ein Rechtssubjekt, das als „Verbraucher" im engen Sinne qualifiziert werden kann, aber im weiten Sinn wohl schon: „Dienstleistungsempfänger" ist „jede natürliche [...] oder

---

14 *Schauer*, European Review of Contract Law 2008, 1.

juristische Person [...], die für berufliche oder andere Zwecke eine Dienstleistung in Anspruch nimmt oder in Anspruch nehmen möchte" (Art. 4 Nr. 3). Folglich kann man sagen: „Relations both B2B and B2C fall within the scope of the Directive."[15]

Das Regelungsmodell der Richtlinie über Dienstleistungen im Allgemeinen – „vom Schutz des Verbrauchers bis hin zum Schutz des Kunden" – spiegelt sich in anderen Richtlinien wider, die sich auf das Anbieten spezieller Dienstleistungen auf besonderen Märkten beziehen. Dabei handelt es sich teilweise um frühere und teilweise um spätere Richtlinien als die Richtlinie 2006/123.

IX. Die Richtlinien im Bereich des Versicherungsrechts

Unter diesem Blickwinkel können wir zuerst die Richtlinien im Bereich des Versicherungsrechts betrachten. Diese enthalten in Wirklichkeit nicht viel Vertragsrecht: Die Position des europäischen Gesetzgebers ist es, dass „die Harmonisierung des für den Versicherungsvertrag geltenden Rechts keine Vorbedingung für die Verwirklichung des Binnenmarktes im Versicherungssektor [ist]. Die den Mitgliedstaaten belassene Möglichkeit, die Anwendung ihres eigenen Rechts für Versicherungsverträge vorzuschreiben, die in ihrem Staatsgebiet belegene Risiken decken, stellt deshalb eine hinreichende Sicherung für diejenigen Versicherungsnehmer dar, die einen besonderen Schutz benötigen."[16] Dennoch findet sich, wenn auch nicht viel, etwas Vertragsrecht in diesen Richtlinien.

Es handelt sich um ein Rechtsgebiet, das sicherlich nur zu einem geringen Umfang Schutzzwecke zugunsten der Versicherungsnehmer im Verhältnis zur Gegenpartei (Versicherungsunternehmen) verfolgt. Auf diese *policy* lassen sich ohne Zweifel die Normen über den Rücktritt und über Informationspflichten zugunsten des Versicherungsnehmers im Rahmen einer Lebensversicherung zurückführen. Aber darauf lassen sich auch einige Normen im Bereich der Nichtlebensversicherungen zurückführen: Beispielsweise die Normen zum Diskriminierungsverbot zwischen Versicherungsnehmern eines sich in der Liquidation befindlichen Versicherungsunternehmens im Hinblick auf die über die zu erbringenden Leistungen abgeschlossenen Verträge und hinsichtlich der vorvertraglichen Aufklärungspflichten gegenüber dem Versicherten. Mit Gewissheit umfasst der Anwendungsbereich dieser Normen gleichermaßen alle Verträge mit sämtlichen Versicherten und beschränkt sich keinesfalls auf die von Verbrauchern abgeschlossenen Verträge.

Es ist wahr, dass die zweite Richtlinie (88/357) über die Nichtlebensversicherung auf unterschiedliche Regime, bezogen auf die verschiedenen Kategorien von Versicherten mit unterschiedlichem Schutzbedürfnis, anspielt: Auf der einen Seite stehen „die Versi-

---

15 *Schauer*, European Review of Contract Law 2008, 1, 5.
16 Erwägungsgrund Nr. 18 der Richtlinie 92/49/EWG des Rates vom 18. Juni 1992 zur Koordinierung der Rechts- und Verwaltungsvorschriften für die Direktversicherung (mit Ausnahme der Lebensversicherung) sowie zur Änderung der Richtlinien 73/239/EWG und 88/357/EWG (Dritte Richtlinie Schadenversicherung).

cherungsnehmer, die aufgrund ihrer Eigenschaft, ihrer Bedeutung oder der Art des zu deckenden Risikos keinen besonderen Schutz in dem Staat benötigen, in dem das Risiko belegen ist"; diesen Parteien ist die uneingeschränkte Freiheit bei der Wahl auf einem möglichst breiten Versicherungsmarkt einzuräumen. Auf der anderen Seite stehen „die anderen Versicherungsnehmer", denen „ein angemessener Schutz zu gewährleisten" ist (Erwägungsgrund 5). Aber die sich daraus ergebenden normativen Schlussfolgerungen sind sehr bescheiden: Für die Verträge mit Vertragspartnern der ersten Kategorie, die eine Erwerbstätigkeit im industriellen oder gewerblichen Sektor oder eine freiberufliche Tätigkeit ausüben, gesteht man die weitestmögliche Rechtswahlmöglichkeit zu; für alle anderen Verträge mit nicht professionellen Vertragspartnern ist eine solche Rechtswahlmöglichkeit beschränkt (Art. 7 Abs. 1 lit. b).

Eine solche beschränkte und marginale Regelung ist nicht ausreichend, um behaupten zu können, dass die Richtlinie zwei verschiedene Kategorien von Versicherungsverträgen einführt: eine für B2B-Versicherungen und eine für B2C-Versicherungen. Der Schwerpunkt der gemeinschaftlichen Regelungen findet unterschiedslos auf alle Verträge Anwendung, unabhängig vom Status des versicherten Vertragspartners. Dieser bemüht sich um Schutz für alle Kunden und nicht nur für diejenigen Kunden, die den Status des Verbrauchers aufweisen.

X. Die Richtlinie über den elektronischen Geschäftsverkehr (E-commerce)

Aber kommen wir zu anderen Richtlinien, die eine große Dosis Vertragsrecht beinhalten. Deren Untersuchung bezeugt auf eine viel deutlichere Weise das Vorhandensein desselben Modells: eine Regelung des Vertragsrechts, die darauf ausgerichtet ist, nicht nur die Verbraucher, sondern viel allgemeiner die Kunden zu schützen.

Dies können wir schon in der Richtlinie 2000/31 über den elektronischen Geschäftsverkehr beobachten. Auch dort ist es Ziel, den Empfänger der Leistung zu schützen – outsider im Verhältnis zur vertragstypischen Leistung – in seiner asymmetrischen Beziehung zum Leistungserbringer. Und dort wird der Leistungsempfänger – der Kunde – mit Worten definiert, die ausdrücklich über die Figur des Verbrauchers hinausgehen: „Nutzer" ist „jede natürliche oder juristische Person, die zu beruflichen oder sonstigen Zwecken einen Dienst der Informationsgesellschaft in Anspruch nimmt, insbesondere um Informationen zu erlangen oder zugänglich zu machen" (Art. 2 lit. d). Es ist wahr, dass die Richtlinie einige spezifische Bestimmungen enthält, die nicht für die Leistungsempfänger im Allgemeinen, sondern nur für diejenigen Leistungsempfänger bestimmt sind, die die Merkmale eines Verbrauchers aufweisen: Art. 10.2 und 11.1-2. Aber es handelt sich dabei lediglich um marginale Bestimmungen von kaum bedeutendem Wert: Sie beschränken sich darauf festzustellen, dass gewisse Regeln über die Rechte und Pflichten der Parteien auf herkömmliche Weise ausgeschlossen werden können, wenn der Vertragspartner kein Verbraucher ist. Darüber hinaus findet der wesentliche und bedeutende Teil der in Frage stehenden vertraglichen Regelung auf den Schutz aller Kunden Anwendung – also auch auf B2B-Verträge –, und nicht nur auf B2B-Verträge mit Verbraucher-Kunden.

XI. Die Richtlinie über die Märkte für Finanzinstrumente (MiFID)

Dieselbe Tendenz kann man in der Regelung über die Märkte für Finanzinstrumente, eingeführt durch die MiFID („Markets in Financial Instruments Directive"), erkennen (gegliedert nach dem sogenannten Lamfalussy-Prinzip, in einer Richtlinie erster Stufe – 2004/39 und einer Richtlinie zweiter Stufe – 2006/73).

Die MiFID beinhaltet einen wichtigen Kernpunkt des Vertragsrechts, bezogen auf die Verträge, mit denen die Investmentunternehmen ihre Produkte und Leistung auf den Markt bringen.[17] Die allgemeine *policy* dieser Regelung ist der Schutz derjenigen, die solche Produkte und Leistungen erwerben wollen und erwerben. Diese werden im Allgemeinen als „Anleger" oder „Kunden" bezeichnet und haben in keiner Weise etwas mit der Figur des „Verbrauchers" zu tun. Der Anleger oder der Kunde kann eine natürliche Person, aber auch eine juristische Person sein; er kann zu anderen Zwecken als der eigenen unternehmerischen oder selbständigen Tätigkeit handeln, aber auch zum Zweck einer solchen Tätigkeit: in allen diesen Fällen kommt er gleichermaßen in den Genuss des gesetzlichen Schutzes, der ihm angesichts der Asymmetrie zuteil wird, die er als *outsider* hinsichtlich des Produkts oder der Leistung, die ihm durch den *insider* des jeweiligen Marktes geliefert wird, erleidet.

Es ist wahr, dass sich an die gewöhnliche Schutzregelung, die allgemein auf jeden „Kunden" Anwendung findet, je nach Kunde differenzierte Regelungen innerhalb des Regelungswerkes der MiFID anschließen: Weniger schützende Regelungen (basiert auf einem weniger strikten Standard) für „qualifizierte Gegenparteien" und für „professionelle Kunden"; Regelungen mit stärkerer Schutzwirkung (basiert auf einem strengeren Standard) für die „Einzelhandelskunden". Aber dies bedeutet kein Zurückgehen zum Modell des „Verbrauchers". Wir befinden uns immer noch innerhalb der Logik des Schutzes „des Kunden": Einfach gesagt wollte der Gesetzgeber das Schutzniveau abhängig machen vom Grad der Asymmetrie, der von Kunde zu Kunde variieren kann. Sogar der Kunde, der durch den höchsten Grad an Asymmetrie gekennzeichnet ist und zu dessen Gunsten das höchste Schutzniveau greift – der Einzelhandelskunde – ist nicht gleichzusetzen mit dem „Verbraucher": Einzelhandelskunde ist jeder Kunde, der nicht „professioneller Kunde" ist; dabei kann ein solcher auch eine juristische Person sein, also auch ein Rechtssubjekt, das innerhalb der eigenen unternehmerischen oder professionellen Tätigkeit agiert. Ein Vertrag zwischen einem Investitionsunternehmen und einem Einzelhandelskunden kann ein B2B-Vertrag oder auch ein B2C-Vertrag sein.

---

17 *Ferrarini*, European Review of Contract Law 2005, 19; *Grundmann/Hollering*, European Review of Contract Law 2008, 45; *V. Roppo*, Rivista di diritto privato, 2008, 487.

XII. Die Richtlinie über Zahlungsdienste im Binnenmarkt

Kommen wir letztendlich zur Richtlinie über Zahlungsdienste im Binnenmarkt (2007/64 vom 13. November 2007).[18] Auch sie enthält einen beträchtlichen Anteil an Vertragsrecht, und auch sie verfolgt denselben Regelungsansatz bzw. die Regelungsstruktur der MiFID, sogar noch deutlicher.

Dieser Ansatz bzw. diese Struktur wird sehr klar im Erwägungsgrund 20 der Richtlinie ausgedrückt: „Da die Situation von Verbrauchern und Unternehmen nicht dieselbe ist, brauchen sie nicht im selben Umfang geschützt zu werden. Zwar müssen die Verbraucherrechte durch Vorschriften geschützt werden, von denen vertraglich nicht abgewichen werden darf, doch sollte es Unternehmen und Organisationen freistehen, abweichende Vereinbarungen zu schließen. Gleichwohl sollten die Mitgliedstaaten vorschreiben können, dass Kleinstunternehmen ... genauso behandelt werden wie Verbraucher. In jedem Fall sollten bestimmte zentrale Bestimmungen dieser Richtlinie unabhängig vom Status des Nutzers immer gelten.“

Übereinstimmend damit enthält die Richtlinie drei unterschiedliche Regelungsgruppen für die vertraglichen Beziehungen zwischen Zahlungsdienstleistern (die notwendigerweise Unternehmen sind oder jedenfalls Personen oder Körperschaften, die auf „gewerblicher“ Basis agieren) und den Nutzern dieser Dienste. Diese Gruppen können nach dem subjektiven Anwendungsbereich der darin enthaltenen Normen unterteilt werden.

Die erste Gruppe enthält Vorschriften, die immer und (ohne vertragliche Dispositionsmöglichkeiten) auf alle Verträge mit allen Nutzern anwendbar sind, unabhängig von deren Stellung, seien es Verbraucher oder seien es große, mittlere, kleine oder Mikrounternehmen. Jene Vorschriften (zu den Rechten und Pflichten bei der Erbringung und Nutzung von Zahlungsdiensten) sind im Titel IV der Richtlinie enthalten, ausgenommen die neun Artikel, die der Art. 51 Abs. 1 ausdrücklich nennt. Sie stellen den Kern der durch die Richtlinie eingeführten Vertragsdogmatik dar. Daher kann man sagen, dass diese Regelungen notwendigerweise gleichermaßen auf B2B- und auf B2C-Beziehungen, sowie auch allgemeiner auf alle Beziehungen mit irgendeinem Nutzer von Zahlungsdiensten anwendbar sind, und daher typischerweise eine Regelung des Kundenschutzes darstellen, nicht des Verbraucherschutzes.

Die zweite Gruppe beinhaltet Normen, die nur auf jene Verträge ohne Abweichungsmöglichkeiten anwendbar sind, in denen der Nutzer ein Verbraucher ist. Ist hingegen der Nutzer kein Verbraucher, sind diese Vorschriften nicht anwendbar, wenn die Parteien ihren Ausschluss vereinbaren, während sie grundsätzlich anwendbar sind, wenn die Parteien einen solchen Ausschluss nicht vorsehen. Es handelt sich um die Vorschriften (zur Transparenz der Vertragsbedingungen und Informationspflichten für Zahlungsdienste) im Titel III. Dies sind unter anderem die neun von Art. 51 Abs. 1 genannten Artikel. Die Richtlinie gibt den Parteien die Befugnis, vertraglich von diesen Normen

---

18 Durch diese Richtlinie wird ab 1. November 2009 die RL 97/5/EG über grenzüberschreitende Überweisungen übernommen und aufgehoben (Art. 93).

abzuweichen, wenn der Nutzer kein Verbraucher ist (Art. 30 Abs. 1 und 51 Abs. 1). Geschieht dies, so sind die Normen nicht anwendbar. Freilich müssen die Parteien, also der Zahlungsdienstleister wie auch der Nutzer, der nicht Verbraucher ist, von dieser Befugnis keinen Gebrauch machen, und können auch keinen Ausschluss vereinbaren. In jenem Fall sind auch diese Normen nicht nur auf B2C-Verträge anwendbar, sondern auch auf alle B2B-Verträge und alle anderen Verträge zwischen einem Zahlungsdienstleister und einem Nutzer. Mit anderen Worten stimmt im Bereich der Zahlungsdienstleistungen das dispositive Recht der B2B-Verträge mit dem zwingenden Recht der B2C-Verträge überein. Die entsprechenden Vorschriften verdeutlichen auf diese Weise den Zweck des Schutzes der Gesamtheit von Kunden (unabhängig vom beschränkten Begriff des Verbraucherkundens).

Die dritte Gruppe umfasst Normen, besser eine Norm, bezüglich derer die Mitgliedstaaten (durch Art. 51 Abs. 2) befugt sind, die Anwendung nur auf Verbraucherverträge vorzusehen. Es handelt sich um den Art. 83 der Richtlinie bezüglich der außergerichtlichen Streitbeilegung zwischen Zahlungsdienstleister und Nutzer. In den Rechtsordnungen, die von der Befugnis Gebrauch machen, wird der Art. 83 auf B2C-Verträge beschränkt sein, in den anderen immer anwendbar ohne Rücksicht auf den Status des Nutzers.

Das Bild muss mit einer letzten Tatsache von großer Bedeutung vervollständigt werden. Man konnte sehen, dass es um Vorschriften geht, deren Anwendungsbereich und Voraussetzungen von der Frage beeinflusst werden, ob der Nutzer ein Verbraucher ist. Die Vorschriften sind nur im Bereich der B2C-Verträge zwingend, während sie im Bereich der B2B-Verträge dispositiv sind (die zweite Gruppe) und teilweise sind sie nur auf die B2C-Verträge (und nicht auf andere) anwendbar, wenn die Mitgliedstaaten dies vorsehen (die dritte Gruppe).

Im Ergebnis gibt es also die Möglichkeit, dass dieselbe gesetzliche Regelung, die auf dieser Grundlage den B2C-Verträgen vorenthalten ist, auch auf einige B2B-Verträge Anwendung findet, nämlich auf die Verträge, in denen der Nutzer ein „Mikrounternehmen" ist (entsprechend der Definition von mittleren, kleinen und Mikrounternehmen im Anhang zur Empfehlung der Kommission vom 6. Mai 2003[19]). Diese Möglichkeit hängt von der Wahl der Mitgliedstaaten ab. Die Richtlinie gibt ihnen das Recht, die Anwendung der Verbrauchernormen auch auf Mikrounternehmen vorzusehen (Art. 30 Abs. 2 bezüglich der Vorschriften des Titels III, Art. 51 Abs. 3 für die Vorschriften des Titels IV).

Es ist klar, was in der Rechtswelt geschieht, wenn die Mitgliedstaaten von diesem Recht Gebrauch machen. Ursprünglich auf die B2C-Verträge beschränkte Vorschriften werden erweitert und erfassen auch B2B-Verträge (nicht alle B2B-Verträge, sondern nur jene, in denen der Nutzer ein Mikrounternehmen ist). Das beruht offensichtlich darauf,

---

19 C(2003) 1422. Art. 2 Abs. 3 des Anhangs definiert Mikrounternehmen als Unternehmen mit weniger als 10 Beschäftigten, dessen Jahresumsatz bzw. Jahresbilanz 2 Millionen EUR nicht überschreitet. Kleinunternehmen sind jene mit einer Anzahl von 10–19 Beschäftigten, einem Jahresumsatz oder einer Jahresbilanz zwischen 2 und 10 Millionen EUR (Art. 2 Abs. 2). Mittlere Unternehmen sind jene mit entsprechenden Werten im Bereich von 20 bis 250 Beschäftigten und einem Jahresumsatz zwischen 10 und 50 Millionen EUR oder einer Jahresbilanz von 10 bis 43 Millionen EUR (Art. 2 Abs. 1).

dass man davon ausgeht, dass Verbraucher und Mikrounternehmen dasselbe Schutzbedürfnis in ihrem (asymmetrischen) Verhältnis zu Zahlungsdienstleistungsunternehmen besitzen.

XIII. Von den Richtlinien zu den Verordnungen: Die Rom I-Verordnung über das auf vertragliche Schuldverhältnisse anzuwendende Recht

Bislang betrachteten wir das in den Richtlinien integrierte Europäische Vertragsrecht. Jenes Recht setzt sich aber nicht nur aus Richtlinien zusammen (wenn diese auch den grundlegenden Bestandteil bilden). Es bezieht auch andere formelle Rechtsquellen mit ein, insbesondere die Verordnungen.

Ich möchte mich hier nicht mit den Gruppenfreistellungsverordnungen für wettbewerbsbeschränkende Vereinbarungen beschäftigen, welche für die hier entwickelte Untersuchung ebenfalls beträchtliche Bedeutung besitzen (sie sind genauer gesagt typisch für die europäische Regelung von B2B-Vertragsbeziehungen). Stattdessen konzentriere ich mich auf die EG-Verordnung Nr. 593/2008 über das auf vertragliche Schuldverhältnisse anzuwendende Recht (Rom I), welche im Wesentlichen das alte Übereinkommen von Rom aus dem Jahre 1980 aufnimmt (und ersetzt).

Auch die Rom I-Verordnung zeugt von der fortschreitenden Durchsetzung eines Regelungsmodells hinsichtlich der asymmetrischen Handelsbeziehungen, welches sich nicht auf die B2C-Verhältnisse beschränkt, sondern auch die B2B-Verhältnisse einbezieht. Dies geschieht hauptsächlich unter dem Blickwinkel der Ergänzung (und vielleicht der Überlagerung) der traditionellen restriktiveren *policy* des Verbraucherschutzes durch eine weiträumigere *policy* des Kundenschutzes. Die Verordnung betont als eines der Ziele dieser *policy* in sehr starker Weise den Schutz des schwächeren Vertragspartners. Deutlich sagt dies der Erwägungsgrund 23: „Bei Verträgen, bei denen die eine Partei als schwächer angesehen wird, sollte die schwächere Partei durch Kollisionsnormen geschützt werden, die für sie günstiger sind als die allgemeinen Regeln."

Um den Schutzbereich zu bestimmen, ist der Beginn des Erwägungsgrundes 24 aufschlussreich, der den vorhergehenden ideal ergänzt: *„Insbesondere* bei Verbraucherverträgen ...". Dies bedeutet, dass die Verbraucher ein wichtiger (oder sagen wir sogar der wichtigste) Bestandteil des Begriffs der „schwächeren Partei" sind. Daher widmet ihnen die Verordnung mit Art. 6 eine spezifische und ausdrückliche Schutzregelung. Es bedeutet aber auch, dass sie nur ein „besonderer" Fall innerhalb des Begriffes sind, der einen weiteren Bereich umfasst und auch andere Personen einbezieht, die nicht Verbraucher sind, zum Beispiel Unternehmen, die in ihren Vertragsverhältnissen mit anderen Unternehmen unter Asymmetrien leiden. Daher ist der Schutzzweck der Verordnung so abgesteckt, dass sowohl Verträge im Verhältnis B2C als auch im Verhältnis B2B umfasst sind.

Eine erste Bestätigung finden wir in Art. 4, der das mangels Rechtswahl der Parteien anwendbare Recht bestimmt. Aus der Gesamtheit seiner Bestimmungen ergibt sich, dass das grundsätzliche gesetzlich vorgegebene Anknüpfungsmoment der gewöhnliche Aufenthaltsort des Schuldners der charakteristischen Hauptleistung ist. Ausdrücklich sieht dies Art. 4 Abs. 2 vor, konkludent folgt dies aber auch aus Art. 4 Abs. 1 lit. a) und b), die sich auf den gewöhnlichen Wohnsitz des Verkäufers und des Dienstleisters beziehen (in den jeweiligen Verträgen erbringen diese Parteien die charakteristische Hauptleistung).

Nach diesen Bemerkungen betrachten wir nun Art. 4 Abs. 1 lit. e) und f), aufgrund derer das Anknüpfungsmoment der Franchise- und Vertriebsverträge der Staat ist, in dem der Franchisnehmer bzw. der Vertriebshändler den gewöhnlichen Aufenthalt haben. Erinnern wir uns daran, dass die Franchise- und Vertriebsverträge notwendigerweise im Verhältnis B2B erfolgen und typischerweise asymmetrisch sind (und in denen der Franchisenehmer und der Vertriebshändler aus Gründen, die von der juristisch-ökonomischen Literatur ausführlich erklärt wurden, die schwächeren Vertragspartner sind). Beachten wir auch, dass die Verordnung bezüglich dieser Verträge mit dem gewöhnlichen Aufenthaltsort das günstigste Anknüpfungsmoment mit dem weitesten Schutz für jene Parteien anwendet und somit vom sonst vorherrschenden Anknüpfungsmoment abweicht (also vom gewöhnlichen Aufenthaltsort des Schuldners der charakteristischen Hauptleistung).[20] Im Ergebnis können diese Vorschriften also als typische Schutzvorschriften für die schwächere Vertragspartei in asymmetrischen B2B-Vertragsverhältnissen gesehen werden.

Eine entsprechende Bewertung kann bezüglich der Vorschriften der Art. 5 und 7 der Verordnung unter Berücksichtigung ihres Verhältnisses zu Art. 6 vorgenommen werden. Art. 6 enthält Regeln für die Wahl des auf Verbraucherverträge anwendbaren Rechts, wo der Schutzzweck bezüglich der schwächeren Vertragspartei sich in der tendenziellen Bevorzugung[21] des Rechts des Staates ausdrückt, in welchem der Verbraucher seinen gewöhnlichen Aufenthalt hat. Diese Regelung gilt allerdings nicht für zwei Vertragstypen, nämlich die Beförderungsverträge und die Versicherungsverträge. Auch wenn der Empfänger der Beförderungs- oder der Versicherungsleistung ein Verbraucher ist, wird das auf den Vertrag anwendbare Recht nicht durch Art. 6, sondern entsprechend Art. 6 Abs. 1durch Art. 5 und 7 bestimmt.

Den Grund dafür verdeutlicht Erwägungsgrund 32. Aufgrund ihrer „Besonderheit" erfordern Beförderungs- und Versicherungsverträge „besondere Vorschriften", die „ein angemessenes Schutzniveau für zu befördernde Personen und Versicherungsnehmer gewährleisten ... sollten. Deshalb sollte Artikel 6 nicht im Zusammenhang mit diesen besonderen Verträgen gelten", die hingegen von den „besonderen Vorschriften" der Art. 5 und 7 geregelt werden.

Die Formulierung dieses Gesetzeszwecks ist von unserem Standpunkt aus sehr bedeutsam. Sie verdeutlicht eindringlich zwei Anhaltspunkte, welche den Weg zu einem Ergebnis bereiten.

---

20 In einem Vertragsverhältnis mit den Merkmalen des Franchising ist es im Übrigen nicht einfach zu sagen, ob die charakteristische Hauptleistung diese des Franchisegebers oder jene des Franchisenehmers ist.

21 Der Bedingung, dass der Unternehmer seine Handels- oder gewerblichen Tätigkeiten im Staat ausübt, in dem der Verbraucher seinen gewöhnlichen Aufenthalt hat, ist die Frage untergeordnet, ob der Vertrag auch zu diesen Tätigkeiten gehört.

Der erste Anhaltspunkt ist, dass die Regelungen der Art. 5 und 7 einen Vertragsteil schützen wollen, und zwar jenen der zu befördernden Person bzw. den Versicherungsnehmer. Der Grund für deren Schutz ist die asymmetrische Natur des Verhältnisses, die sich wie immer dadurch kennzeichnet, dass die Partei auf der Nachfrageseite sich in einer passiven Position bezüglich der charakteristischen Hauptleistung befindet, während die Partei auf der Angebotsseite dementsprechend jene charakteristische Leistung beherrscht. Der zweite Anhaltspunkt ist, dass jene Schutzvorschriften gleichermaßen Verträge B2C, B2B, und auch solche erfasst, in denen der Kunde weder Verbraucher noch Unternehmer ist.

Damit ist das Ergebnis klar. Vor uns haben wir eine Schutzregelung zugunsten der schwächeren Partei innerhalb asymmetrischer Handelsbeziehungen, deren Schutz nicht darauf beruht, dass diese Partei ein Verbraucher ist, sondern darauf, dass sie ein Kunde ist. Daher sei das Schlagwort wiederholt: *vom Verbraucherschutz zum Kundenschutz*. Im Gegensatz zum üblichen Ablauf gestaltet sich die *policy* des Kundenschutzes (also des Empfängers der charakteristischen Hauptleistung) stärker als die *policy* des Verbraucherschutzes (also der natürlichen Person, die nicht in Ausübung ihrer gewerblichen oder selbständigen beruflichen Tätigkeit handelt). In Wahrheit stellt also die erstere die letztere in den Hintergrund und nicht umgekehrt.[22]

XIV. Vom Europäischen „Gemeinschaftsrecht" zum Europäischen „common law"

Bislang untersuchten wir Richtlinien und Verordnungen. Aber das Europäische Vertragsrecht kann auch in einem größeren Rahmen betrachtet werden, der sich nicht auf die formellen Rechtsquellen beschränkt, sondern auch Komponenten einbezieht, die nicht den Rang formeller Rechtsquellen besitzen.

Sinnvoll scheint an dieser Stelle eine grundlegende Unterscheidung. Einerseits haben wir ein Europäisches „Gemeinschaftsrecht", welches sich auf Richtlinien und Verordnungen gründet und daher sozusagen „von oben" in den Institutionen der EU durch die Arbeit der Brüsseler Behörden und die begleitende politische Vermittlung entsteht. Aber andererseits gibt es auch ein Europäisches „common law", d.h. einen Komplex von Regeln, Grundsätzen und Begriffen, die nicht innerhalb von Behörden und Bürokratie entstehen, sondern „von unten" durch intellektuelle Ausarbeitungen, kulturellen Austausch sowie den Verkehr und die folgende gemeinsame Nutzung von Modellen innerhalb eines nicht institutionalisierten Prozesses, in welchem die integrierten Beiträge der verschieden verschiedenen nationalen „juristischen Gemeinschaften" interagieren.[23]

---

22 Eine andere (interessante, aber hier nicht näher angesprochene) Frage ist jene, ob diese Lösung den Verbraucher im Vergleich zur alternativen Lösung benachteiligt oder stattdessen begünstigt. Zur Beantwortung müssten die beiden Regelungen verglichen werden, nämlich die bezüglich des Verbrauchers (Art. 6) und jene bezüglich des Kunden im Allgemeinen (Art. 5 und 7), um beurteilen zu können, welche der beiden ein höheres Schutzniveau gewährt.

23 *V. Roppo*, Europa e diritto privato, 2004, 441-444.

Diesem Begriff des Europäischen „common law" können in meinen Augen in idealer Weise Produkte wie die *Principles of European Contract Law* (PECL) der Lando-Kommission[24] und der jüngere *Draft Common Frame of Reference*[25] zugeordnet werden. Diese beiden Texte möchte ich im Folgenden untersuchen, um zu sehen, welche Hinweise sie bezüglich der Richtung der Entwicklung geben können, welche wir hier untersuchen.

1. *Die* Principles of European Contract Law *(PECL)*

Beginnend mit den PECL ist hervorzuheben, dass diese die Figur des Verbrauchers und die Konzeption der Verbraucherverträge völlig außer Betracht lassen. Im Wortlaut wird nie der Begriff des Verbrauchers verwendet, inhaltlich sind keine besonderen Vorschriften für die Vertragsverhältnisse B2C enthalten. Tatsächlich ist es aber bei Betrachtung einiger der *Principles* unmöglich, nicht an solche Regelungen zu denken, da ihr Ursprung klar erkennbar in der Richtlinie 93/13/EG über missbräuchliche Klauseln in Verbraucherverträgen liegt.[26] Entscheidend ist aber, dass im Gegensatz zu den Vorgaben der Richtlinie die Anwendungsvoraussetzung der Principles nicht das Vorliegen eines Verhältnisses zwischen Verbraucher und Unternehmer ist, sondern nur das Vorliegen nicht individuell ausgehandelter Beziehungen (mit dem daraus folgenden Merkmal einer Asymmetrie im vertraglichen Kräfteverhältnis zwischen der vorschlagenden und der annehmenden Partei).

Kurz gesagt beschäftigen sich die PECL nicht mit Verbraucherverträgen, sondern allgemeiner mit asymmetrischen Verträgen, wobei es sich sowohl um die B2C-Konstellation als auch um die B2B-Konstellation handeln kann. Anerkannt wird dabei, dass der in ersterer Fallgestaltung erforderliche Individualschutz auch in der letzteren vonnöten sein kann, wenn diese durch Asymmetrien zwischen den vertragsschließenden Unternehmen gekennzeichnet ist. Dergestalt werden die Regeln des europäischen Rechts, die ursprünglich lediglich für die Verbraucherverträge gedacht waren, auf die Gesamtheit asymmetrischer Verträge übertragen.

---

24 *Lando/Beale* (Hrsg.), Principles of European Contract Law, Parts I and II, 2002.

25 *Von Bar/Clive/Schulte-Noelke* (Hrsg.), Principles, Definitions and Model Rules of European Private Law. Draft Common Frame of Reference (DCFR). Interim Outline Edition, 2008. Freilich ist der Text ein Ergebnis des Prozesses, den eine „offizielle" Initiative in Form des Aktionsplans der Europäischen Kommission (2003) angestoßen hat (oben N. 1). Trotzdem machen ihn die Modalitäten seiner Entstehung zu einem im Wesentlichen „kulturellen" Produkt, und somit sehr viel mehr zu einem Produkt des europäischen „common law" als des europäischen „Gemeinschaftsrechts". Dies beweist auch die Tatsache, dass seine Autoren auf der Definition als „akademischer" CFR bestehen und hervorheben, dass seine Transformation in einen „politischen" CFR die Entscheidungen und formellen Handlungen der Institutionen der EU erfordern wird. (s. Einleitung, Fn. 4).

26 Insbesondere die Art. 2:104 und 4:110.

2. *Der* Draft Common Frame of Reference *(DCFR)*

Im Gegensatz zu den PECL betrachtet der DCFR speziell und ausdifferenziert die B2C-Verträge und widmet ihnen bestimmte Vorschriften, die offensichtlich durch den Schutz des Verbrauchers motiviert sind.[27] Einige dieser Vorschriften setzen unter anderem voraus, dass der *business*-Vertragsteil in Beziehung zu einem *consumer*-Vertragsteil tritt, welcher zusätzlich durch eine „besonders nachteilige" Position gekennzeichnet ist.[28] Trotzdem ist der DCFR meiner Ansicht nach als Modell sehr verschieden von jenem, welches wir zu Beginn dieses Berichts als „traditionell" definiert haben, nämlich das Modell, in welchem sich zur vertraglichen Regelung des „allgemeinen Rechts", welches unabhängig vom sozio-ökonomischen Status der Parteien anwendbar ist, eine umfangreiche Normierung des „speziellen Rechts" hinzugesellt, die ausschließlich Vorschriften zu den Verträgen zwischen Verbrauchern und Unternehmern enthält.

Zuerst möchte ich festhalten, dass der Begriff des „Verbrauchers" im DCFR insofern verschieden und weniger restriktiv ist als jener in den Richtlinien und der Rechtsprechung des Gerichtshofs verwendete. Die Definition[29] spricht von *„any natural person who is acting primarily for purposes which are not related to his or her trade, business or profession"*, wichtig ist dabei das Adverb „primarily", welches eine direkte Erwiderung auf die Entscheidung des Gerichtshofs im Fall Gruber zu sein scheint.[30]

Vor allem aber sehe ich, dass der DCFR dem Konzept des Verbrauchervertrags weder besonders starken Ausdruck noch eine spezielle systematische Stellung verleiht; sondern es im Gegenteil als eher schwaches und vernachlässigbares Element innerhalb des komplexen Inhalts darstellt. Nur in Bezug auf einen bestimmten Vertragstyp, nämlich den Kauf, wird die Vertragskonstellation B2C für wert erachtet, in einer Kapitelüberschrift aufzutauchen.[31] Dieses systematische Privileg wird ihm im Bezug auf andere Vertragstypen nicht zugestanden,[32] und, was noch bedeutsamer ist, auch nicht im Bereich der allgemeinen Vertragsregelungen, die der DCFR in den Büchern II und III aufstellt, wo dem Verbrauchervertrag kein bedeutender Ausdruck verliehen wird, weder durch ein eigenes Kapitel, noch durch einen eigenen Abschnitt.

Hingegen legt der DCFR systematisch ein gewisses Augenmerk auf die vertragliche Fallgestaltung, in der eine Partei als Unternehmer (*business*) qualifiziert werden kann, aber kein B2C-Vertrag vorliegt, weil die andere Partei (möglicherweise) kein Verbraucher ist. In diesem Bereich bezieht sich eine erste Gruppe von Normen auf die Vertragsbeziehungen, in denen der Vertragspartner des *business* ohne nähere Beschreibung allgemein als *„another person"* oder *„another party"* bezeichnet wird (so dass es

---

[27] Hervorheben möchte ich die Art. II.-1:106/7; II.-3:102; II.-3:103; II.-3:104; II-3:106/3; II.-3:107/1; II.-3:107/5; II.-3:401; II.-5:106; II.-5:201; II.-5:202; II.-9:102/4-5; II.-9:402/2; II.-9:403/4-5; II.-9: 404; II.-9:408/2; II.-9:410; II.-9: 411; IV.A.-1:204; IV.B.-1:102.

[28] Art. II.-3:103; II.-3:107/1.

[29] Annex 1, Stichwort „Consumer".

[30] Welcher auf der Grundlage der Definition des DCFR anders entschieden worden wäre, vgl. oben § 2 Fn. 8.

[31] IV.A. Kapitel 6.

[32] Im Bereich der *lease of goods*-Verträge wird das Konzept des Verbrauchervertrags nur in der Überschrift eines Artikels genannt: Art. IV.B.-1:102.

sich ebenso um eine *business*-Partei wie auch um einen Verbraucher oder sogar einen sonstigen Dritten handeln kann).[33] Eine andere Gruppe beinhaltet Vorschriften, die indessen eine genaue Bestimmung des Vertragspartners voraussetzen, bei dem es sich auch um einen *business*-Teilnehmer handeln muss, hier handelt es sich also um die Normen, die ausdrücklich den B2B-Verträgen zugewiesen sind.[34]

Eine dieser Vorschriften, und zwar der Art. II.-9:406, definiert den Begriff *„unfair term"* in den Verträgen *„between business"*. Dies erwähne ich aufgrund eines entsprechenden anderen Artikels, der sich hingegen mit dem Begriff *„unfair term"* in den Verträgen *„between a business and a consumer"* beschäftigt (Art. II.-9:404). Diese Entsprechung erscheint mir systematisch bedeutsam. Der DCFR hat es vorgezogen, den Verbraucherverträgen keinen eigenen Abschnitt zu widmen, in dem die *unfair terms* geregelt werden, sondern den *unfair terms* einen eigenen Abschnitt zugestanden (Abschnitt 4 des Kapitels 9 im Buch II) und in diesem Abschnitt eine Vorschrift zu den *unfair terms* in den B2C-Verträgen eingeführt, der andererseits eine Vorschrift zum selben Gegenstand in den B2B-Verträgen an die Seite gestellt wird.

Inhaltlich betrachtet ist die Regelung der einen sicher verschieden von jener der anderen,[35] aber systematisch sind beide auf derselben Ebene angeordnet. In diesem Sinne verliert die Konzeption des Verbrauchervertrags ihre zentrale Bedeutung und die Privilegierung, die ihr das Europäische Vertragsrecht bis zum Beginn des Jahres 2000 vorzubehalten schien; andere vertragliche Fallgestaltungen und insbesondere die Konstellation B2B verlangen eine gleichwertige systematische Einstufung und erhalten diese in gewissem Maße auch.

Diese systematische Gestaltung des DCFR hat freilich eine politische Grundlage, die eng zusammenhängt mit der Definition der relevanten und juristisch schutzwürdigen gesellschaftlichen Interessen. Jene finden wir in einigen Passagen der Einleitung zum DCFR, wo nachdrücklich die Ansicht vertreten wird, dass die Verbraucher kein ausschließliches Monopol auf ein Schutzbedürfnis im Verhältnis zu den unternehmerischen Vertragspartnern besitzen, da dieses Bedürfnis auch andere Marktteilnehmer betrifft (insbesondere die kleinen Unternehmen), welche ebenfalls eine kräftemäßige Unterlegenheit gegenüber stärkeren Vertragsparteien kennzeichnet.[36]

Versucht man, diese Tendenz in eine Formel zu gießen, so könnte jene lauten: „vom Verbrauchervertrag zum asymmetrischen Vertrag".

---

33 Art. II.-3:101/1; II.-3:105; II.-3:106/1; II.-3:107/2-3; II.-9:102/2-3.

34 Art. II.-3:101/2; II.-4:210; II.-9:406; IV.A.-4:302; IV.-C.-4:108.

35 In den B2C-Verträgen ist das Merkmal der *unfairness* der entscheidende Nachteil für den Verbraucher, in den B2B-Verträgen entscheidet die beachtliche Abweichung von der *good commercial practice*. Für beide zeigt sich dennoch ein einheitliches zusätzliches Kriterium: der Kontrast mit den Prinzipien von Treu und Glauben und des *fair dealing*.

36 Bezüglich des *„Model of society and economic system"* spricht die Einleitung (Nr. 20) vom *„spectrum between free market and fair competition theories and more invasive approaches in favor of consumers, victims of discrimination, small and medium sized enterprises and the many other possibly weaker parties to contracts"*. Und bei der Betrachtung von *„Restrictions on freedom to determine contents of contract"* (Nr. 27) stellt sie fest: *„Grounds on which restrictions might be justified include inequality of information …; and lack of bargaining power. Such problems are most common when a consumer is dealing with a business, but can also occur in contracts between businesses, particularly when one party is a small business that lacks expertise."*

XV. Vom Verbrauchervertrag zum asymmetrischen Vertrag

Aus den oben dargelegten Daten wollen wir nun einige Schlussfolgerungen ziehen, die zur Beantwortung auf die am Ende des Paragraphen 2 gestellten Fragen geeignet sind. Es sei bemerkt, dass ich hier keine vollständigen und endgültigen Thesen darlegen werde, was eine sehr viel umfangreiche Untersuchung und Darstellung erfordern würde, als ich sie bis zu diesem Punkt vorgenommen habe. Ich werde mich darauf beschränken, Hypothesen aufzustellen, die in eingehender Betrachtung und Erforschung weiterentwickelt werden können. Mit anderen Worten werde ich keine Ergebnisse einer Forschung anbieten, die bislang noch nicht mit hinreichender Tiefe und Nachdruck durchgeführt wurden, vielmehr werde ich die möglichen Forschungsrichtungen aufzeigen, die einer vollständigeren Bearbeitung harren.

In Bezug auf die erste Frage formuliere ich folgende Arbeitshypothesen: Die Konzeption des Verbrauchervertrags scheint zumindest teilweise ihre zentrale und vorherrschende Stellung zu verlieren, die sie traditionell im System des Europäischen Vertragsrechts innehatte. Tatsächlich tendieren die europäischen *rulemakers* immer häufiger dazu, die Vertragsbeziehungen zwischen den Marktteilnehmern unabhängig von der Voraussetzung zu regeln, dass es sich speziell um Verhältnisse im Bereich B2C handeln müsse. In einigen Fällen betrifft die Normierung die B2B-Konstellation, in anderen die Gesamtheit der Beziehungen, die bestimmte Personen mit ihren Vertragspartnern eingehen, ohne Unterscheidung nach dem Status dieser Parteien (die also gleichermaßen Verbraucher oder Unternehmer oder auch weder Verbraucher noch Unternehmer sein können).

In einer ersten Gruppe von Fällen setzen die Vorschriften voraus, dass sich in der geregelten Beziehung ein „starkes" und ein aufgrund verschiedener Ursachen „schwächeres" Unternehmen gegenüberstehen, wobei letzteres schutzwürdig ist (weil es ein kleines oder mittleres Unternehmen ist, oder ein Mikro-Unternehmen, oder weil es wirtschaftlich von der Vertragspartei abhängig ist, oder weil es durch die Beziehung einem finanzielles Risiko gegenüber der Vertragspartei ausgesetzt ist, usw.). Die erhöhte europäische Sensibilität gegenüber dieser Art von Regelung kann mit folgender Formel ausgedrückt werden: vom Schutz des Verbrauchers in den B2C-Verträgen zum Schutz der schwächeren Unternehmen in den unausgeglichenen B2B-Verträgen.

In der zweiten Gruppe von Fällen betrifft die Regelung eher Beziehungen zwischen dem Lieferer und dem Empfänger eines Guts oder einer Dienstleistung, welche die vertragliche Hauptleistung kennzeichnet, und geht davon aus, dass der Leistungsempfänger sich gerade deshalb in einer unterlegenen Position befindet, weil er ein *outsider* bezüglich derselben Leistung ist, welche der Herrschaftssphäre und der technisch-wirtschaftlichen Kontrolle des Lieferers angehört. Die Formel, die jenes Regelungsbestreben wiedergeben kann, könnte lauten: Vom Verbraucherschutz zum Kundenschutz.[37]

---

37 Trotzdem muss anerkannt werden, dass der Regelungsrahmen sich als komplexer darstellt, als er eben im Text umrissen wurde. Den Vorschriften ist daher ein tendenzieller und kein absoluter Wert beizumessen. Insbesondere ist es keineswegs so, dass der „schwächere" und daher geschützte Teil der Kunde als Empfänger der Hauptleistung sei. Dies ist zwar in sehr vielen Fällen richtig, aber nicht in allen. Insbesondere nicht richtig ist es im Falle des Handelsvertreters, im Fall des Lieferers, der zur Erbrin-

In allen betrachteten Fällen ist die policy der Normierung allgemein der Schutz des schwächeren Partners innerhalb der Vertragsbeziehung. Die bestehende Asymmetrie beruht auf den verschiedenen Marktpositionen der Parteien, die aufgrund einiger der oben dargelegten Motive der einen wie der anderen unterschiedliche vertragliche Macht zuwachsen lassen. Die allgemeine Formel, welche diesem Phänomen Ausdruck verleihen könnte, lautet: Von der Normierung der Verbraucherverträge zur Normierung der asymmetrischen Verträge.

XVI. Für eine bessere Definition des asymmetrischen Vertrags: Vertrag zwischen Marktteilnehmern, gekennzeichnet durch eine allgemein physiologische nicht pathologische Asymmetrie

Der Begriff der asymmetrischen Verträge beinhaltet das Konzept der Verbraucherverträge (die einen sehr wichtigen Bestandteil ausmachen), ist aber weiter und allgemeiner als jenes, da es sich nicht auf die B2C-Verträge beschränkt. Trotzdem ist es sinnvoll, ihn näher einzugrenzen.

Der Begriff bezieht sich vor allem auf Verträge zwischen Marktteilnehmern, die als Grundlage für Handelsgeschäfte dienen sollen. Dies hängt unter anderem mit der Tatsache zusammen, dass die europäische Regelung, auf der diese Betrachtungen beruhen, typischerweise der Marktregulierung dienen. Vorausgesetzt wird also, dass mindestens eine der Parteien sich unternehmerisch auf dem Markt betätigt.

Zweitens ist die Asymmetrie, welche die Parteien spaltet und den Schutz der einen gegenüber der anderen erforderlich macht, gesellschaftlich „physiologisch", nicht „pathologisch". Das bedeutet, dass sie sich aus den objektiven Gegebenheiten des Marktes ergibt, genauer aus den gewöhnlichen Fällen des Marktversagens, die eben zur „Physiologie" und nicht zur „Pathologie" des Marktes gehören. Denn der perfekte Wettbewerb existiert nur theoretisch, während er in der Realität immer unvollkommen ist und somit immer, also physiologisch, Fällen des Scheiterns ausgesetzt ist, die reguliert werden müssen.

Außerhalb des hier betrachteten Begriffs verbleiben daher Asymmetrien in der Vertragsmacht gesellschaftlich „pathologischer" Art, da sie nicht vom objektiven Ablauf des Marktes abhängen, sondern sich aus anomalen Faktoren ergeben, die von den normalen Entwicklungen der gesellschaftlichen Beziehungen abweichen und den betroffenen Vertragspartner auf besondere und ungewöhnliche Weise belasten. Auf diese Vorkommnisse reagiert das Vertragsrecht mit anderen Mitteln als auf jene, die durch physiologische Asymmetrien des Markts gekennzeichnet sind. Insbesondere denke ich an Willensmängel (Irrtum, arglistige Täuschung oder Gewaltanwendung), oder an Fälle

---

gung der Leistung einen Handelskredit beantragt, es ist auch nicht richtig im Fall des Unterlieferers nach dem italienischen Gesetz Nr. 192/1998. Hier ist der schwache und gesetzlich geschützte Teil nicht der Kunde sondern der Lieferant. Der Grund ist, dass in diesen besonderen Situationen die Stellung des Lieferanten bestimmte Elemente der Schwäche enthält, welche die allgemeine Stärke überwiegen, die sich aus der Qualifikation als insider hinsichtlich der zu erbringenden vertraglichen Hauptleistung erweisen.

der *laesio enormis* unter anomalen Bedingungen geschlossener Verträge (Situationen der Gefahr oder der Bedürftigkeit).[38] Die vertragliche Schwäche der irrenden, betrogenen, bedrohten oder durch Gefahr oder Bedürftigkeit gezwungenen Partei ist gesellschaftlich „pathologisch". Die vertragliche Schwäche des Handelsvertreters gegenüber dem Hauptkunden, des Franchisenehmers gegenüber dem Franchisegeber, des Handelsgläubigers gegenüber dem Schuldner, des Kunden gegenüber dem Lieferer usw. beruhen hingegen auf Marktfaktoren und ist damit gesellschaftlich „physiologisch".

XVII. Die Tendenz zur Überwindung des Verbrauchervertrags

1. Bewertung aus politischer Sicht

Betraf die erste Frage die Bewertung von Tatsachen (etwa das Bestehen eines bestimmten Entwicklungsprozesses des Europäischen Vertragsrechts), so geht es bei der zweiten vorrangig um die wertmäßige Beurteilung. Muss man nach der Feststellung, dass der genannte Prozess tatsächlich im Gange ist, seine Folgen aus fachlicher und politischer Sicht für wünschenswert und zustimmungswürdig halten?

Auch in diesem Bereich stelle ich keine vollständigen und endgültigen Thesen auf, sondern vorläufige Hypothesen, die einer vertieften kritischen Bewertung zu unterziehen sind, oder auch einfache Stichworte, die einer ausführlicheren Bearbeitung bedürfen.

Aus der Perspektive der *policy* scheint mir die Erweiterung der Schutzregeln vom Bereich der B2C-Vertragsbeziehungen auf ein größeres Feld asymmetrischer Handelsbeziehungen (die auch die B2B-Verhältnisse und zwischen Unternehmen und Personen, die nicht Verbraucher sind, einschließen) zustimmungswürdig.

Auf diese Weise werden die Eingriffsstrategien im Hinblick auf Fälle von Marktversagen vollständiger verwirklicht, deren wichtiger, aber nicht ausschließlicher Bestandteil die Verbraucherschutzpolitik ist. Der Schutz auch anderer Personen, die nicht Verbraucher sind, in ihren Vertragsbeziehungen mit stärkeren Unternehmen (welche aufgrund ihrer Stärke zu opportunistischen Verhaltensweisen verleitet werden können), kann auf dem Markt schätzenswerte Elemente der Gerechtigkeit (oder zumindest der Fairness), der Rationalität und der Effizienz einführen.

2. Bewertung aus juristischer Sicht:
Einheit oder Spaltung des vertragsrechtlichen Systems

Die von uns untersuchte Tendenz kann auch aus der Perspektive einer fachlichen Bewertung wohlwollend betrachtet werden. Die fachliche Dimension der Untersuchung erfordert hier notwendigerweise die Frage nach einer „gesetzlichen Systematik" bezüglich der Art und Weise, in der Aufbau oder allgemeine Architektur des Systems des Vertragsrechts sich darstellen.

---

38 Vgl. Art. 1447-1452 Codice civile.

Aus dieser Sicht ist zu beachten, dass der selbstsichere Einzug und die sperrige Unterbringung des Verbrauchervertrages im momentanen System des Vertragsrechts beträchtliche Folgen haben. Viele davon sind sicher positiv, einige vielleicht diskussionswürdig. Unter den diskussionswürdigen können meiner Meinung nach die systematischen verordnet werden. Der Preis, den das Vertragsrecht für das Konzept des Verbrauchervertrages zahlt, ist eine markante Spaltung des Systems selbst. Traditionell war das System der Verträge auf zwei Säulen gebaut, nämlich einen „allgemeinen" Teil, der dem Vertrag als solchem gewidmet war und keinen besonderen Vertragstyp meinte, und einen „besonderen" Teil, der den einzelnen Vertragstypen gewidmet war. Der Verbrauchervertrag zerstört diesen Aufbau, da er weder „allgemeiner" noch „besonderer" Teil ist. Er ist ein drittes Element, welches die anderen beiden durchdringt und bricht, um innerhalb derselben eine gesonderte Regelungsnische zu schaffen, zum Beispiel die Sondervorschriften zur Beschaffenheitsgarantie innerhalb der speziellen Regelung des Vertragstyps des Kaufvertrags.

Diese strukturelle Transformation des Vertragsrechts kann einige Befürchtungen hervorrufen, jedoch nicht aufgrund blinden Vertrauens in eine alte Systematik, nicht aus Furcht vor dem Verlust der traditionellen dogmatischen Eleganz, nicht aus Sehnsucht nach einem einheitlichen Regelungsgegenstand, der von der Pandektenwissenschaft zusammen mit dem Begriff des Rechtsgeschäfts hervorgebracht wurde und nun durch die Fragmentierung des Gegenstands entsprechend den jeweiligen sozioökonomischen Merkmalen („Verbraucher", „Unternehmer") bedroht wird. Es ist nicht dies, was uns beunruhigt. Uns beunruhigt die Gefahr, dass diese Entwicklung der Zerstörung der Einheitlichkeit, den der Begriff des Verbrauchervertrags angestoßen hat, sich nicht darauf beschränkt, das System des Vertragsrechts (richtigerweise) als angemessenes und flexibles Instrument zur Beantwortung komplexer gesellschaftlicher Anforderungen zu gestalten, sondern sich dermaßen ausbreitet, dass das Vertragsrecht in einer Anhäufung von fragmentarischen und zusammenhanglosen Gesetzen zu sehr deformiert wird, um als effizienter Regelungsmechanismus für die Regelung und Führung der gesellschaftlichen Beziehungen zu dienen.

Das Bewusstsein für diese Gefahr scheint auch in den Überlegungen der Europäischen Kommission aufzutauchen, die in der Disziplin des Verbraucherschutzes immer öfter den Nachteil einer ausufernden Fragmentierung erkennt und die Notwendigkeit zu seiner Überwindung bestätigt.[39]

Diesem Ziel muss zugestimmt werden. Der oben beschriebene Entwicklungsprozess des europäischen Rechts, der die Stellung des Verbrauchervertrags als gesonderter Baustein innerhalb der allgemeinen Vertragsdogmatik infrage stellt, geht genau in diese Richtung, denn er kann zur Wiedererlangung einer tieferen Einheitlichkeit dieser Dogmatik und dieser Regelungen dienen.

---

39 Im Bereich des Grundsatzes VII des Small Business Act heißt es: „Die Kommission … bemüht sich um eine größere Einheitlichkeit der Verbraucherschutzvorschriften."

XVIII. Möglichkeiten der Wiedererlangung einer einheitlichen Systematik und Gefahren neuer Fragmentierungen: asymmetrischer Vertrag oder „dritter Vertrag"?

Eben sagte ich „*kann* dienen" und betone, dass es sich lediglich um eine Möglichkeit handelt, deren Durchsetzung keinesfalls sicher ist. Es besteht auch die Gefahr, dass dieser Entwicklungsansatz nicht zur Verringerung der systematischen Fragmentierung führt, sondern im Gegenteil jene erweitert und vertieft. All dies hängt davon ab, in welcher Art der Prozess des Umbaus des Verbrauchervertrags sich entwickelt, sowie von den daraus entstehenden Folgen. In dieser Hinsicht sind zwei Szenarien der gesetzlichen Entwicklung denkbar.

Das erste Szenario beinhaltet eine Vervielfachung der Regelungen, die speziell den B2B-Verträgen zwischen Unternehmen mit unterschiedlicher Marktmacht gewidmet sind. Wenn dies die überwiegende Tendenz sein wird, fürchte ich, dass deren Folgen entgegengesetzt sein werden zur gewünschten Wiedererlangung einer einheitlichen Systematik. Neben der allgemeinen Kategorie und Dogmatik des Vertrags hätten wir dann nicht nur einen speziellen Begriff bzw. eine Dogmatik des B2C-Vertrags, sondern zwei spezielle Begriffe und Dogmatiken, die vom allgemeinen Vertrag und auch voneinander abweichen, nämlich den B2C-Vertrag und den B2B-Vertrag. Das System des Vertragsrechts würde auf diese Weise keinerlei Einheit zurückerlangen, sondern eine noch stärkere Fragmentierung erleiden.

Die Verringerung der Fragmentierung und die Wiedererlangung der systematischen Einheit können hingegen erreicht werden, wenn die Entwicklung einem anderen Szenario entsprechend verläuft. Dafür dürfte sich die überwiegende Gesetzgebung nicht auf den Ausschnitt der B2B-Verträge zwischen Unternehmen mit verschiedener Marktmacht beschränken, sondern müsste allgemeiner alle Verträge zwischen stärkeren und schwächeren Marktteilnehmern einbeziehen (seien dies Verbraucher oder Unternehmer oder sonstige).

In der italienischen Jurisprudenz entwickelt sich seit zwei oder drei Jahren ein wissenschaftlicher Streit, der genau die Alternative zwischen diesen beiden Szenarien betrifft. Die Schlagworte, welche die vertretenen Positionen zusammenfassen, sind „dritter Vertrag" und „asymmetrischer Vertrag".

Wer vom „dritten Vertrag" spricht, bezieht sich auf eine vertragliche Konzeption und Dogmatik, die sich sowohl vom allgemeinen Vertrag unterscheidet als auch vom Verbrauchervertrag. Im Wesentlichen stimmt der Begriff mit dem Bereich der B2B-Beziehungen zwischen Unternehmen mit unterschiedlich großer Marktmacht überein.

Zentraler Punkt dieser Position ist, dass die Idee des Schutzes der schwächeren Vertragspartei in den B2B-Beziehungen Ziele, Techniken und Voraussetzungen impliziert, die mit denjenigen nicht vergleichbar sind, die für den Schutz des Verbrauchers gegenüber dem Unternehmer gelten.[40]

---

40 Diese Ansicht spiegelt sich in vielen Beiträgen der Sammlung bei: *Gitti/Villa*, Il terzo contratto, 2008.

Wer sich dagegen auf den allgemeinen Begriff des „asymmetrischen Vertrags" bezieht, erkennt eine breite Übereinstimmung (von Voraussetzungen, Zielen und Techniken des Schutzes der schwächeren Partei) zwischen den Verbraucherverträgen und den asymmetrischen B2B-Verträgen an, und ermöglicht so die Schaffung eines tendenziell einheitlichen vertraglichen Paradigmas, welches auf homogene Weise den gesamten Bereich der Beziehungen zwischen Marktteilnehmern abdecken kann, die getrennt sind durch informationelle Asymmetrien oder andere Faktoren, die eine *inequality of bargaining power*[41] hervorrufen.

Dieser Streit erscheint mir interessant, aber um fortzuschreiten und reifere Resultate zu erhalten, bedarf es noch vieler Arbeit und einer Menge von Beiträgen. Daher wünsche ich mir, dass er die Grenzen der südlichen Halbinsel zugunsten eines breiteren kontinentalen Horizonts verlässt und von einem italienischen zu einem europäischen Streit wird.

---

41 *V. Roppo*, in: Il contratto del duemila, 2. Aufl. 2005, S. 23 ff., insb. 51 ff.; *ders.*, Rivista di diritto privato, 2007, 669 ff., insb. 682 ff.

Ruggiero Cafari Panico

Die Reform des EG-Vertrages nach dem Scheitern der europäischen Verfassung – Die Politiken der Europäischen Union[*]

Überblick

I. Einleitung
II. Werte und Prinzipien
III. Arten und Bereiche der Zuständigkeit der Europäischen Union
IV. Neue Politiken und Maßnahmen der Europäischen Union: Der Raum der Freiheit, der Sicherheit und des Rechts
V. Die anderen Politiken
    1. Titel I-IV und VI-VII
    2. Titel VIII-XXIV
VI. Schlussbemerkungen
VII. Bibliographie

I. Einleitung

Nach dem Scheitern des irischen Referendums vom 12. Juni 2008 scheint der Vertrag von Lissabon ähnlichen Schwierigkeiten zu begegnen, wie sie zum Abschied vom Verfassungsvertrag geführt haben. Im Hinblick auf mögliche Lösungen der neuen Krise ist deshalb sogar von einem „Plan C" die Rede. Dennoch ist es erfolgversprechend, die Beschäftigung mit den wichtigsten Aspekten des im Ratifikationsprozess befindlichen Vertrages zu vertiefen, wenn man davon überzeugt ist, dass Europa dieses Mal Energie und Willen finden wird, das gesteckte Ziel zu erreichen.

Der Vertrag von Lissabon steht nach dem ersten Erwägungsgrund der Präambel des EUV in Kontinuität mit dem durch den Vertrag von Amsterdam begonnenen und durch den Vertrag von Nizza fortgesetzten Prozess, die Effizienz und die demokratische Legitimation der Union sowie die Kohärenz ihres Handelns zu verstärken. Während der Verfassungsvertrag der Union in ambitionierter Weise eine neue juristische Grundlage geben wollte, die die Europäische Union und die Europäische Gemeinschaft ersetzt hätte, beschränkt sich der Vertrag von Lissabon in bescheidenerer Weise darauf, die bestehenden Verträge zu ändern, sie aber im Übrigen fortgelten zu lassen. Dies ändert jedoch nichts daran, dass die im Vertrag von Lissabon vorgesehenen Änderungen von besonderer Bedeutung sind. Häufig beschränken sich Stellungnahmen zu den

---

[*] Schriftliche Fassung eines auf dem XXII. Kongress der Deutsch-Italienischen Juristenvereinigung am 10.10.2008 in Berlin gehaltenen Vortrags. Die Übersetzung aus dem Italienischen erfolgte durch Frau *Tanja Horvarth*, Staatsanwältin in Augsburg.

geänderten Verträgen darauf, nur auf die Neuerungen im Vergleich zum Verfassungs-vertrag einzugehen und herauszuarbeiten, von welchen Elementen des Verfassungs-vertrages abgerückt wurde, was beibehalten wurde und welche Änderungen durch die Regierungskonferenz eingeführt wurden. Für diese Vorgehensweise besteht jedoch nicht nur ein äußerst beschränktes praktisches Interesse, vor allem steht sie aber der Vergegenwärtigung im Wege, welche und wie viele Neuregelungen der Vertrag von Lissabon im Vergleich zu den bestehenden Verträgen einführt.

Dies betrifft vor allem die materiellen Vorschriften, zumal sich die Aufmerksamkeit vieler Stellungnahmen überwiegend auf institutionelle Aspekte beschränkt. Oftmals ist die einzige Politik, die untersucht wird, der Raum der Freiheit, der Sicherheit und des Rechts (RFSR), weil sich in diesem Bereich sicherlich die meisten und bedeutendsten Änderungen finden. Dies ändert jedoch nichts daran, dass sich wichtige Neuentwick-lungen auch in anderen Bereichen, in denen die Union Maßnahmen ergreift, finden. Aufgabe dieser Studie soll es daher sein, den Vertrag von Lissabon insgesamt zu unter-suchen, wobei sowohl auf die Werte und die durch den Vertrag verfolgten Ziele, als auch auf die neuen der Union hierzu verliehen Kompetenzen besonders eingegangen werden soll. Besonderes Augenmerk soll dabei den Unterschieden im Vergleich zu den bereits bislang von der Union verfolgten Politiken und Maßnahmen gelten.

II. Werte und Prinzipien

Die ersten drei Artikel des EUV, nach seiner Änderung durch den Vertrag von Lissa-bon, enthalten gemeinsame Bestimmungen über die Union als Institution, über ihre Werte und ihre Ziele.

Art. 1 Abs. 1 EUV gibt Art. 1 des derzeit geltenden Vertrages eine neue Form, indem er die Bestimmung einführt, dass „die Mitgliedstaaten der Union Zuständigkeiten zur Verwirklichung ihrer gemeinsamen Ziele übertragen." Dadurch wird schon am Beginn des Vertragswerkes die Vorrangstellung des Grundsatzes der begrenzten Einzeler-mächtigung betont, der das Leitmotiv der Neuregelung der Kompetenzen der Union ist. Im Vergleich zur vorhergehenden Formulierung des Verfassungsvertrages ist am Anfang der Bezug auf den „Willen der Bürgerinnen und Bürger und der Staaten Europas, ihre Zukunft gemeinsam zu gestalten" verschwunden, der als ein Anklang an künftige unerwünschte Entwicklungen in Richtung eines Bundesstaates hätte verstan-den werden können. Beibehalten wurde jedoch in der Präambel der bereits in der aktuellen Fassung enthaltene Verweis auf die weiteren Schritte, die getan werden müs-sen, um die europäische Integration voranzutreiben.

Der zweite Absatz blieb unverändert, während der dritte Absatz in Bezug auf den aktuellen EUV völlig neu ist. Er sieht einerseits vor, dass die Union sich auf zwei Verträge von gleichem rechtlichen Rang gründet, einmal den Unionsvertrag und zum zweiten den Vertrag über ihre Arbeitsweise. Zum anderen ist geregelt, dass die Union in jeglicher Hinsicht Rechtsnachfolgerin der Europäischen Gemeinschaft wird.

In rechtsförmlicher Hinsicht ist die Gliederung des Vertragswerkes in zwei Verträge die bedeutendste Neuerung des Vertrages von Lissabon und bedeutet die definitive Überwindung der durch den Vertrag von Maastricht eingeführten Pfeilerarchitektur, ohne jedoch den Prozess der Vergemeinschaftung aller Bereiche des zweiten und dritten Pfeilers zum Abschluss zu bringen. Im Unterschied zur polizeilichen und justiziellen Zusammenarbeit in Strafsachen, die gemeinsam mit den bereits nach Amsterdam vergemeinschafteten Formen der Zusammenarbeit von den Regelungen des neuen Titel V (Art. 67-89) des dritten Teils des Vertrags über die Arbeitsweise umfasst wird (Raum der Freiheit, der Sicherheit und des Rechts), bleibt die gemeinsame Außen- und Sicherheitspolitik (GASP) dem Verfahren der intergouvernementalen Zusammenarbeit unterworfen und findet daher nicht zufälliger Weise im neuen Unionsvertrag ihre Verortung.

Der neue Art. 2, der Art. I-2 des Verfassungsvertrages wörtlich aufgreift, besteht aus zwei Sätzen. Der erste benennt die Werte der Union, die so ihre definitive Verankerung im Vertragstext finden. Damit ist ein Höhepunkt auf dem langen Weg des europäischen Aufbauwerks erreicht. Es war zunächst auf rein wirtschaftlichem Gebiet begonnen worden, hat aber im Laufe der Zeit immer mehr an politischer und sozialer Dimension gewonnen, und kann sich nun darauf stützen, dass die Mitgliedsstaaten eine Grundlage ihnen gemeinsamer Werte teilen.

Im Verfassungstext waren die Werte im Lichte der Präambel zu lesen, von der in der Lissabonner Fassung der Präambel des EUV nur der erste Erwägungsgrund erhalten bleibt und den derzeit gültigen Vertragstext ergänzt. Es handelt sich um den Satz: „schöpfend aus dem kulturellen, religiösen und humanistischen Erbe Europas, aus dem sich die unverletzlichen und unveräußerlichen Rechte des Menschen sowie Freiheit, Demokratie, Gleichheit und Rechtsstaatlichkeit als universelle Werte entwickelt haben". Im Verfassungskonvent von 2003 hatte die Formulierung der Werte eine breite Debatte ausgelöst, die ihren Abschluss darin gefunden hatte, dass keinerlei Hinweis auf die christlichen Wurzeln aufgenommen worden war, die jedoch als Ergebnis eines Kompromisses – wenigstens in ihrer geschichtlich-antrophologischen Bedeutung – schon in der Erwähnung des „religiösen" Erbes, aus dem die Mitgliedsstaaten schöpfen, enthalten sind. Dadurch werden die den Mitgliedsstaaten gemeinsamen Wurzeln und die von ihnen geteilten Werte, aus denen sie schöpfen deutlich gemacht. Gleichzeitig wird so die rein „merkantilistische" Version des Integrationsprozesses zugunsten der Verfolgung sozialer, kultureller, humanistischer und rechtstaatlicher Werte aufgegeben. Die Ausgestaltung dieser Werte wird in Zukunft die „neue" Europäische Union charakterisieren. Während die Präambel der Römischen Verträge sich nur auf den Schutz von Frieden und Freiheit bezog, hatten die Mitgliedgliedsstaaten schon in der Präambel der einheitlichen europäischen Akte ihre Absicht erklärt, gemeinsam eine auf Grundrechte, insbesondere Freiheit, Gleichheit und soziale Gerechtigkeit gestützte Demokratie zu fördern. Diese Verpflichtung fand ihre Bestätigung in der Präambel des Vertrags von Maastricht, in der die Mitgliedgliedsstaaten ihre Bindung an die Prinzipien von Freiheit, Demokratie, Achtung der Menschenrechte und Grundfreiheiten sowie Rechtsstaatlichkeit bestätigten und ihren Willen bekundeten, die Solidarität zwischen den Völkern im Respekt vor ihrer Geschichte, ihrer Kultur und ihren Traditionen zu vertiefen. Erst mit dem Vertrag von Amsterdam wurde jedoch Art. 6 EUV um einen neuen Abs. 1 ergänzt: „Die Union beruht auf den Grundsätzen der Freiheit, der Demokratie, der Achtung der Menschenrechte und Grundfreiheiten sowie der Rechtsstaatlichkeit; diese Grundsätze sind allen Mitgliedstaaten gemeinsam." Diese Prinzipien werden durch die in Nizza proklamierte Charta der Grundrechte bestätigt, erweitert und in „Werte" umgewandelt. Auf sie nehmen Art. 6 EUV in der geänderten Fassung und Erklärung Nr. 1 zur Schlussakte der Regierungskonferenz, die den Vertrag von Lissabon angenommen hat, Bezug.

Der erste der beiden Sätze von Art. 2 nimmt in weitem Umfang den Wortlaut der Präambel der Grundrechte-Charta auf und bestimmt die Grundwerte der Union, die jedoch nicht als „universell" qualifiziert werden, gerade so als ob die Union von der Sorge geplagt worden wäre, bei der Festlegung ihrer eigenen ideologischen Grundlagen zu arrogant zu wirken. Die Werte, die zu fördern sich die Union verpflichtet, werden nun also im neuen Vertragstext genauso wie im Verfassungsvertrag vor den Zielen aufgelistet und bezeugen damit noch die der bilderstürmerischen Wut der Regierungskonferenz von 2007 entkommene Idee, sich dem Bild einer Verfassung anzunähern. Darin liegt eine bedeutsame Neuerung im Vergleich zu den geltenden Regelungen.

Die Aufzählung wirkt nämlich wesentlich reichhaltiger als die gegenwärtige, wird nun doch auf die Menschenwürde, auf Freiheit, Demokratie, Gleichheit, Rechtstaatlichkeit und die Wahrung der Menschenrechte einschließlich der Rechte von Minderheiten Bezug genommen. Die Achtung und der Einsatz für die Förderung dieser Werte sind Bedingung für die Aufnahme eines neuen Staates (Art. 49 EUV), während ihre Verletzung durch einen Mitgliedsstaat ihm gegenüber zur Verhängung einer Sanktion in Form der Suspendierung „bestimmter Rechte, die sich aus der Anwendung der Verträge auf den betroffenen Mitgliedstaat herleiten", führen kann (Art. 7 Abs. 3 EUV).

Der Beschreibung des Gesellschaftsmodells, das auf den genannten Werten aufgebaut werden soll, wird hingegen der zweite Satz gewidmet, in dem näher ausgeführt wird, dass die verschiedenen Formen der Zusammenarbeit zwischen den Mitgliedsstaaten sich „durch Pluralismus, Nichtdiskriminierung, Toleranz, Gerechtigkeit, Solidarität und die Gleichheit von Frauen und Männern" auszeichnen. Es ließe sich zwar einwenden, dass „Nichtdiskriminierung" und „Geschlechterparität" eher werthaften denn instrumentalen Charakters sind, doch erscheint es vernünftig, davon auszugehen, dass beide schon in allgemeiner Weise im Wert der „Gleichheit" enthalten sind, der nun in seinen konkreten Manifestationen dekliniert wird.

In den neuen Verträgen ist jedoch keinerlei Bestimmung enthalten, die ausdrücklich den „allgemeinen Prinzipien" der Union gewidmet wäre, auch wenn sie an den verschiedensten Stellen im EUV und auch in den ersten Vorschriften des AEUV erwähnt werden. Allerdings ist die Unterscheidung zwischen grundlegenden Werten und Prinzipien nicht immer leicht zu treffen, da die einen wie die anderen das ganze Gespinst der Verfassung Europas durchwirken. Streng genommen sind Prinzipien sowohl die organisatorischen Regeln der Gemeinschaftsinstitutionen als auch die Kernsätze des institutionellen Aufbaus, wie sie sich aus den Verträgen und der Rechtssprechung des EuGH ergeben, der ihre Charakteristiken im Hinblick auf die verfolgten Ziele definiert. Während die Prinzipien dazu bestimmt sind, sich im Laufe der Zeiten fortzuentwickeln, gilt dies nicht in gleicher Weise für die Ziele, die in einer bestimmten Vorschrift, nämlich Art. 3 des EUV aufgezählt werden, der den gegenwärtigen Stand des Entwicklungsprozesses der Union in politischem Sinne abbildet. Gegenwärtig finden sich die Ziele noch im EUV und im EGV verstreut, wo sie teils die Zielsetzungen („setzt sich folgende Ziele", Art. 2 EUV), teils die Aufgaben („Aufgabe [...] ist es",

Art. 2 EGV) bezeichnen. Daher war im Bereich der Ziele eine Klarstellung nötig, die durch Art. I-3 des Verfassungsvertrages erreicht wurde, der seinerseits durch den Vertrag von Lissabon, gemäß den genauen Vorgaben der Anlage 1 zum Mandat der Regierungskonferenz von 2007, einigen bedeutsamen Veränderungen unterzogen wurde. Unverändert erhalten geblieben ist so der erste Absatz von Art. 3 des EUV, nach dem es „Ziel der Union ist […], den Frieden, ihre Werte und das Wohlergehen ihrer Völker zu fördern". Dieser Absatz gibt die allgemeinen in Art. 1 Abs. 1 als „gemeinsam" bezeichneten Ziele vor, denen in den folgenden Absätzen die genauer umschriebenen einzelnen Zielbestimmungen folgen. Im zweiten Absatz lassen sich hingegen die ersten Abweichungen ausmachen. Im Verlauf des am 21. und 22. Juni 2007 tagenden Europäischen Rates von Brüssel wurde aus dem zweiten Absatz nämlich der Hinweis auf den „freien und unverfälschten Wettbewerb" im Binnenmarkt gestrichen und gleichzeitig in Abs. 5 ein Hinweis auf das Ziel der Union, „zum Schutz ihrer Bürgerinnen und Bürger" beizutragen, eingefügt, um so offensichtlich die Bürger vor Exzessen der Globalisierung zu bewahren. Die Einrichtung des Binnenmarktes wurde hingegen, ohne ihn näher zu charakterisieren, als erstes Ziel des dritten Absatzes von Art. 3 formuliert. Dem schließen sich weitere wirtschaftliche Ziele an, die dadurch zusätzlich verstärkt werden, indem auf die hohe Wettbewerbsfähigkeit, die die (soziale) europäische Wirtschaft prägen soll, sowie auf das Streben nach „eine[m] ausgewogenen Wirtschaftswachstum" und „Preisstabilität" mit dem Ziel einer „nachhaltige[n] Entwicklung" Europas verwiesen wird. Gleichzeitig wird dabei auf soziale und Umweltbelange eingegangen, indem einerseits „ein hohes Maß an Umweltschutz und Verbesserung der Umweltqualität", andererseits „Vollbeschäftigung und soziale[r] Fortschritt" angepeilt werden. Der Ausdruck der „sozialen Marktwirtschaft", der dem „europäischen Sozialmodell" vorgezogen wurden, ist (im europäischen Kontext; *Anm. d. Übersetzers*) völlig neu und zielt darauf ab, den Integrationsprozess zu kennzeichnen, der bei gleichzeitiger starker Wettbewerbsorientierung „soziale Ausgrenzung und Diskriminierungen" bekämpft und „soziale Gerechtigkeit und sozialen Schutz, die Gleichstellung von Frauen und Männern, die Solidarität zwischen den Generationen und den Schutz der Rechte des Kindes" fördert (zweiter Unterabsatz).

Während der gegenwärtige Art. 2 EUV die „Stärkung des wirtschaftlichen und sozialen Zusammenhalts" zu den Zielen zählt, ergänzt dies der neue Abs. 3 um den „territorialen" Zusammenhalt sowie die „Solidarität zwischen den Mitgliedstaaten" (dritter Unterabsatz) sowie die Förderung des wissenschaftlichen und technischen Fortschritts (erster Unterabsatz). Außerdem wurden auch kulturelle Ziele aufgenommen, da die Union „den Reichtum ihrer kulturellen und sprachlichen Vielfalt" zu wahren und „für den Schutz und die Entwicklung des kulturellen Erbes Europas" zu sorgen hat (vierter Unterabsatz).

Die von Frankreich erkämpfte Unterlassung einer Erwähnung des Wettbewerbs ist wohl mehr politischen als rechtlichen Gründen geschuldet, sollte doch dadurch der Vorrang nationaler Interessen in vitalen Wirtschaftsbereichen jedes Landes betont werden. Andererseits taucht der Verweis auf die Notwendigkeit, dass der Wettbewerb als grundlegende Voraussetzung des Binnenmarktes „vor Verfälschungen" geschützt wird im ersten Erwägungsgrund des neuen Protokolls (Nr. 27) über den Binnenmarkt und den Wettbewerb wieder auf, das ebenso unnütz wie kurz erscheint, hätten ohne dieses Protokoll nicht Rechtsakte wie die Fusionskontrollverordnungen, die gem.

Art. 308 EGV zum Schutz des freien Wettbewerbs erlassen werden, keine rechtliche Grundlage mehr gefunden. Besonders muß die ganze europäische Wirtschaft auf einer starken Wettbewerbsorientierung beruhen, weshalb die Wirtschaftspolitik der Mitgliedstaaten gem. Art. 119 AEUV am Grundsatz einer „offenen Marktwirtschaft mit freiem Wettbewerb" auszurichten ist. Die gleiche Formulierung taucht auch in anderen Vorschriften des Vertrags auf, so in Art. 120, der ebenfalls die Wirtschaftspolitik betrifft, und in Art. 127 AEUV, der die Aufgaben des Europäischen Systems der Zentralbanken (ESZB) klarstellt.

Im Vergleich zu den bisherigen im Vertrag von Amsterdam festgelegten Zielen stellt auch die zusammenfassende Formulierung des den internationalen Beziehungen gewidmeten Abs. 5 eine Neuerung dar; er sieht vor, dass „[die Union] in ihren Beziehungen zur übrigen Welt [...] ihre Werte und Interessen [schützt und fördert]". Die internationalen Ziele wurden merklich verstärkt, indem ausdrücklich Friede, Sicherheit, eine globale, (immer noch) nachhaltige Entwicklung, Solidarität und gegenseitige Achtung unter den Völkern, freier und gerechter Handel, die Beseitigung der Armut und der Schutz der Menschenrechte, insbesondere der Rechte des Kindes genannt werden. Daher ist die Union „zur strikten Einhaltung und Weiterentwicklung des Völkerrechts, insbesondere zur Wahrung der Grundsätze der Charta der Vereinten Nationen" angehalten.

III. Arten und Bereiche der Zuständigkeit der Europäischen Union

Über die Kompetenzen der Union führt schon der neue Art. 1 EUV den Zusammenhang zwischen den gemeinsamen Zielen und den der Union verliehenen Kompetenzen vor Augen. Der häufige Verweis auf den in Art. 5 EUV festgeschriebenen Grundsatz der begrenzten Einzelermächtigung ist das Leitmotiv der Änderungen, denen die Kompetenzordnung durch die Regierungskonferenz von 2007 unterzogen wurde. Hinsichtlich der inhaltlichen Ebene, also der Politikbereiche, in denen die der Union übertragenen Kompetenzen zur Entfaltung gelangen, sind die Neuerungen im Vergleich zu den gegenwärtig gültigen Bestimmungen verschieden stark ausgeprägt; und zwar in Abhängigkeit von den in Art. 2 bis 6 AEUV definierten unterschiedlichen Arten und Bereichen der Zuständigkeit der Union. Wie schon ausgeführt, muss die Union bei der Durchführung ihrer Politiken die für ihr internes und externes Handeln geltenden Ziele beachten, die von Art. 3 EUV vorgegeben werden. Diese Ziele sind jedoch in engem Zusammenhang mit den („allgemein geltenden") horizontalen Klauseln zu lesen, die – in Titel II (Art. 7 bis 17) des ersten Teils des AEUV niedergelegt – spezifische Anforderungen statuieren, denen die Union bei ihren Maßnahmen und Politiken Rechnung tragen muss; Art. 7 AEUV legt nämlich fest, dass die Union „auf die Kohärenz zwischen ihrer Politik und ihren Maßnahmen in den verschiedenen Bereichen" achtet und „dabei unter Einhaltung des Grundsatzes der begrenzten Einzelermächtigung ihren Zielen in ihrer Gesamtheit" Rechnung trägt.

Es geht hier insbesondere um den Grundsatz der Gleichheit von Männern und Frauen (Art. 8, der dem gegenwärtigen Art. 3 Abs. 2 EGV entspricht), die Erfordernisse im Zusammenhang mit Beschäftigungs- und Sozialpolitik, inklusive der allgemeinen und beruflichen Bildung und des Gesundheitsschutzes, (Art. 9, der im letzten Punkt Art. 152 Abs. 1 EGV aufgreift), den Kampf gegen jegliche Form der Diskriminierung (Art. 10 erweitert die Vorgaben des gegenwärtigen Art. 13 EGV), den Umweltschutz (Art. 11, der den Wortlaut des Art. 6 EGV aufnimmt) und den Verbraucherschutz (Art. 12, der den Wortlaut des gegenwärtigen Art. 153 Abs. 2 EGV wiedergibt); weiterhin ist bei der Festlegung und Durchführung der Politik in den Bereichen Landwirtschaft, Fischerei, Verkehr, Binnenmarkt, Forschung, technologische Entwicklung und Raumfahrt auf das Wohlergehen der Tiere „als fühlende Wesen" zu achten, wobei gleichzeitig die Gepflogenheiten der Mitgliedstaaten und ihre Vorschriften, insbesondere in Bezug auf religiöse Riten, kulturelle Traditionen und das regionale Erbe, zu berücksichtigen sind (Art. 13); und schließlich geht es um die Besonderheiten der Dienste von allgemeinem Interesse (Art. 14, der an Art. 16 EGV anknüpft und dabei präzisiert, dass die Grundsätze und Bedingungen für die Arbeit dieser Dienste im ordentlichen Gesetzgebungsverfahren angenommen werden, unbeschadet allerdings der Zuständigkeit der Mitgliedstaaten, „diese Dienste im Einklang mit den Verträgen zur Verfügung zu stellen, in Auftrag zu geben und zu finanzieren").

Die eben aufgeführten Bestimmungen tauchten schon unter der gleichen Überschrift im Teil III des Verfassungsvertrages auf („Die Politikbereiche und die Arbeitsweise der Union"). Im Vergleich hierzu hat sich der Reformvertrag darauf beschränkt, einen neuen Ort für diese Regelungen zu finden und ansonsten die Änderungen an den geltenden Verträgen beizubehalten. Völlig neu ist hingegen das Protokoll über die Dienste von allgemeinem Interesse (Nr. 26), das im Mandat der Regierungskonferenz von 2007 vorgesehen wurde, um die Vorschriften von Art. 14 AEUV zu vervollständigen. Das Protokoll enthält zur Betonung der Bedeutung der Dienste von allgemeinem Interesse einige Vorgaben für die Auslegung der Werte der Union in diesem Bereich. Betont werden daher die wichtige Rolle und der weite Ermessensspielraum der nationalen, regionalen und lokalen Behörden in der Frage, wie Dienste auf eine den Bedürfnissen der Nutzer so gut wie möglich entsprechende Weise zu organisieren und betreiben sind; das hohe Niveau in Bezug auf Qualität, Sicherheit und Bezahlbarkeit, Gleichbehandlung und die Förderung von universellem Zugang und Nutzerrechten (Art. 1 des Protokolls). Genauso wie beim Wettbewerb scheint auch hier die Botschaft klar zu sein: die Mitgliedsstaaten müssen ausreichend Raum für die Organisation und Regelung dieser Dienste haben, auch wenn nicht einfach zu bestimmen ist, wie sich der Einfluss dieser Vorschriften konkret auswirken wird. Unberührt bleibt schließlich die die Zuständigkeit der Mitgliedstaaten, nichtwirtschaftliche Dienste von allgemeinem Interesse zur Verfügung zu stellen und zu organisieren (Art. 2). Trotz der Schwierigkeit seine praktischen Kompetenzen zu bewerten, kann das Protokoll im Falle möglicher Auslegungsdifferenzen mit der Union jedenfalls Wirkung zugunsten der Staaten entfalten.

Im AEUV finden sich dann Art. 15-17, wo gibt es Vorschriften über von der Union einzuhaltende Grundsätze, die im Verfassungsvertrag unter den Vorgaben für das demokratische Leben der Union besser verortet waren. Besonders erklärt Art 15, der eine erweiternde Neufassung von Art. 225 EGV ist, Transparenz zum Mittel, um eine verantwortungsvolle Verwaltung und die Beteiligung der Zivilgesellschaft sicherzustellen. Art. 16 fasst Art. 286 EGV neu und übernimmt einen Großteil der entsprechenden Regelung der Grundrechtcharta; Art. 39 EUV, der eine besondere Rechtsgrundlage für den Schutz personenbezogener Daten im Bereich der gemeinsamen Außen- und Sicherheitspolitik (GASP) einführt, bleibt dabei unberührt. Durch Art. 16 wird das Recht jeder Person auf Schutz der sie betreffenden personenbezogenen Daten und auf Überwachung des Datenschutzes durch unabhängige Behörden bekräftigt. Diese Überwachung gibt es bereits heute und erfolgt im Innern jeder Institution und besonders bei der Kommission, wo der mit dieser Aufgabe Betraute, den Titel eines „europäischen Datenschutzbeauftragten führt".

Art. 17 sieht schließlich vor, dass die Union in ihrem Handeln den Status, den „Kirchen und religiöse Vereinigungen oder Gemeinschaften" sowie „weltanschauliche Gemeinschaften" in den Mitgliedstaaten genießen, „achtet" und ihn nicht „beeinträchtigt". Dies greift die identische Formulierung der dem Vertrag von Amsterdam angefügten Erklärung zum Status der Kirchen und weltanschaulichen Gemeinschaften auf. Neu ist hingegen Abs. 3, der vorsieht, dass die „Union […] mit diesen Kirchen und Gemeinschaften in Anerkennung ihrer Identität und ihres besonderen Beitrags einen offenen, transparenten und regelmäßigen Dialog [pflegt]". Diese Vorschrift wäre vielleicht besser im EUV bei den Bestimmungen über „die demokratischen Grundsätze" (Titel II, Art. 9-12) verortet worden.

Die verschiedenen Kompetenzformen werden in einem Versuch, größere Klarheit als im gegenwärtigen System zu erzielen, in Art. 2 bestimmt und in den folgenden Artikeln durchdekliniert. Die ausschließliche Kompetenz ergibt sich aus einer enumerativen nicht durch Interpretation erweiterbaren Aufzählung (Art. 3 AEUV). Sie umfasst Bereiche, die bereits bisher die ausschließliche Kompetenz der Union ausmachen, so dass die Norm sich auf eine Systematisierung beschränkt. Die Kompetenzen zur Unterstützung, Koordinierung oder Ergänzung der Maßnahmen der Mitgliedstaaten (Art. 6 AEUV) beziehen sich auf Maßnahmen und Aktivitäten, die – wie genau ausgeführt wird – die eigene Zuständigkeit der Mitgliedsstaaten weder ausschließen können noch eine Harmonisierung der Rechtsvorschriften der Mitgliedstaaten beinhalten dürfen (Art. 2 Abs. 5). Diese Aufzählung ist genauso abschließend wie diejenige der ausschließlichen Kompetenzen, anders als bei diesen sind hier jedoch einige Neuerungen und Abweichungen im Vergleich zur gegenwärtigen Lage vorgesehen. Gem. Art. 4 AEUV sind dagegen alle Kompetenzen, die nicht unter die beiden anderen Kompetenz- und Maßnahmearten fallen, konkurrierende Kompetenzen. Auch in diesem Bereich fehlen Neuheiten nicht. Atypischer Natur sind schließlich die Hilfskompetenzen zur Koordinierung der Wirtschafts-, Beschäftigungs- und Sozialpolitik der Mitgliedsstaaten (Art. 5 AEUV). Im Vertragstext sind sie zwischen den konkurrierenden (Art. 4) und den Unterstützungskompetenzen (Art. 6) angesiedelt. Formell sind sie gem. Art. 4 Abs. 1 („Die Union teilt ihre Zuständigkeit mit den Mitgliedstaaten, wenn ihr die Verträge außerhalb der in den Artikeln 3 und 6 genannten Bereiche eine Zuständigkeit übertragen") den konkurrierenden Kompetenzen zuzurechen, was gleichzeitig die Schwierigkeit zeigt, die Kompetenzen der Union in die eine oder andere der herkömmlich definierten Kompetenzkategorien einzuordnen. Es handelt sich dabei tatsächlich um direkt an die Mitgliedsstaaten gerichtete Koordinierungsmaßnahmen. Wie sich offensichtlich aus Abs. 1 – dessen Formulierung im Übrigen weniger stringent als die der folgenden Absätze ist – ergibt, behalten die Mitgliedsstaaten die Hauptverantwortung für die Festlegung ihrer jeweiligen Wirtschaftspolitik, während die Union „die Grundzüge dieser Politik" vorgibt. In der Beschäftigungs- und Sozialpolitik ist es die Union, die Maßnahmen trifft oder Initiativen zur Koordinierung der Politiken der Mitgliedsstaaten ergreift und im Bereich der Beschäftigungspolitik auch Leitlinien festlegt.

Bei der Neuordnung der Kompetenzen beobachtet man, dass die transeuropäischen Netze nicht mehr unter die ergänzenden Maßnahmen fallen, sondern im Reformvertrag bei den konkurrierenden Kompetenzen angesiedelt sind. Das Gleiche gilt für die Bereiche Forschung, technologische Entwicklung und Raumfahrt sowie Entwicklungszusammenarbeit und humanitäre Hilfe, wenn auch mit einigen Besonderheiten.

Zwar sehen die Abs. 3 und 4 von Art. 4 in der Tat vor, dass die Union in diesen Bereichen der allgemeinen Kategorisierung als konkurrierende Kompetenz entsprechend Maßnahmen treffen bzw. Maßnahmen treffen und eine gemeinsame Politik verfolgen kann. Doch wird in beiden Fällen gleichzeitig klargestellt, dass die Ausübung dieser Kompetenzen keineswegs „die Mitgliedstaaten hindert, ihre Zuständigkeit auszuüben". Auf diese Weise entgehen diese Zuständigkeiten gerade der Ausschlusswirkung, die Haupteigenschaft konkurrierender Kompetenzen ist, da diese Kompetenzen parallel von der Union und den Mitgliedstaaten ausgeübt werden können. Die Gesundheitspolitik wird aufgeteilt in „gemeinsame Sicherheitsanliegen im Bereich der öffentlichen Gesundheit", die unter die konkurrierenden Kompetenzen fallen, und den „Schutz und [die] Verbesserung der menschlichen Gesundheit", hinsichtlich derer die Union nur Ergänzungsmaßnahmen ergreifen kann. Zu den Unterstützungsmaßnahmen ist hingegen die Kompetenz für den Katastrophenschutz zu zählen, der den gegenwärtigen „Schutz vor Naturkatastrophen" verstärkt. Gleichzeitig wird der Sport ausdrücklich erwähnt, um die Bedeutung, die er erlangt hat, zum Ausdruck zu bringen.

IV. Neue Politiken und Maßnahmen der Europäischen Union: Der Raum der Freiheit, der Sicherheit und des Rechts

Ich möchte nun die grundlegenden angekündigten Änderungen gegenüber dem geltenden Recht im Hinblick auf ihre „Substanz" untersuchen, das heißt die Ausdehnung des Wirkungskreises der Union und damit ihrer „materiellen" Kompetenzen gegenüber den Staaten. Es wird festgestellt, dass der Vertrag von Lissabon, wie auch schon Teil 3 des Verfassungsvertrags, zum Teil wesentliche Änderungen in allen Sektoren einführt, mit denen in manchen Fällen auch der Text des Verfassungsvertrags erneuert wird. Wenn man den Bereich des außenpolitischen Handelns der Union (Teil V) und die Bestimmungen im Hinblick auf den Verbund der überseeischen Länder und Gebiete (Teil IV) außer Acht lässt, betreffen die grundlegenden Neuerungen den RFSR als Effekt der „Vergemeinschaftung" der gegenwärtigen dritten Säule bezüglich der polizeilichen und justiziellen Zusammenarbeit in Strafsachen, die dadurch eine eigene, präzisere Rechtsgrundlage erhält, ohne dass der „acquis communautaire" in der Sache wieder zum Gegenstand der Diskussion wird.

Der Vertrag von Lissabon hat die gesamte Materie der dritten Säule, die noch in Art. 29-42 im Titel VI des EUV geregelt ist, in den AEUV zurückgeführt, wo diese, im dritten Teil mit dem neuen Titel V (Art. 67-89) „Raum der Freiheit, der Sicherheit und des Rechts" (RFSR) den bestehenden Titel IV (Art. 61-69) des EGV ersetzt, der

Fragen betreffend Visa, Asyl, Immigration und andere Politikbereiche, die mit der Freizügigkeit in Zusammenhang stehen, regelt. Der neue Titel gliedert sich in fünf Kapitel, die in Kapitel 1, Art. 67-76 allgemeine Bestimmungen; in Kapitel 2, Art. 77-80 Politiken hinsichtlich der Grenzkontrollen, des Asyls und der Immigration; in Kapitel 3, Art. 81 die justizielle Zusammenarbeit in Zivilsachen; in Kapitel 4, Art. 82-86 die justizielle Zusammenarbeit in Strafsachen und in Kapitel 5, Art. 87-89 die polizeiliche Zusammenarbeit beinhalten.

De facto wurde durch die vollständige „Vergemeinschaftung" die Einheit der Materie, die im Vertrag von Maastricht im Hinblick auf die Zusammenarbeit in Justiz und Innerem in der dritten Säule zusammengefasst war, wiederhergestellt. Ohne den Bereich der justiziellen Zusammenarbeit in Zivilsachen zu vernachlässigen, der nur begrenzte Änderungen erfahren hat, wobei der aktuelle Rahmen im Wesentlichen erhalten geblieben ist, führt der neue Text signifikante Neuerungen vor allem im Bereich der Grenzkontrollen, des Asyls und der Immigration ein, sowie den europäischen Strafrechtsraum.

Der Verfassungsvertrag unterschied in Art. I-42 die Handlungsbereiche der Union nach der Materie, indem zwischen gesetzgebenden Tätigkeiten, gegenseitiger Anerkennung von Entscheidungen und operativer Zusammenarbeit der Autoriäten der Mitgliedstaaten differenziert wurde. Er bestätigte sodann in Absatz 2 die Rolle der nationalen Parlamente im Hinblick auf den Mechanismus der Bewertung, eingeführt von Art. III-260 (Art. 70 AEUV) und in der Kontrolle und der Bewertung der Tätigkeit von Europol und Eurojust, auf Grundlage von Art. III-276 (Art. 88 AEUV) bzw. Art. III-273 (Art. 85 AEUV). Schließlich erkannte er den Staaten das Initiativrecht in den Bereichen der polizeilichen und justiziellen Zusammenarbeit in Strafsachen zu, das in Einklang mit Art. III-264 (Art. 76 AEUV) auszuüben war.

Diese Vorschrift, die Art. 29 EUV neu fasste und erweiterte, erscheint im neuen Text nicht mehr; vielmehr wird ihr Inhalt in den einzelnen Vorschriften der verschiedenen betroffenen Sektoren aufgenommen mit der einzigen Ausnahme, dass der Wortlaut „in dem das gegenseitige Vertrauen zwischen den zuständigen Behörden der Mitgliedstaaten gefördert wird" nicht wiedergegeben wird, ohne dass diese Auslassung das zugrundeliegende Prinzip des gegenseitigen Vertrauens, das den Meilenstein der Entwicklung des RFSR seit dem Gipfel von Tampere vom 15-16 Oktober 1999 bildete, in irgendeiner Weise begrenzt.

Die Kompetenz im Bereich des RFSR steht folglich, wie sich aus Art. 4 Abs. 2 lit. j des AEUV ergibt, der Art. I-14 des Verfassungsvertrags wiedergibt, regelmäßig den Mitgliedstaaten und der Union gemeinsam zu. Daraus folgt nicht, dass es nicht noch Bereiche gibt, in denen weiterhin die ausschließliche Kompetenz der Mitgliedstaaten besteht (Art. 73, 77 Abs. 4 und 79 Abs. 5) oder in denen die Union eine ergänzende Kompetenz besitzt (Art. 79 Abs. 4).

Über die einzelnen allgemeinen Bestimmungen des RFSR wird das erste Kapitel vom Art. 67 eröffnet, der das erste Kapitel eröffnet. Demnach ist die Union gehalten, den Raum für Freiheit, Sicherheit und Recht zu realisieren, „in dem die Grundrechte und die verschiedenen Rechtsordnungen und -traditionen der Mitgliedstaaten geachtet werden". Damit wird auf der einen Seite ein Bezug zur Charta der Grundrechte der Union, die nicht mehr in den Text des Vertrages integriert ist, wie es noch im Verfassungsvertrag der Fall war, die aber über Art. 6 des neugefassten Vertrages über die Europäische Union verbindlich ist (so auch die Erklärung Nr. 1), hergestellt. Auf der anderen Seite wird nationales Sonderrecht in Bereichen, die eng mit der Ausübung der nationalen Hoheitsgewalt verbunden sind, respektiert. Die drei konstitutiven Elemente des Raumes werden sodann dargestellt, wobei zunächst in Absatz 2 spezifiziert wird, dass die Freizügigkeit dadurch garantiert wird, dass die Kontrollen von Personen an den Binnengrenzen wegfallen und durch die Entwicklung von gemeinsamen Politiken in den Bereichen Asyl, Immigration und Binnengrenzkontrollen ergänzt wird, die sich auf die Solidarität der Mitgliedstaaten gründen. Um sodann ein hohes Maß an Sicherheit zu gewährleisten, wird die Union in Absatz 3 aufgefordert, Maßnahmen zur Verhütung und Bekämpfung von Kriminalität, von Rassismus und Fremdenfeindlichkeit zu ergreifen und die Kooperation der Polizeibehörden und der anderen zuständigen Behörden zu ermöglichen. Weitere Instrumente zur Erreichung dieses Ziels sind die gegenseitige Anerkennung strafrechtlicher Entscheidungen und erforderlichenfalls die Angleichung der Strafvorschriften. Es ist schließlich in Absatz 4 ein Hinweis auf den Zugang zum Recht aufgenommen worden, der insbesondere durch die gegenseitige Anerkennung gerichtlicher und außergerichtlicher Entscheidungen in Zivilsachen erleichtert wird.

Die Formulierung des Art. 67 Abs. 1 gibt vor, dass die Verwirklichung des RFSR im Binnenmarkt autonom erfolgen kann, ungeachtet einiger Unsicherheiten, die sich aus der Auslegung des Art. 81 ergeben. Bei genauer Betrachtung zeigt sich, dass in dieser Formulierung der neue Art. 3 wiedergegeben wird, in dem, im Unterschied zu Art. I-3 Abs. 2 des Verfassungsvertrages, die beiden Zielsetzungen im Hinblick auf die Verwirklichung des RFSR und des Binnenmarktes in zwei getrennten Absätzen (Absätze 2 und 3) geregelt sind, um eine unangemessene Vermischung zwischen einem Raum, der auf die Abschaffung der inneren Grenzen gerichtet ist und einem Markt, in dem das Fehlen der Grenzen das konstitutive Merkmal ist, zu vermeiden. Diese wechselseitige Ergänzung der Zielsetzungen, die in Art. 26 Abs. 2 AEUV bestätigt wird, ist schon dadurch verwirklicht, dass beide zur Schaffung eines europäischen (juristischen) Raumes beitragen, der dem Bürger die volle Entfaltung der Grundfreiheiten garantiert.

Art. 68 gibt dem Europäischen Rat die Aufgabe, die strategischen Leitlinien für die gesetzgeberische und operative Programmplanung zu der Verwirklichung des RFSR festzulegen, ohne im Übrigen das Europäische Parlament zu erwähnen. Genauso innovativ ist Art. 69, der zur Verwirklichung des Subsidiaritätsprinzips den nationalen Parlamenten eine ausschließliche Aufgabe zuweist, soweit es sich um die Bewertung von Gesetzgebungsvorschlägen und –initiativen handelt, die im Bereich der justiziellen Zusammenarbeit in Strafsachen (Kapitel 4) und der polizeilichen Zusammenarbeit (Kapitel 5) vorgelegt werden. Auch in Art. 69 bleibt das Europäische Parlament außen vor, da die heikle Aufgabe, die staatlichen Kompetenzen zu schützen, den nationalen Parlamenten anvertraut worden ist; das Europäische Parlament kann in Bezug auf diejenigen Initiativen eingreifen, die auf der Grundlage von Kapitel 2 und 3 ergriffen worden sind, soweit auf diese Vorschriften die allgemeinen Regeln anwendbar sind. Im Ergebnis ergibt sich eine Abschwächung des Demokratiedefizits in der Anwendung der Regeln über den RFSR, auch wenn die Rolle, die dem Europäischen Parlament zugewiesen wird, bisweilen noch Kennzeichen aufweist, die dem nicht völlig genügen. Im Hinblick darauf braucht man nur festzustellen, dass die Beteiligung des Europäischen

Parlaments bei der Festlegung der strategischen Leitlinien für die gesetzgeberische und operative Programmplanung nicht vorgesehen ist und dass die Beteiligung, wenn sie, wie im Fall von Europol und Eurojust, vorgesehen ist, unterschiedliche Ausgestaltungen aufweist, die nicht einfach zu rechtfertigen sind.

Die Verbindung der nationalen Parlamente trägt zweifelsfrei zum Prozess der Demokratisierung, oder in diesem Fall besser, der Verringerung des Demokratiedefizits bei, auch wenn der Mechanismus nicht ohne Risiken für die Ausübung der Gemeinschaftspolitiken ist, insbesondere im Hinblick die Bewertung der nationalen Interessen in Sachgebieten, in denen, unter anderem nach dem Muster des Verfassungsvertrages, die Anwendung des Subsidiaritätsprinzips und der Verhältnismäßigkeit besonderen Regeln folgt, die darauf ausgerichtet sind, die nationale Souveränität zu schützen.

Besonders im Fall von Gesetzesvorschlägen, die den RFSR betreffen, mit Bezugnahme auf die Möglichkeit der nationalen Parlamente, Stellungnahmen hinsichtlich der Konformität des Gesetzgebungsvorschlags mit dem Subsidiaritätsprinzip vorzubringen, ist die Schwelle, ab der die Kommission gehalten ist den Vorschlag erneut zu untersuchen, nach dem Protokoll (Nummer 2) über die Anwendung der Grundsätze der Subsidiarität und der Verhältnismäßigkeit auf ein Viertel der Stimmen abgesenkt, die eben diesen Parlamenten zustehen. Diesbezüglich wird hervorgehoben, dass der Vertrag von Lissabon als Neuerung auch im Hinblick auf den Verfassungsvertrag einen verstärkten Kontrollmechanismus im Bezug auf die Subsidiarität eingerichtet hat, der de facto ein System zur Blockade von Gemeinschaftsentscheidungen darstellt, wenn das vorgesehene Quorum im Rat und im Europäischen Parlament erreicht wird (Art. 7 Abs. 3 des Protokolls).

Nach dem neuen System nehmen die nationalen Parlamente schließlich an der Verwirklichung des RFSR durch die Anwendung des Mechanismus der frühzeitigen Alarmbereitschaft im Bereich der Subsidiarität (Art. 69) teil sowie durch die Nutzung der spezifischen Instrumente, die in Art. 12 lit. c, der in Titel II des EUV neu eingefügt wurde, aufgeführt sind. Diese Instrumente beinhalten: die Beteiligung an der politischen Kontrolle von Europol zusammen mit dem Europäischen Parlament (Art. 88) und die Bewertung der Aktivitäten von Eurojust (Art. 85), die im Vergleich zum geltenden Vertrag erneuert wurden; die gleiche Information wie das Europäischen Parlament sowohl über den Inhalt und die Ergebnisse des Mechanismus der gegenseitigen Bewertung der Mitgliedstaaten „inter pares" im Hinblick auf die Durchführung der Politiken des fünften Titels, in Zusammenarbeit mit der Kommission und nach den vom Rat festgelegten Regeln (Art. 70) als auch über die Arbeiten des ständigen Ausschusses gemäß Art. 71, ohne dass jedoch klar ist, wie die nationalen Parlamente und vor allem auch das Europäische Parlament diese Informationen nutzen können.

Mit Art. 70 wird zudem die Anwendung des Mechanismus ausgeweitet, der schon mit Erfolg in anderen Sektoren der offenen Koordinierung (so in Art. 99 und Art. 126 EGV) angewendet wurde und der erlaubt die Ausführung der Politiken der Union durch die Justiz- und Polizeibehörden der Mitgliedstaaten auf deren Stand zu überwachen.

Die operative Zusammenarbeit im Bereich der inneren Sicherheit wird insbesondere von Art. 71 gestärkt, der abgesehen von den Sonderrechten des Ausschusses der Ständigen Vertreter (AStV) gem. Art. 240 AEUV, die Einsetzung eines ständigen Ausschusses vorsieht, der den bestehenden Koordinierungsausschuss, der „Ausschuss nach Art. 36" (CATS) genannt wird, ersetzt und dessen Funktionen übernimmt.

Die Formulierung von Art. 72 gibt wörtlich die Formulierung des aktuellen Art. 64 Abs. 1 EGV wieder. Insbesondere ergibt sich aus dieser Vorschrift keine ausschließliche Kompetenz der Mitgliedstaaten, da auch die Institutionen Vorschriften zum Schutz der Sicherheit und zur Aufrechterhaltung der öffentlichen Ordnung (Begriffe, die auch in anderen Artikeln des Vertrages zur Gründung der Europäischen Gemeinschaft sowie in Art. 33 AEUV erscheinen) erlassen können; den Staaten wird damit jedoch die Möglichkeit zuerkannt, dass sie Vorkehrungen in Abweichung von den Gemeinschaftsregelungen treffen können.

In Art. 71 und 72 wird der Begriff „innere Sicherheit" in Abgrenzung zu dem Begriff der „nationalen Sicherheit" verwendet, der nach dem neuen Art. 73, auf den auch Art. 4 Abs. 2 EUV hinweist, aufgrund der nationalen Identität der Staaten eine ausschließliche Kompetenz der Mitgliedstaaten bleibt und damit der Ausübung der Kompetenz der Union eine allgemeine Grenze zieht, die sehr stark von dem Vereinigten Königreich gewünscht wurde. Art. 73 erkennt den Mitgliedstaaten die Möglichkeit zu, untereinander und in eigener Verantwortung Formen der Zusammenarbeit und Koordinierung zwischen den zuständigen Dienststellen ihrer für den Schutz der nationalen Sicherheit verantwortlichen Verwaltungen (Geheimdienste) einzurichten, die sie für geeignet halten.

Die Verwaltungskoordinierung und nicht nur jene operative zwischen den zuständigen Diensten im Bereich des fünften Titels sowie zwischen den Verwaltungen und der Kommission ist im geltenden Art. 66 EUV geregelt, der im Wesentlichen mit wenigen Änderungen im neuen Art. 74 wiedergegeben wird. Auf dieser Grundlage erlässt der Rat auf Vorschlag der Kommission und nach Anhörung des Europäischen Parlaments die notwendigen Rechtsakte („Verordnungen" im Sprachgebrauch des Verfassungsvertrages und jetzt, wie auch im geltenden Recht, „Maßnahmen"), außer es liegt ein Fall des Art. 68 vor, der (einem Viertel) der Mitgliedstaaten das Initiativrecht gibt.

Art. 75 modifiziert Art. 60 EGV und gibt dem Rat die Möglichkeit, zusammen mit dem Europäischen Parlament, nach dem ordentlichen Gesetzgebungsverfahren Verwaltungsmaßnahmen in Bezug auf Kapitalbewegungen und Zahlungen (wozu auch das Einfrieren von Geldern, finanziellen Vermögenswerten oder wirtschaftlichen Erträgen gehören kann, deren Eigentümer oder Besitzer natürliche oder juristische Personen, Gruppierungen oder nichtstaatliche Einrichtungen sind) zu ergreifen, die notwendig sind, um die Ziele des Art. 67 in Bezug auf die Verhütung und Bekämpfung von Terrorismus und die damit verbundenen Aktivitäten zu verwirklichen, soweit keine spezifischen Befugnisse bestehen und diese Maßnahmen für die Freizügigkeit erforderlich sind.

Wenngleich das Initiativrecht der Kommission im neuen Vertrag der Regel entspricht, so sieht Art. 76 in Buchstabe b) dennoch für die in den Kapiteln 4 und 5 genannten Rechtsakte (justizielle Zusammenarbeit in Strafsachen beziehungsweise der Polizei) sowie für Maßnahmen in dem Bereich der Verwaltungszusammenarbeit nach Art. 74 vor, dass auch den Mitgliedstaaten ein Initiativrecht für entsprechende Rechtsakte zusteht, unter der Voraussetzung, dass es sich bei den Vorschlagenden um ein Viertel der Mitgliedstaaten handelt. Dafür ist derzeit die Beteiligung von 7 Mitgliedstaaten erforderlich, wohingegen Art. 34 EUV in der geltenden Fassung das Initiativrecht jedem einzelnen Mitgliedstaat zuerkennt. Die daraus folgende Unterdrückung des Initiativrechts eines einzelnen Mitgliedstaates begünstigt die Arbeit der Union, da dadurch vermieden werden kann, dass die Mitgliedstaaten mit den eigenen Vorschlägen spezifische nationale Bedürfnisse geltend machen, die oft auf inneren politischen Situationen beruhen und die Arbeit des Rates erschweren und die Verwirklichung des Legislativprogramms des Europäischen Rates behindern. Die Festlegung eines Quorums gibt, zumindest einer ausreichend signifikanten Zahl von Mitgliedstaaten, die Möglichkeit, einen effektiven Beitrag zum Fortschritt des europäischen Rechts zu leisten.

Mit Hinblick auf allgemeine Fragestellungen im Bereich des RFSR wird, als wichtige Neuerung im „demokratischen Sinn", nochmals darauf hingewiesen, dass die Zuständigkeit des Europäischen Gerichtshofs, die bereits im Verfassungsvertrag vorgesehen war, bestätigt wurde und damit der aktuellen Ungleichmäßigkeit in dem Bereich der Rechtsprechung ein Ende gesetzt wird. Die Begrenzungen und Ausnahmen der Art. 68 EGV und Art. 35 EUV (jetzt abgeschafft) wurden verringert, so dass dem Gerichtshof insbesondere die Möglichkeit zugebilligt wird, über Schadensersatzansprüche der Mitgliedstaaten in diesem Bereich zu entscheiden.

Soweit das 2. Kapitel betroffen ist, das heißt die Politik im Bereich der Grenzkontrolle, Asyl und Einwanderung, folgt der AEUV einer vom derzeitigen Art. 62 EGV abweichenden redaktionellen Arbeitsweise. Art. 77 bestimmt zunächst in Absatz 1 die Ziele, die die Union mit ihrer Tätigkeit verfolgt; in Absatz 2 werden sodann die Bereiche konkretisiert, die von der Verwirklichung dieser Ziele betroffen sind.

Es gibt drei Ziele der Politik (unausgesprochen: der gemeinsamen Politik) in Bezug auf die Grenzkontrollen. Zum einem soll „sichergestellt werden", dass „Personen unabhängig von ihrer Staatsangehörigkeit beim Überschreiten der Binnengrenzen nicht kontrolliert werden". Der Anwendungsbereich ist nicht neu, handelt es sich doch um das bereits mit anderer Formulierung in Art. 62 Ziffer 2 EGV vorgesehene Ziel, das Augenmerk nunmehr auf die Außengrenzen zu richten und nicht mehr nur auf die Visa. Das zweite Ziel soll „die Personenkontrollen und die wirksame Überwachung des Grenzübertritts an den Außengrenzen sicherstellen". Der neue Text erscheint klarer und präziser als der geltende Art. 62 Ziffer 2 EGV, im Vergleich zu dem die Wichtigkeit des Aspekts der Überwachung eine besondere Hervorhebung erfährt. Das dritte neue Ziel umfasst die „schrittweise Einführung eines integrierten Grenzschutzsystems an den Außengrenzen".

In Art. 77, der unter Präzisierungen den Inhalt von Art. 62 EGV übernimmt, ist im Vergleich zum Text des Verfassungsvertrages nach Maßgabe des Auftrags ein weiterer Absatz eingefügt worden, der insbesondere eine Flexibilitätsklausel einführt, die die Gemeinschaft zum Tätigwerden ermächtigt, wenn dies notwendig erscheint, um die Ausübung der Rechte des neuen Art. 20 Absatz 2 Buchstabe a) d. h. des Freizügigkeitsrechts und des Aufenthaltsrechts der Unionsbürger, zu erleichtern, sofern die Verträge hierfür anderweitig keine Befugnisse vorsehen. Bis hier wäre die Formulierung übrigens im Wesentlichen die gleiche wie in Art. 18 EGV in der Fassung des Vertrags von Nizza; dennoch sieht Art. 77 AEUV ausdrücklich vor, dass diese Möglichkeit sich auch

42

auf die Bereiche erstreckt, die derzeit noch ausgeschlossen sind, d. h. insbesondere Pässe, Personalausweise, Aufenthaltstitel oder diesen gleichgestellte Dokumente. Der Rat beschließt einstimmig nach Anhörung des Europäischen Parlaments und weicht damit von Art. 352 AEUV ab, der die Zustimmung des Europäischen Parlaments vorsieht. Es ist hervorzuheben, dass Art. 352 Abs. 2 vorsieht, dass die Kommission die nationalen Parlamente im Rahmen des Verfahrens zur Kontrolle der Einhaltung des Subsidiaritätsprinzips auf die Vorschläge aufmerksam macht, die sich auf diese Vorschrift stützen.

Zusammenfassend erscheinen die Kompetenzen des zweiten Kapitels erheblich verändert im Vergleich zu dem geltenden Recht, da sie dazu beitragen, den „acquis communautaire" tatsächlich umzusetzen, der sich seit dem Vertrag von Amsterdam sukzessive entwickelt hat und indem sie in einigen Fällen über eine Vereinfachung hinaus eine erhöhte Flexibilität einführen, um vor allem in dem Bereich des Asyls, des subsidiären Schutzes und des vorübergehenden Schutzes eine effektive Erweiterung zu erreichen und ein wahres „gemeinsames europäisches Asylsystem" zu verwirklichen. Im Ergebnis sind die Neuerungen, soweit sie auch jede für sich genommen wichtig sind, vor allem darauf gerichtet, das geltende Recht zu rationalisieren. Es fehlen auch die Schattenseiten nicht, besonders im Bereich der Immigration, wo die neue Formulierung nicht hinreichend zwischen den verschiedenen Typen der legalen und der illegalen Einwanderung differenziert.

Das Kapitel 3 ist der justiziellen Zusammenarbeit in Zivilsachen gewidmet wobei Art. 81 weitgehend den Artikel III-269 des Verfassungsvertrags mit einer bedeutenden Änderung wiedergibt, der Einführung eines neuen Unterabsatzes in Absatz 3.

Gleich geblieben ist die schon in Art. 65 EGV enthaltene Bezugnahme auf den Umstand, dass die justizielle Zusammenarbeit in zivilrechtlichen Fragestellungen mit grenzüberschreitendem Bezug entwickelt wird, vor allem wenn diese für ein reibungsloses Funktionieren des Binnenmarktes notwendig ist. Dabei ist die Beziehung zwischen der justiziellen Zusammenarbeit, oder weiter gefasst, dem RFSR und dem Binnenmarkt nicht klar. Wie sich aus Art. 3 EUV ergibt, sind diese getrennt voneinander zu betrachten und stehen, wie sich aus Art. 81 Abs. 2 ergibt, in einem Abhängigkeitsverhältnis, da die Zusammenarbeit insbesondere von der Notwendigkeit für das Funktionieren des Binnenmarktes bestimmt wird. Die Formulierung vom Art. III-269 des Verfassungsvertrages war unproblematisch, vor allem da die Bezugnahme auf den Binnenmarkt, die in der Konvention gestrichen worden war, in der konsolidierten Fassung des Vertragstextes mit der Präzisierung „insbesondere" wieder auftauchte.

Die Liste der anzuwendenden Maßnahmen, die in beispielhafter Aufzählung benannt werden, umfasst im Vergleich zu den geltenden drei nun acht verschiedene Buchstaben und beinhaltet unter anderem einen effektiven Zugang zum Recht, die Beseitigung von Hindernissen für die reibungslose Abwicklung von Zivilverfahren, die Entwicklung von alternativen Methoden für die Beilegung von Streitigkeiten und die Förderung der Weiterbildung von Richten und Justizbediensteten.

Wie schon in Nizza entschieden worden ist, ist das Verfahren der Beschlussfassung mit qualifizierter Mehrheit und das Verfahren der Mitentscheidung auf alle gesetzgeberischen Maßnahmen anzuwenden mit Ausnahme der Maßnahmen des Familienrechts mit grenzüberschreitendem Bezug, bei denen Einstimmigkeit erforderlich ist. Auch die Über-leitungsvorschrift ist erhalten geblieben, die dem Rat das Recht gibt zu entscheiden, welche Aspekte des Familienrecht mit grenzüberschreitendem Bezug im ordentlichen Gesetzgebungsverfahren erlassen werden. Dazu beschließt der Rat einstimmig auf Vor-schlag der Kommission und nach Anhörung des Europäischen Parlamentes (Abs. 3).

Auf Grundlage des letzten Unterabsatzes, der von der Regierungskonferenz 2007 ein-geführt wurde, genügt es für den Nichterlass des Beschlusses, dass der Vorschlag, für bestimmte Aspekte auf das ordentliche Gesetzgebungsverfahren überzugehen, von ei-nem nationalen Parlament innerhalb von sechs Monaten nach der Übermittlung des Vorschlages abgelehnt wird. Im Umkehrschluss ergibt sich, dass der Rat den Beschluss erlassen kann, wenn der Vorschlag nicht abgelehnt wird. Zusammenfassend gibt es im Bereich des Familienrechts eine zweifache Möglichkeit von Vetorecht sowohl eines Mitgliedstaates als auch eines nationalen Parlamentes. Es handelt sich unzweifelhaft um einen Rückschritt im Vergleich zum Verfassungsvertrag, der den nationalen Parla-menten die Rolle eines Vorzugsakteurs in der justiziellen Zusammenarbeit zugestan-den hatte, wodurch die Anwendung der Überleitungsvorschrift und die Vergemein-schaftung des Regelungsbereiches erschwert werden.

Im Hinblick auf den dritten Pilaster (Kapitel 4, Art. 82 bis 86) wird der Übergang des Gesetzgebungsverfahrens zur qualifizierten Mehrheit gefördert, wobei einige Aus-nahmen bestehen. Es ist Einstimmigkeit für die Bestimmung der „sonstigen spezifi-schen Aspekte des Strafverfahrens" vorgesehen, wobei auf die Mindestvorschriften gem. Art. 82 Abs. 2 Buchstabe d) und Art. 83 Abs. 1 Bezug genommen wird, ebenso für die mögliche Einsetzung einer europäischen Staatsanwaltschaft gem. Art. 86 Abs. 1, für den Erlass von Maßnahmen der operativen Zusammenarbeit der Polizeibehörden gem. Art. 87 Abs. 3 und für die Bestimmung der Voraussetzungen und der Grenzen inner-halb derer nach Art. 89 die Justizbehörden und die Polizei eines Mitgliedstaates auf dem Staatsgebiet eines anderen Mitgliedstaates tätig werden können.

Nach einer ausführlichen Debatte, in deren Verlauf verschiedene Befürchtungen im Hinblick auf eine übertriebene Integration im strafrechtlichen Bereich geäußert wur-den und die auf die Vermeidung der Rückkehr zur Einstimmigkeit abzielte, wurde in Art. III-270 und Art. III-271 des Verfassungsvertrages in Absatz 3 eine Klausel einge-führt, die „Notbremse" genannt wurde. Diese Klausel sah vor, dass ein Mitgliedstaat, der der Meinung war, dass sich ein Gesetzesvorhaben oder ein Rahmengesetz auf wesentliche Aspekte der eigenen Strafrechtsordnung auswirkte, eine Untersuchung durch den Europäischen Rat veranlassen konnte, um eine Aussetzung des ordentlichen Gesetzgebungsverfahrens zu erreichen. Im Anschluss an die Diskussion und innerhalb von vier Monaten konnte der Europäische Rat entscheiden, ob er das Vorhaben dem Rat der Europäischen Union vorlegte und das ordentliche Gesetzgebungsverfahren neu begann oder ob er die Kommission oder die Gruppe der Mitgliedstaaten, die den Vorschlag eingebracht hatten, aufforderte diesen erneut zu unterbreiten. Wenn der Europäische Rat nach vier Monaten keine Tätigkeit in Bezug auf das Vorhaben, das Gesetz oder das Rahmengesetz unternommen hatte, konnte ein Drittel der Mitglied-staaten ein Verfahren der „verstärkten Zusammenarbeit *ad acta*" eröffnen, das derart vereinfacht war, dass die gesetzlich vorgesehene vorherige Zustimmung als automa-tisch erteilt galt.

Dieses Instrument stellte im Verfassungsvertrag das Ergebnis eines Kompromisses der letzten Stunde zwischen der zwischenstaatlichen Methode und dem Gemeinschaftswillen dar; dennoch hatten seine Komplexität und Starrheit zahlreiche Kritiken ausgelöst, unter anderem, dass damit die Aushöhlung des Initiativrechts der Kommission riskiert würde, da diese gebeten werde konnte, einen neuen Vorschlag auszuarbeiten und zu unterbreiten. Es ist daher verständlich, dass mit dem neuen Vertrag die Gelegenheit ergriffen wurde, diesen Mechanismus nach den Vorgaben des Mandats zu vereinfachen, so dass nunmehr die Möglichkeit einen neuen Vorschlag einzubringen, nicht mehr gegeben ist (Art. 82 Abs. 3).

Die Klausel sieht in ihrer jetzigen Fassung in Art. 83 Abs. 3 vor, dass ein Mitglied des Rates, das der Auffassung ist, dass der Entwurf einer Richtlinie nach Abs. 2 grundlegende Aspekte seiner Strafrechtsordnung berührt, beantragen kann, dass der Europäische Rat befasst wird mit der Folge, dass das ordentliche Gesetzgebungsverfahren ausgesetzt wird. Nach einer Aussprache und im Fall eines Einvernehmens weist der Europäische Rat den Entwurf binnen vier Monaten nach Aussetzung des Verfahrens an den Rat zurück, wodurch die Aussetzung des Verfahrens beendet wird. Sofern kein Einvernehmen erzielt wird, aber mindestens neun Mitgliedstaaten (im Mandat war ein Drittel der Mitgliedstaaten vorgesehen) eine verstärkte Zusammenarbeit auf der Grundlage des betreffenden Entwurfs einer Richtlinie begründen möchten, teilen diese Mitgliedstaaten dies binnen derselben Frist dem Europäischen Parlament, dem Rat und der Kommission mit. In diesem Fall gilt die Ermächtigung zu einer verstärkten Zusammenarbeit nach Art. 20 Abs. 2 EUV und Art. 329 Abs. 1 AEUV als erteilt und die allgemeinen Bestimmungen über die verstärkte Zusammenarbeit finden Anwendung.

Wie schon bei der justiziellen Zusammenarbeit in Zivilsachen, übernimmt der Reformvertrag auch in Art. 82 Abs. 1 die Vorschrift des Verfassungsvertrages und befürwortet den Grundsatz der gegenseitigen Anerkennung gerichtlicher Entscheidungen in Strafsachen und verwirklicht damit die politischen Vorgaben des Gipfels von Tampere vom Oktober 1999.

Um die Anwendung des Grundsatzes der gegenseitigen Anerkennung zu erleichtern, sieht der AEUV wie schon der Verfassungsvertrag insbesondere vor, dass Maßnahmen zur Harmonisierung erlassen werden, die das Vertrauen zwischen den Staaten stärken. Art. 82 Abs. 2 eröffnet daher auch im Strafprozessrecht die Möglichkeit, Mindestvorschriften festzulegen, die „die Unterschiede zwischen den Rechtsordnungen und -traditionen der Mitgliedstaaten berücksichtigen".

Im Bereich des materiellen Strafrechts sieht Art. 83 den Erlass von Mindestvorschriften zur Festlegung von Straftaten und Strafen „im Bereich von besonders schwerer Kriminalität" vor, die in der in diesem Artikel enthaltenen Aufzählung näher eingegrenzt werden, wobei diese über die geltenden Art. 29 und 31 EUV hinausgeht. Der Rat erlässt in dem besonderen Gesetzgebungsverfahren einstimmig nach Zustimmung des Europäischen Parlaments gem. Art. 83 Abs. 1 Unterabsatz 3 einen Beschluss, in dem andere Kriminalitätsbereiche bestimmt werden, die die Kriterien dieses Artikels erfüllen. Eine weitere Möglichkeit zur Angleichung im Bereich des materiellen Strafrechts ist für die Gebiete vorgesehen, auf denen Harmonisierungsmaßnahmen erfolgt sind, indem „Mindestvorschriften für die Festlegung von Straftaten und Strafen" niedergelegt werden, wenn die „Angleichung der strafrechtlichen Rechtsvorschriften der

Mitgliedstaaten als unerlässlich für die wirksame Durchführung der Politik der Union auf diesem Gebiet" erscheint.

Neben dem Strafprozessrecht und dem materiellen Strafrecht umfasst der Interventionsbereich der Union im Hinblick auf die justizielle Zusammenarbeit die Kriminalprävention, Eurojust und die europäische Staatsanwaltschaft. Betreffend dem ersten Gebiet bestimmt Art. 84 im Hinblick auf die Kriminalprävention die Möglichkeit der Union, Maßnahmen festzulegen, die das Vorgehen der Mitgliedstaaten unter Ausschluss jeglicher Harmonisierung der Rechtsvorschriften der Mitgliedstaaten fördern und unterstützen. Die operativen Kompetenzen von Eurojust werden in Art. 85 erweitert und besser definiert.

Ausgehend von Eurojust kann der Rat nach Zustimmung des Europäischen Parlaments einstimmig beschließen, durch Verordnung auf Grundlage von Art. 86 eine Europäische Staatsanwaltschaft einzusetzen, um Straftaten zum Nachteil der finanziellen Interessen der Union zu bekämpfen. Die Staatsanwaltschaft ist zuständig für die strafrechtliche Untersuchung und Verfolgung sowie Anklageerhebung der Täter und der Mitschuldigen an diesen Straftaten.

Wegen der Sensitivität dieses Bereichs wurde als Neuerung im Vergleich zu dem Text des Verfassungsvertrages vorgeschlagen, die Möglichkeit vorzusehen, dass bei fehlender Einstimmigkeit eine Gruppe von mindestens neun Mitgliedstaaten beantragen kann, dass der Europäische Rat mit dem Entwurf einer Verordnung befasst wird, Art. 86 Abs.1 Unterabsatz 2. In diesem Fall wird das Verfahren bei dem Rat ausgesetzt und es gibt zwei Möglichkeiten. Zunächst kann, im Fall des Einvernehmens, der Europäische Rat nach einer Aussprache binnen vier Monaten nach Aussetzung des Verfahrens den Entwurf an den Rat zur Annahme zurückverweisen. Sofern innerhalb derselben Frist kein Einvernehmen im Europäischen Rat erzielt wird, können neun Mitgliedstaaten, die nicht notwendig mit den Mitgliedstaaten identisch sein müssen, die das Verfahren angestoßen haben und die eine verstärkte Zusammenarbeit auf der Grundlage des betreffenden Entwurfs begründen möchten, das Europäische Parlament, den Rat und die Kommission darüber informieren, dass sie derart vorgehen möchten. Auch in diesem Fall wird das Verfahren zur Einleitung der verstärkten Zusammenarbeit dergestalt vereinfacht, dass die Ermächtigung als erteilt gilt und die allgemeinen Regeln Anwendung finden. Davon abgesehen bleibt zudem immer die Möglichkeit, dass die Befugnisse der Europäischen Staatsanwaltschaft von dem Europäischen Rat gleichzeitig mit der Annahme der Verordnung oder im Anschluss daran erweitert werden. Der Europäische Rat beschließt dazu einstimmig nach Zustimmung des Europäischen Parlaments und nach Anhörung der Kommission, Art. 86 Abs. 4.

Zusammenfassend kann der mit dem neuen Vertrag zurückgelegte Weg im Hinblick auf die Ziele, die von dem Europäischen Rat in Tampere dem europäischen Strafrechtsraum zugewiesen worden sind, insbesondere im Hinblick auf die Entwicklung der Zusammenarbeit und dank der Anwendung des Grundsatzes der gegenseitigen Anerkennung von gerichtlichen Entscheidungen, der Angleichung der Strafrechtsvorschriften, der Schaffung von europäischen Organen zum Kampf gegen die Kriminalität und schließlich der Entwicklung einer Dimension, die über den Strafrechtsraum hinausgeht, als bedeutsam bezeichnet werden. Man muss erinnern, dass der Vertrag von Nizza, abgesehen von der Einführung von Eurojust und einigen Änderungen im Bereich der verstärkten Zusammenarbeit, keine Veränderungen im Bereich der polizeilichen und justiziellen Zusammenarbeit in Strafsachen gebracht hatte.

Kapitel fünf regelt in drei Artikeln (Art. 87-89) die polizeiliche Zusammenarbeit. Im Hinblick auf die geltenden Art. 29 und 30 EUV bleiben die Ziele im Wesentlichen unverändert, aber sie werden besser und präziser definiert. Die Union entwickelt eine polizeiliche Zusammenarbeit, die alle zuständigen Behörden der Mitgliedstaaten umfasst, einschließlich der Polizei, des Zolls und anderer auf die Verhütung oder die Aufdeckung von Straftaten spezialisierter Strafverfolgungsbehörden (Art. 87 Abs. 1). Die neue Vorschrift unterscheidet sodann zwischen der operativen Zusammenarbeit (Abs. 3) und der nicht operativen (Abs. 2). Die letztgenannte umfasst insbesondere das Einholen, Speichern, Verarbeiten, Analysieren und Austauschen von Informationen (Buchstabe a); die Unterstützung bei der Aus- und Weiterbildung von Personal sowie Zusammenarbeit in Bezug auf den Austausch von Personal, Ausrüstungsgegenständen und die kriminaltechnische Forschung (Buchstabe b); sowie gemeinsame Entwicklungstechniken zur Aufdeckung schwerwiegender Formen organisierter Kriminalität (Buchstabe c).

Die Maßnahmen der nicht operativen Zusammenarbeit werden in dem ordentlichen Gesetzgebungsverfahren erlassen, während für die Maßnahmen der operativen Zusammenarbeit die Einstimmigkeit des Rats nach Anhörung des Europäischen Parlaments erforderlich ist, wodurch die Unterscheidung zwischen dem Rat als Gesetzgeber und dem Rat als Exekutivorgan verstärkt wird. In Bezug auf die operative Zusammenarbeit (Abs. 3) hat das Mandat als Neuerung verglichen mit dem Verfassungsvertrag einen Mechanismus vorgesehen, der, wie schon für die Artikel 82, 83 und 86 dargestellt, den Weg zu einer verstärkten Zusammenarbeit über ein vereinfachtes Entscheidungsverfahren eröffnet, wenn keine Einstimmigkeit zwischen den Mitgliedstaaten besteht. Darüber hinaus wird ausdrücklich klargestellt, dass dieses besondere Verfahren nicht auf Rechtsakte anzuwenden ist, die eine Weiterentwicklung des Schengen-Besitzstandes darstellen.

Art. 88 definiert den Auftrag von Europol, der im geltenden Recht in Art. 29 und 30 EUV geregelt ist, und greift für den Bereich des Eingriffs auf die Auflistung des Art. 30 zurück, die zusammengefasst wird und deren Befugnisse im Fall von „schwerer Kriminalität", die zwei oder mehr Mitgliedstaaten betrifft, von Terrorismus und der Kriminalitätsformen, die ein gemeinsames Interesse verletzen, verstärkt werden.

Die eben beschriebene Regelung des RFSR wird durch die Vorschriften des Schengen-Besitzstandes integriert sowie die Spezialvorschriften betreffend das Vereinigte Königreich, Irland und Dänemark. Schon die Regierungskonferenz im Jahr 2004 hatte sich damit beschäftigt, die betreffenden Protokolle an die Regelungen im Verfassungsvertrag anzupassen. Auch der Reformvertrag hat entsprechend das Protokoll über die Einbeziehung des Schengen-Besitzstandes im Bereich der Europäischen Union geändert, das aus dem Jahr 1997 stammt und in der Zwischenzeit aktualisierungsbedürftig geworden war. Die Änderungen beschränken sich nicht auf die schon im Hinblick auf den Verfassungsvertrag erfolgte Neufassung des Protokolls, sondern regeln in einem neuen Art. 5 die Modalität für die Beteiligung von Irland und dem Vereinigten Königreich. Für Dänemark bleibt dagegen der Text von Art. 3 unverändert so wie er im Jahr 2004 von der Regierungskonferenz formuliert wurde.

Die Stellung des Vereinigten Königreiches und Irlands im Hinblick auf den RFSR wird in dem Protokoll Nr. 21 geregelt, in dessen Titel die Worte „im Hinblick auf den Raum der Freiheit, der Sicherheit und des Rechts" ergänzt werden, was bereits zum Teil in dem Protokoll Nr. 19 erfolgt ist, das dem Verfassungsvertrag angehängt war und im Vergleich zu dem die neue Formulierung, wie die qualifizierte Mehrheit gebildet wird, unter Verweis auf Art. 238 Abs. 3 AEUV vereinfacht wurde (Art. 1 und 3). In Art. 3 Absatz 1 wurde ein neuer Unterabsatz ergänzt, der die Beteiligung des Vereinigten Königreichs und Irlands an der Bewertung der Durchführung der Politik der Union hinsichtlich des RFSR gem. Art. 70 AEUV vorsieht. Allgemein gesprochen wurde der Anwendungsbereich des Protokolls auf den gesamten Teil 3, Titel 5 des AEUV erweitert, anders als dies in dem Protokoll, das dem Verfassungsvertrag anhing, vorgesehen war. Dieses erweiterte das Protokoll nur auf die polizeiliche Zusammenarbeit mit Bezug auf die Maßnahmen gemäß Art. III-275 Abs. 2 lit. a) (jetzt Art. 87 Abs. 2 lit. a AEUV), der das „Einholen, Speichern, Verarbeiten, Analysieren und Austauschen sachdienlicher Informationen" regelt.

V. Die anderen Politiken

Soweit die anderen Politiken und internen Handlungen der Union betroffen sind, die im dritten Teil erwähnt wurden, sind die Änderungen beschränkt aber dennoch erwähnenswert, wobei sie nicht nur allgemeine Vorschriften bezüglich des Adoptionsverfahrens von Rechtsakten betreffen sondern auch den Inhalt der einzelnen Politiken.

1. Die Titel I-IV und VI-VII

Titel I ist dem Binnenmarkt gewidmet und gibt im Wesentlichen die geltenden Artikel 14 und 15 des EUV wieder. Der Binnenmarkt bleibt einer der grundlegenden Ziele der Union, aber in dem neuen System verliert er etwas von seiner Vorrangstellung. Wenn dies schon für den Verfassungsvertrag galt, so gilt dies erst recht für den Vertrag von Lissabon. Nicht zufällig ist der Binnenmarkt nicht mehr der gemeinsame Nenner des Kapitel 1, das in dem Verfassungsvertrag alle Vorschriften in Zusammenhang mit der Freizügigkeit und dem Wettbewerb, den staatlichen Beihilfen und den Steuerbeihilfen (Art. III-130 bis III-176) zusammenfasste, sondern war in einem eigenen Titel (Art. 26-27) des 3. Teils geregelt. Man wollte damit die Aussage bekräftigen, die sich schon aus der Ausgestaltung des RFSR nach der Regierungskonferenz von 2004 ergab, die in dem neuen Vertrag verwirklicht wurde, nach der die Zusammenarbeit in diesem Bereich als weitgehend unabhängig von der typischerweise wirtschaftlichen Logik des Binnenmarktes anzusehen ist. Nichts anderes ergibt sich für die folgenden Artikel 28 und 29 über den freien Warenverkehr (Titel II) (die Artikel 23 bis 24 EGV wiedergeben); für die Artikel 30 bis 32 über die Zollunion (die Art. 25 bis 27 EGV wiedergeben); für Art. 33 über die Zusammenarbeit auf dem Gebiet des Zollwesens (der Art. 135 EGV neu formuliert) und schließlich für die Artikel 34 bis 37 über das Verbot der mengenmäßiger Beschränkungen zwischen den Mitgliedstaaten (Kapitel 3) (die Art. 28 bis 32 EGV wiedergeben).

Nicht einmal die Bereiche der Landwirtschaft und der Fischerei, die ebenfalls in der Überschrift des neuen Titel III und im Text des Art. 38 Abs. 1 erscheinen, auf deren Grundlage die Union eine „gemeinsame Politik" in diesen Bereichen festlegt und durchführt, haben bedeutsame Änderungen im Hinblick auf die geltenden Vorschriften (Art. 32-38 EGV) erfahren, da lediglich das Verfahren auf das ordentliche Gesetzgebungsverfahren geändert wurde. Auch im Hinblick auf den freien Personen-, Dienstleistungs- und Kapitalverkehr (Titel VI, Art. 45-66) wurden wenige Änderungen vorgenommen, da abgesehen von den Änderungen, die wegen der Anpassung an das ordentliche Gesetzgebungsverfahren erforderlich waren, die Artikel 35-59 EGV übernommen wurden. Dennoch ist die Anwendung der Vorschriften über die Koordinierung der Gesetzgebung auf dem Gebiet der sozialen Sicherheit zum Vorteil der Selbständigen ganz neu. Als Änderung aufgrund der Regierungskonferenz von 2007, ist es auch vorgesehen, dass der Europäische Rat von einem Tätigwerden absieht, wenn ein Mitgliedstaat von dem Mechanismus der sog. „Notbremse" wegen der Zusammenrechnung der Versicherungszeiten und des Leistungsumfangs der Sozialversicherungen Gebrauch gemacht hat, Art. 48 Unterabsatz 2 lit. b). Weitere Ausnahmen sind Art. 55, der den geltenden Art. 294 EGV wiedergibt; die Verschiebung des aktuellen Art. 60, der mit weitgehenden Änderungen nun in Art. 75 AEUV geregelt ist, der die Durchführung von restriktive Maßnahmen in Bezug auf Kapitalbewegungen und Zahlungen zur Verhütung und Bekämpfung von Terrorismus vorsieht; sowie der neue Absatz 4 des Art. 65, der im übrigen Art. 58 EGV wiedergibt. Die neue Bestimmung führt weitere mögliche Ausnahmen hinsichtlich des freien Kapitalverkehrs mit Drittländern ein. Auch die Transportpolitik (Titel VI, Art. 90-100) wurde im Vergleich zu den geltenden Artikeln 70-80 EGV, abgesehen von der Anpassung an das ordentliche Gesetzgebungsverfahren, nur wenig geändert. Insbesondere der geltende Art. 71 Abs. 2, in Zukunft Art. 91, wurde vereinfacht, da er nun vorsieht, dass bei der Durchführung von Maßnahmen nach Absatz 1 den Fällen Rechnung getragen werden kann, „in denen ihre Anwendung den Lebensstandard und die Beschäftigungslage in bestimmten Regionen sowie den Betrieb von Verkehrseinrichtungen ernstlich beeinträchtigen können". Dem Text des aktuellen Art. 78, der zu Art. 98 geworden ist, wurde am Ende ein Satz angefügt, wonach innerhalb von fünf Jahren nach dem Inkrafttreten des Vertrags von Lissabon der Rat auf Vorschlag der Kommission diesen Artikel aufheben kann, der die Durchführung von Maßnahmen in der Bundesrepublik Deutschland regelt, die wirtschaftliche Nachteile in den Gebieten ausgleichen, die von der Teilung Deutschlands betroffen waren und die in der Erklärung Nr. 26 präzisiert werden.

Es folgen, in gleicher Reihenfolge wie im geltenden Recht und anders als im Verfassungsvertrag vorgesehen, die „Gemeinsamen Regeln betreffend Wettbewerb, Steuerfragen und Angleichung der Rechtsvorschriften" (Titel VII, Art. 101-118), die abgesehen von der Anpassung an das ordentliche Gesetzgebungsverfahren keine Neuerungen enthalten. Eine Ausnahme betrifft den neuen Art. 118 im Bereich des Geistigen Eigentums auf dessen Grundlage im Rahmen der Verwirklichung oder des Funktionierens des Binnenmarktes, das Europäische Parlament oder der Rat nach dem ordentlichen Gesetzgebungsverfahren Maßnahmen zur Schaffung europäischer Rechtstitel über einen einheitlichen Schutz der Rechte des geistigen Eigentums, und zur Einführung von zentralisierten Zulassungs-, Koordinierungs- und Kontrollregelungen auf Unionsebene erlassen. Der Rat beschließt einstimmig nach Anhörung des Europäischen Parlaments in einem besonderen Gesetzgebungsverfahren durch Verordnung die Sprachenregelungen für die europäischen Rechtstitel.

Die Einstimmigkeit des Rats ist auch in einem besonderen Gesetzgebungsverfahren zum Erlass von Richtlinien zur Angleichung derjenigen Rechts- und Verwaltungsvorschriften der Mitgliedstaaten, die sich unmittelbar auf die Errichtung oder das Funktionieren des Binnenmarktes auswirken (Art. 115 AEUV, der Art. 94 EGV ersetzt), vorgesehen und vor allem auch für den Erlass von Bestimmungen zur Harmonisierung der Rechtsvorschriften im Bereich der indirekten Steuern (Art. 113 AEUV, der Art. 93 EGV ersetzt).

Die steuerlichen Vorschriften des geltenden Vertrages (Art. 90-93), die das Verbot der steuerlichen Diskriminierung für Importprodukte und der Rückvergütung der Abgaben für Exportprodukte, sowie die Harmonisierung der indirekten Steuern regeln und neben dem Verbot der Ein- und Ausfuhrzölle und der Abgaben gleicher Wirkung (Art. 25-27 EGV) stehen, werden in Art. 110-113 unverändert wiedergegeben. Die einzigen Änderungen, außer jener systematischen und verfahrensrechtlichen, wie der Versetzung des Art. 94 unter die neuen Vorschriften über die Angleichung der Rechtsvorschriften (Art. 115), haben geringen Umfang. Es wurde die einzige Vorschrift des Gemeinschaftsvertrages, die eine ausdrückliche Bezugnahme auf direkte Steuern hatte und den Staaten die Möglichkeit zugestand, Verhandlungen aufzunehmen mit dem Ziel, „die doppelte Besteuerung innerhalb der Gemeinschaft aufzuheben" (Art. 293 EGV), nicht aufgenommen, da sie aufgrund der Entwicklung auf dem Gebiet der Quellen überholt war. Gleiches galt schon für den Verfassungsvertrag, der im Hinblick auf das Projekt, das von der Konvention des Jahres 2003 erarbeitet worden war und der Union Zuständigkeiten im Bereich der Verwaltungskooperation sowie im Kampf gegen Steuerbetrug und Steuerhinterziehung zuerkannte, die Möglichkeiten nicht voll ausschöpfte. Der Bereich des Steuerrechts ist daher an die ursprünglichen Bestimmungen gekoppelt geblieben, die auf die Errichtung eines Raumes des freien Austausches unter gleichzeitiger Bewahrung der staatlichen Macht im Bereich der (direkten) Steuern gerichtet waren. Die Möglichkeit, die Rolle des Steuerrechts im Gemeinschaftsrecht neu zu gestalten, wurde damit nicht genutzt.

Daraus folgt aber nicht, dass diese Materie im Lauf der Zeit nicht eine tiefe Entwicklung erfahren hätte, gab und gibt es doch zahlreiche und bedeutsame Eingriffe durch die Rechtsprechung des Europäischen Gerichtshofs, der unter dem Gesichtspunkt des Schutzes der Grundfreiheiten die Möglichkeit nutzt, der Ausübung der Kompetenzen der einzelnen Staaten Grenzen zu setzen, indem er die Normen des Vertrages als generelle Beschränkung der nationalen Gesetzgebungsmacht im Bereich des Steuerrechts einsetzt. Es zeigt sich vielmehr, dass auch nach Lissabon die steuerliche Harmonisierung keine eigenständige Zielsetzung der Gemeinschaft darstellt, sondern zur Errichtung und Funktionsweise des Binnenmarktes beiträgt, wie es sich heute aus Art. 3 Abs. 1 lit. a) ergibt. Tatsächlich wird auch in der Zukunft, nach Inkrafttreten des neuen Vertrages, die Gemeinschaftsaktion im Bereich des Steuerrechts weiterhin ein Ergebnis der Entwicklung durch die Rechtsprechung bleiben. In der Tat war es der Europäische Gerichtshof, der die Aussage des Verbots des Artikel 90 Abs. 1 EGV von dem freien Warenverkehr auf die anderen Grundfreiheiten ausgedehnt hat. Vor allem im Hinblick auf die letztgenannten nimmt das Verbot einen eingeschränkteren Umfang ein als es von Bedeutung für den Warenverkehr ist, da es für die anderen Grund-freiheiten nicht in absoluter Weise von Bedeutung ist sondern relativ für den Vergleich zwischen den grenzüberschreitenden Sachverhalten und den rein innerstaatlichen rele-vant ist. Im Hinblick auf die Eingriffe aus der Rechtsprechung, die auf die Beseitigung der steuerlichen Asymmetrie zwischen den verschiedenen Märkten der einzelnen Staa-ten gerichtet ist, bleibt die große Diskrepanz zwischen dem sehr beschränkten Inhalt der Vorschriften des Vertrags und deren Anwendungsbereich, die der Europäische Gerichtshof daraus gemacht hat. Aufgrund des Fehlens eines genau definierten Rahmen-gesetzes erklärt sich die Entwicklung im Lauf der Rechtsprechung des Gerichtshofs, der sich berufen sieht, sich mit neuen Phänomenen, wie die fortlaufende Behauptung von steuerlichen Kompetenzen auf unterstaatlichem Niveau, auseinander zu setzen. In diesem Zusammenhang wurde auch die Vereinbarkeit von regionalen Steuersystemen mit dem Gemeinschaftsrecht berücksichtigt. Die Untersuchung hat zwei unterschiedli-che Aspekte betrachtet, wobei der eine im Zusammenhang mit der notwendigen Kohä-renz der Ausübung der Steuerautonomie der Regionen im Hinblick auf die Stabilität des zugehörigen Staates steht und der andere die Möglichkeit betrifft, eine steuerliche Behandlung zu errichten, die nach regionaler Grundlage differenziert.

Eine weitere Frage, der bis heute vielleicht nicht genügend Aufmerksamkeit geschenkt wurde, ist jene Frage welche Beschränkungen die Regionen in der Ausübung der Steuerautonomie im Hinblick auf die Grundsätze und Normen des Vertrages zur Grün-dung der Europäischen Gemeinschaft unterliegen, wenn man zulässt, dass diese Re-gionen eigene Steuersysteme unterhalten.

Tatsächlich war der Gerichtshof lange Zeit der Ansicht, dass dem Problem steuerlicher Asymmetrie innerhalb eines Mitgliedstaates nicht mit den Maßstäben des Steuerrechts zu begegnen sei, sondern dass die Regeln über staatliche Beihilfen anzuwenden seien, was ihm durch die Anwendung einer sehr weiten Hilfsdefinition gelang.

Erst kürzlich hat der gleiche Gerichtshof zwischen Regionen, die Gesetzgebungskom-petenz im Bereich des Steuerrechts haben und denen, die eine solche nicht haben, unterschieden und den erstgenannten die Möglichkeit zuerkannt, ein eigenes Steuer-system getrennt von dem anderer unterstaatlicher Einrichtungen zu errichten. Der gesamte Bereich bleibt allerdings äußerst unsicher und nicht einmal der Reformvertrag sieht neue Elemente vor, die für eine Angleichung der nationalen Gesetzgebung im Bereich der direkten Steuern sinnvoll wären.

2. Die Titel VIII-XXIV

Der gegenwärtige Titel VII im dritten Teil des EGV („Wirtschafts- und Währungspoli-tik": Art. 98-124) wurde im entsprechenden Titel VIII des dritten Teils des AEUV, der die gleiche Überschrift trägt (Art. 119-144) und seinen Inhalt in weitem Umfang beibe-hält, einer Revision unterzogen. Der neue Art. 119 nimmt den Inhalt von Art. 4 EGV auf und betont die Notwendigkeit einer Koordinierung der Wirtschaftspolitik der Mit-gliedstaaten. Gleichzeitig bestimmen und realisieren die Mitgliedsstaaten und die Union eine auf dem Euro basierende Währungspolitik. Die folgenden Vorschriften des ersten und zweiten Kapitels („Wirtschaftspolitik" bzw. „Währungspolitik") sind abgesehen von den notwendigen Anpassungen im inhaltlichen Kern unverändert geblieben. Eine

Ausnahme ist demgegenüber der in Art. 122 Abs. 1 enthaltene Hinweis auf die Schwierigkeiten in der Energieversorgung, durch den der gegenwärtige Art. 100 EGV über die wirtschaftliche Solidarität der Mitgliedstaaten in Krisenmomenten abgeändert wird. Der durch die Erklärung Nr. 30 präzisierte Art. 126 verstärkt das Verfahren zur Koordinierung der Wirtschaftspolitik mit dem Ziel, übermäßige Defizite der öffentlichen Haushalte zu vermeiden. Die Kommission kann nämlich, wenn sie der Auffassung ist, dass in einem Mitgliedsstaat ein übermäßiges Defizit besteht oder sich ergeben könnte, dem betreffenden Mitgliedstaat eine Stellungnahme vorlegen, wobei der Rat zu unterrichten ist (Art. 126 Abs. 5). Im Übrigen gibt Art. 126 den Inhalt des aktuellen Art. 104 EGV wieder. Das gleiche gilt für die anschließenden Art. 127-132, die die entsprechenden Art. 105-110 EGV abpausen.

Neu ist im Gegenteil Art. 133, der – unbeschadet der Befugnisse der Europäischen Zentralbank (EZB) – EP und Rat die Aufgabe überträgt, im ordentlichen Gesetzgebungsverfahren nach Anhörung der EZB die Maßnahmen zu erlassen, die für die Verwendung des Euro als einheitliche Währung erforderlich sind. Die Regelungen des bisherigen Art. 111 EGV wurden auf verschiedene Normen des Reformvertrages verteilt. Zur Rationalisierung der Materie wurden die Abs. 1-3 und 5 in den neuen Art. 219 übertragen, während Abs. 4 sich nun in Art. 138 wiederfindet. Das gleiche Schicksal hat im Bereich der „Institutionellen Bestimmungen" des neuen 3. Kapitels (Art. 134, 135) die heutigen Art. 112 und 113 ereilt, die in Art. 283 bzw. 284 AEUV verschoben wurden. Der neue Art. 134 nimmt hingegen Art. 114 EGV auf, der sich nun allerdings auf die Institution eines „Wirtschafts- und Finanzausschusses" bezieht. Er ersetzt bei der Förderung der Koordinierung der Politiken der Mitgliedstaaten den „Währungsausschuss".

Umfangreichen Änderungen wurden dagegen die gegenwärtig gültigen „Übergangsbestimmungen" (Art. 116-124) unterzogen, die der neue Vertrag durch die beiden neuen Kapitel 4 und 5 ersetzt, die „Besondere Bestimmungen für die Mitgliedstaaten, deren Währung der Euro ist" (Art. 136-138) bzw. „Übergangsbestimmungen" (Art. 139-144) enthalten. Die neuen Bestimmungen tragen so der Realität Rechnung, die durch die Aufteilung in einerseits Staaten, deren einheitliche Währung der Euro ist, und andererseits jene sog. „Mitgliedstaaten mit Ausnahmeregelung" geprägt ist, auf die die Übergangsbestimmungen und das darin vorgesehene Ausschlussregime Anwendung finden. Dieses zeichnet im Wesentlichen die gegenwärtigen Regelungen der Art. 116-124 EGV nach, sieht man einmal von der notwendigen Aufhebung von Art. 116 und eines Teils von Art. 141 sowie der Streichung der Hinweise auf das Europäische Währungssystem und das Europäische Währungsinstitut ab, dessen Aufgaben durch die EZB übernommen werden.

Diese eben genannten Bestimmungen werden durch drei Protokolle ergänzt, von denen zwei bereits existierten, während das dritte wirklich neu ist. Die Rede ist vom Protokoll (Nr. 12) über das Verfahren bei einem übermäßigen Defizit, das die Modalitäten des Verfahrens nach Art. 126 AEUV präzisiert; vom Protokoll (Nr. 13) über die Konvergenzkriterien, das die Kriterien aufzählt, an denen sich die Union bei der Anwendung von Art. 140 AEUV zu orientieren hat, und schließlich vom Protokoll (Nr. 14), das neue „Governance–Regeln" für die Eurozone einführt, in dem es die informellen Treffen der Minister der Mitgliedsstaaten, die den Euro als gemeinsame Währung eingeführt haben, regelt.

Im Bereich der Beschäftigungspolitik gibt der neue Titel IX (Art. 145-150) im Grunde genommen den gegenwärtigen Titel VIII (Art. 125-130) wieder. Die Regelungen des gegenwärtigen Titels XI („Sozialpolitik, allgemeine und berufliche Bildung und Jugend") wurden in die neuen Titel X (Art. 151-161) mit der Überschrift „Sozialpolitik", den mit „Der europäische Sozialfonds" bezeichneten Titel XI (Art. 162-164) und den mit „Allgemeine und berufliche Bildung, Jugend und Sport" überschriebenen Titel XII (Art. 165-166) überführt, so dass *de facto* die gegenwärtige Gliederung der Kapitel wiederholt wird. Eine Neuheit ist in diesem Rahmen Art. 152, wonach die Union die Rolle der Sozialpartner anerkennt und fördert sowie unter Achtung der Autonomie der Sozialpartner den sozialen Dialog unterstützt. Die Erklärung Nr. 31 zu Art. 156 betont hingegen, dass die dort aufgeführten Politikbereiche „im Wesentlichen in die Zuständigkeit der Mitgliedstaaten fallen" und dass die von der Union auf der Grundlage dieser Vorschrift ergriffenen Maßnahmen „ergänzenden Charakter" haben und der Stärkung der Zusammenarbeit zwischen den Mitgliedstaaten und nicht der Harmonisierung einzelstaatlicher Systeme dienen.

Ebenso neu ist die ausdrückliche Erwähnung des Sports in der Bezeichnung von Titel XII und die Ergänzung von Art. 165 um Vorschriften über unterstützende Maßnahmen der Union für den Sportbereich; im Übrigen gibt dieser Artikel den bisherigen Art. 149 EGV wieder. Es wird besonders unterstrichen, dass die Union zur Förderung der europäischen Dimension des Sports beiträgt und dabei dessen besondere Merkmale, dessen auf freiwilligem Engagement basierende Strukturen sowie dessen soziale und pädagogische Funktion berücksichtigt (Abs. 1). Die Tätigkeit der Union zielt dabei auf die Entwicklung der europäischen Dimension des Sports „durch Förderung der Fairness und der Offenheit von Sportwettkämpfen und der Zusammenarbeit zwischen den für den Sport verantwortlichen Organisationen sowie durch den Schutz der körperlichen und seelischen Unversehrtheit der Sportler, insbesondere der jüngeren Sportler" (Abs.2, 7. Spiegelstrich). Schließlich fördert die Union zusammen mit den Mitgliedsstaaten „die Zusammenarbeit mit dritten Ländern und den für den Bildungsbereich und den Sport zuständigen internationalen Organisationen" (Abs. 3). Die Betonung der besonderen Merkmale des Sports könnte ein Anhaltspunkt sein, verschiedene Vorschriften weniger streng als bisher auszulegen, vor allem im Bereich der Grundfreiheiten. Allerdings ergibt sich aus der Stellung der Norm an und für sich keine Änderung im Hinblick auf die auf den Sportsektor anwendbaren allgemeinen Regelungen. Nichts Neues also im Vergleich zu den von der Kommission im Weißbuch Sport vom 11. Juli 2007 festgehaltenen Leitlinien, in denen die auch die Kommission die Besonderheiten des Sports anerkennt, ohne allerdings in der Sache Stellung zu beziehen, inwieweit die wettbewerbsrechtlichen Vorschriften auf diesen Bereich anwendbar sind.

Titel XIII, der sich auf die Kultur bezieht, enthält im Vergleich zum heutigen Art. 151 EGV keine bedeutenden Neuerungen. Änderungen finden sich im Titel XIV über das Gesundheitswesen (Art. 168) der im Vergleich zum entsprechenden Art. 152 EGV einerseits in seinem zweiten Absatz die Vorgabe enthält, dass die Union die Zusammenarbeit zwischen den Mitgliedstaaten zur Verbesserung der Komplementarität ihrer Gesundheitsdienste in den Grenzgebieten ermutigen soll, und andererseits zwei neue Absätze umfasst.

Der erste der beiden neuen Absätze (Abs. 5) enthält eine Rechtsgrundlage für den Erlass von Fördermaßnahmen der Union zum Schutz und zur Verbesserung der menschlichen Gesundheit sowie insbesondere zur Bekämpfung weit verbreiteter schwerer grenzüberschreitender Krankheiten; für Maßnahmen zur Beobachtung, frühzeitigen Meldung und Bekämpfung schwerwiegender grenzüberschreitender Gesundheitsgefahren; und schließlich für Maßnahmen, die unmittelbar den Schutz der Gesundheit der Bevölkerung vor Tabakkonsum und Alkoholmissbrauch zum Ziel haben. Es handelt sich um eine ergänzende Zuständigkeit, so dass in diesem Bereich jegliche Harmonisierung der Rechtsvorschriften der Mitgliedstaaten ausgeschlossen ist. Abs. 7 unterstreicht dagegen, dass bei der Tätigkeit der Union „die Verantwortung der Mitgliedstaaten für die Festlegung ihrer Gesundheitspolitik sowie für die Organisation des Gesundheitswesens und die medizinische Versorgung gewahrt" werden muss. Dadurch wird ausdrücklich die ausschließliche Kompetenz der Mitgliedstaaten in der Gesundheitspolitik verankert. Diese umfasst nach einer Präzisierung, die im bisherigen Text nicht enthalten war, „die Verwaltung des Gesundheitswesens und der medizinischen Versorgung sowie die Zuweisung der dafür bereitgestellten Mittel". Schließlich lassen die Kompetenzen der Union „die einzelstaatlichen Regelungen über die Spende oder die medizinische Verwendung von Organen und Blut unberührt". Gem. Abs. 4 ist die Union berufen, zur Verwirklichung der im gleichen Artikel 168 vorgegeben Ziele durch eine Reihe von Maßnahmen beizutragen. Dabei entsprechen Art. 168 Abs. 4 lit. a) und b) den Bestimmungen von Art. 152 Abs. 4, während für lit. c) eine andere Formulierung gefunden wurde, deren Inhalt in der Erklärung Nr. 32 erläutert wird. Insbesondere wird ausgeführt, dass die Union bei der Festlegung „hoher" Qualitäts- und Sicherheitsstandards für Arzneimittel und Medizinprodukte den „gemeinsamen Sicherheitsanliegen" Rechnung tragen muss, wobei sie interveniert, wenn „aufgrund nationaler Standards, die den Binnenmarkt berühren, andernfalls ein hohes Gesundheitsschutzniveau nicht erreicht werden könnte". Wenn also im Gegensatz zu den übrigen Maßnahmen nach Art. 168 im Reformvertrag die Maßnahmen gem. Abs. 4 in Übereinstimmung mit Art. 4 Abs. 2 lit. k) und in Abweichung von Art. 2 Abs. 5 und 6 lit. a) bei den konkurrierenden Kompetenzen eingeordnet werden, hält diese Erklärung besondere Leitlinien für die Auslegung des Subsidiaritätsprinzips bereit, um zu bestimmen, wann die Union zur Regelungen der fraglichen Materie an Stelle der Mitgliedsstaaten aktiv werden kann. Dabei können die Mitgliedsstaaten allerdings wie heute schon für Blut und Blutderivate strengere Schutzmaßnahmen beibehalten oder einführen.

Die Titel XV („Verbraucherschutz", Art. 169), XVI („Transeuropäische Netze", Art. 170-172), XVII („Industrie", Art. 173) und XVIII („Wirtschaftlicher, sozialer und territorialer Zusammenhalt", Art. 174-178) weisen keinerlei Veränderung von Bedeutung auf, sieht man davon ab, dass der Begriff „territorial" sowohl in die Überschrift als auch den Normtext des Art. 174 eingefügt wurde. Letzterer enthält einen neuen dritten Absatz, der unter Erweiterung seines Anwendungsbereichs im Grunde die gegenwärtige Erklärung zu den Inselgebieten und den heute im zweiten Absatz enthaltenen Verweis auf die am stärksten benachteiligten Gebiete, einschließlich der ländlichen Gebiete, wiedergibt. In diesem Zusammenhang ist noch auf die in der Erklärung Nr. 33 enthaltene Präzisierung der Bedeutung, die dem Begriff „Inselgebiet" i.S.d. Art. 174 zu Grunde zulegen ist, hinzuweisen, die auch „Inselstaaten insgesamt" umfassen kann. Im Bereich der Industriepolitik regelt Art. 173 Abs. 2 nicht nur klarer als die entsprechende Vorgängernorm Art. 157 EGV, welche Initiativen die Kommission ergreifen kann, um die Koordinierung der Maßnahmen der Mitgliedsstaaten zu fördern, sondern sieht vor allem auch vor, dass das EP in vollem Umfang darüber unterrichtet wird. Abs. 3 wiederholt hingegen die übliche Verwahrung, wonach die Union die Mitgliedsstaaten bei der Verwirklichung des Ziels der Wettbewerbsfähigkeit der Industrie in einem System offener und wettbewerbsorientierter Märkte (Abs. 1) unter Ausschluss jeglicher Harmonisierung (Abs. 3) nur unterstützen kann, weil es sich nur um eine Unterstützungskompetenz handelt.

Wichtigere Änderungen enthält Titel XIX (Art. 179-190) unter der Bezeichnung „Forschung, technologische Entwicklung und Raumfahrt". Die Bezugnahme auf die „Raumfahrt" ist im Verhältnis zur aktuellen Bezeichnung des Titels XVIII im EGV ebenso neu wie der ganze Art. 189, der der Union die Aufgabe zuweist, zur Förderung des wissenschaftlichen und technischen Fortschritts, der Wettbewerbsfähigkeit der Industrie und der Durchführung ihrer Politik eine europäische Raumfahrtpolitik auszuarbeiten. Zu diesem Zweck kann die Union gemeinsame Initiativen fördern, Forschung und technologische Entwicklung unterstützen und die Anstrengungen zur Erforschung und Nutzung des Weltraums koordinieren (Abs. 1). Dieses Tätigwerden der Union, das auch die Herstellung zweckdienlicher Verbindungen zur Europäischen Weltraumorganisation umfasst (Abs. 3), kann auch zur Auflegung eines „europäischen Raumfahrtprogramms" führen, was jedoch – wie von der Regierungskonferenz 2007 festgelegt wurde – keinerlei Harmonisierung der nationalen Gesetzgebung bewirken darf (Abs. 2). Dieser ausdrückliche Ausschluss, der dem Verlangen der Mitgliedsstaaten nachkommt, ihre Prärogativen in einem als strategisch wichtig erachteten Bereich zu bewahren, ergänzt die bereits in Art. 4 enthaltene Umschreibung der Rechtsnatur *sui generis* der Kompetenz für den Bereich von Forschung, technologischer Entwicklung und Raumfahrt. Daraus folgt, dass die Raumfahrtpolitik insbesondere nach diesen Änderungen, die gegenüber dem Verfassungsvertrag eingeführt wurden, sicherlich weniger die Züge einer konkurrierenden Kompetenz als vielmehr die Züge einer Unterstützungskompetenz trägt. Wie in Erklärung Nr. 34 klargestellt wird, muss die Tätigkeit der Union auf dem Gebiet der Forschung und technologischen Entwicklung den grundsätzlichen Ausrichtungen und Entscheidungen der einzelnen Mitgliedstaaten in der Forschungspolitik angemessen Rechnung tragen.

Wenige Änderungen finden sich in der Umweltpolitik (Titel XX, Art. 191-193). Sie beschränken sich nämlich auf die von der Regierungskonferenz 2007 beschlossene Präzisierung des gegenwärtigen Art. 174 EGV, der zu Art. 191 AEUV wurde, wonach die Umweltpolitik auch Maßnahmen zur Bekämpfung des Klimawandels umfasst (Abs. 1, 4. Spiegelstrich). In der Realität ist die Union schon heute in diesem Bereich tätig. Es wurde für diese besonderen Maßnahmen auch keine Ausnahme von der heute gem. Art. 175 erforderlichen Einstimmigkeit vorgesehen, handelt es sich doch um Entscheidungen in für die mitgliedsstaatlichen Interessen besonders sensiblen Bereichen, wie z.B. der Bewirtschaftung der Wasserressourcen, und auch Vorschriften steuerlicher Art. Damit wurde jedenfalls ein klares Signal gesetzt, das den festen Willen der Union zeigt, weiter in der Richtung fortzuschreiten, die das im Januar 2008 von der Kommission beschlossene Klimapaket vorgegeben hat.

Wesentlich bedeutsamere Änderungen finden sich beim Thema Energie, wo die Union eine konkurrierende Kompetenz i.S.d. Art. 4 Abs. 2 lit. c) AEUV ausübt.

Die Energiepolitik wurde schon von Art. 3 Abs. 1 lit. u) EGV erwähnt, der die Energie zu den Tätigkeitsfeldern der Gemeinschaft zählt, ohne jedoch eine spezielle Rechtsgrundlage hierfür bereitzuhalten; dies hat die Gemeinschaft allerdings nicht gehindert, auf die Binnenmarktkompetenz gestützt in diesem Sektor tätig zu werden. Der Vertrag von Lissabon schafft, wie schon im Verfassungsvertrag geplant, eine eigene neue Rechtsgrundlage für diese Materie im Rahmen der „Verwirklichung oder des Funktionierens des Binnenmarkts und unter Berücksichtigung der Notwendigkeit der Erhaltung und Verbesserung der Umwelt" (Art 194 Abs. 1 AEUV).

Wie die Regierungskonferenz von 2007 klargestellt hat, verfolgt die Union ihre Energiepolitik „im Geiste der Solidarität zwischen den Mitgliedstaaten"; zu ihren in lit. a) bis d) aufgelisteten Zielen zählen insbesondere Energieeffizienz und die Entwicklung erneuerbarer Energiequellen. Den Mitgliedsstaaten wird jedoch das Recht belassen, die Bedingungen für die Nutzung ihrer Energieressourcen festzulegen, zwischen verschiedenen Energiequellen zu wählen und die allgemeine Struktur ihrer Energieversorgung zu bestimmen, auch wenn der Rat nach dem Verfahren gem. Art. 192 Abs. 2 lit. c) einstimmig – und nicht nach dem sonst anwendbaren ordentlichen Gesetzgebungsverfahren (Art. 194 Abs. 2) –, Maßnahmen beschließen kann, die diese Wahl „erheblich" berühren. Ebenfalls einstimmig nach einem besonderen Gesetzgebungsverfahren müssen Maßnahmen beschlossen werden, die überwiegend steuerlicher Art sind.

„Vor allem" Energieprodukte gehören schließlich nach dem Willen der Regierungskonferenz von 2007 zu den Produkten hinsichtlich derer der Rat bei Schwierigkeiten in der Versorgung im Geiste der Solidarität der Wirtschaftslage angemessene Maßnahmen beschließen kann. In Erklärung Nr. 35 wird bekräftigt, dass die Staaten jedenfalls das Recht behalten, nach den von Art. 347 AEUV vorgesehenen Konsultationen Bestimmungen zu erlassen, die für die Gewährleistung ihrer Energieversorgung erforderlich sind.

Auch für den Tourismus findet sich im Reformvertrag eine eigene Rechtsgrundlage. Art. 195 sieht vor, dass die Union die Maßnahmen der Mitgliedstaaten durch die Förderung der Wettbewerbsfähigkeit der Unternehmen in diesem Sektor ergänzt. Neu sind schließlich auch die Regelungen, die in den Bereichen Katastrophenschutz (Titel XXIII, Art. 196 AEUV) und Verwaltungszusammenarbeit Unterstützungskompetenzen einführen. Art. 196 sieht vor, dass die Union die Zusammenarbeit zwischen den Mitgliedstaaten fördert, um die Systeme zur Verhütung von Naturkatastrophen oder von vom Menschen verursachten Katastrophen und zum Schutz vor solchen Katastrophen wirksamer zu gestalten. Auf Grundlage von Art. 197 unterstützt die Union hingegen die Bemühungen der Mitgliedsstaaten, eine effektive Durchführung des Unionsrechts sicherzustellen, was als „Frage von gemeinsamem Interesse" angesehen wird (Abs. 1). Hierzu kann die Union die Verwaltungszusammenarbeit zwischen den Mitgliedstaaten fördern, ohne jedoch irgendwelche Harmonisierungsmaßnahmen ergreifen zu dürfen (Abs. 2).

VI. Schlussbemerkungen

Durch den Reformvertrag werden die materiellen Kompetenzen der Union einer Überarbeitung unterzogen, die im Fall des RFSR sehr innovativen Charakter hat und zu einer vollständigen Neuformulierung des betroffenen Titels des derzeit geltenden Vertrags geführt hat, so dass der neue Titel V nun auch Bereiche umfasst, die heute im EUV geregelt sind; in anderen Fällen, wie zum Beispiel für die Energie, den Tourismus, den Katastrophenschutz und die Verwaltungszusammenarbeit ging es darum, Bereichen, in denen die Union schon tätig ist, sich aber nur auf die Verwirklichung des Binnenmarktes berufen kann, eine besondere Rechtsgrundlage zu geben. In anderen Fällen sind Kompetenzen, die schon bisher im Rahmen anderer Politikfelder ausgeschöpft wurden, klargestellt und auch erweitert worden, wie dies z.B. beim Sport der Fall ist. Während er heute noch im Bereich der Bildung und Jugend aufgeht, erlangt er durch den Reformvertrag eine eigene und eigenständige Stellung. Mitunter scheinen die Änderungen in rechtlicher Perspektive äußerst beschränkt ausgefallen zu sein, so z.B. im Umweltbereich. Auf der politischen Ebene sind sie jedoch von viel größerer Bedeutung, zeigen sie doch den Willen der Union sich in immer wirksamerer Weise in den Kampf gegen den Klimawandel einzubringen. Zu all dem gesellt sich angesichts der Kompetenzerweiterung der Union eine besondere Aufmerksamkeit für den Schutz der Zuständigkeiten und Prärogativen der Mitgliedstaaten.

Über den ständigen und wiederholten Verweis auf das Prinzip der begrenzten Einzelermächtigung hinaus („wird die Union nur innerhalb der Grenzen der Zuständigkeiten tätig, die die Mitgliedstaaten ihr in den Verträgen [..] übertragen haben", Art. 5 Abs. 2 EUV) wird für bestimmte Vorschriften mehrmals betont, dass diese in keinerlei Weise eine Erweiterung der in den Verträgen definierten Kompetenzen der Union bedeuten. Außerdem wird bekräftigt, dass alle der Union nicht in den Verträgen übertragenen Zuständigkeiten den Mitgliedstaaten verbleiben (Art. 4 Abs. 1), in deren ausschließliche Zuständigkeit auf jeden Fall die nationale Sicherheit fällt, wie in Art. 4 Abs. 2 EUV klargestellt wird, – eine Neuerung übrigens auch im Vergleich zum Verfassungsvertrag. Macht man sich dann noch klar, dass die neue Flexibilitätsklausel nicht als Mittel zur Harmonisierung des nationalen Rechts dienen kann, wenn die Verträge dies ausschließen (Art. 352 Abs. 3 AEUV, wobei Erklärung Nr. 41 den begrenzten Anwendungsbereich des ganzen Art. 352 AEUV hervorhebt), ist in den neuen Regelungen der Wille nicht zu übersehen, mehr als in der Vergangenheit die Interessen der Mitgliedstaaten zu schützen. All das ist bei den Regelungen über den RFSR besonders evident, wird aber darüber hinaus auch von den genauen Vorschriften bestätigt, die sich hierzu sowohl im AEUV, z.B. im Bereich der Raumfahrtpolitik, als auch in den Erklärungen der Regierungskonferenz im Hinblick auf die Sozial- und Energiepolitik finden. Im Übrigen bezieht sich ein Großteil der neuen durch den Reformvertrag eingefügten Rechtsgrundlagen auf Unterstützungskompetenzen in Bereichen, in denen nationale Interessen relevant sind und in denen die Mitgliedstaaten besonders stark ausgeprägte Empfindlichkeiten zeigen. Gleichen Erfordernissen entspricht auch die Neuregelung der Dienste von allgemeinem wirtschaftlichen Interesse und der Sicherung des Wettbewerbs als Ziel der Tätigkeit der Union im allgemeinen. Wenn also im Zusammenhang mit dem Reformvertrag etwas hervorzuheben ist, dann sicherlich nicht die Erweiterung der Kompetenzen der Union. In vielen Fällen handelt es sich nur um eine Anerkennung von Befugnissen, die die Union schon vorher ausübte, und in anderen um die Übertragung des zur Fortsetzung ihrer Tätigkeit nötigen Mindestmaßes. Nachdem der Mantel einer „Verfassung" abgestreift wurde, kommt in Wirklichkeit der Kern eines von den Mitgliedstaaten für die Mitgliedstaaten gewollten Vertrages zum Vorschein. Die wirklichen Neuheiten sind die, um die man nicht umhin kam und die immer vom Verweis auf die überaus genauen Beschränkungen, denen die Tätigkeit der Union unterliegt, begleitet werden. Auch der RSFR, der den deutlichsten Veränderungen unterworfen wurde, kann sich dieser Logik nicht entziehen, da viele der neuen Vorschriften Lösungen rezepieren, die sich schon im Laufe der Zeit konsolidiert hatten. Am heikelsten bleibt vielleicht die Kooperation im Bereich des Strafrechts, wo die Suche nach einer gemeinsamen Basis nicht immer leicht fällt. Im Bereich der Einwanderung sind nur teilweise Fortschritte zu verzeichnen, weil alles, was mit der regulären Einwanderung zu tun hat, der Gemeinschaftsmethode entzogen bleibt. Es bleibt dabei, dass auch im RFSR die Prärogativen der Mitgliedstaaten in verschiedener Art und Weise geschützt werden: so wurde dem Europäischen Rat die Aufgabe übertragen, die strategischen Linien vorzugeben (Art. 68 AEUV), die nationalen Parlamente sollen über die Achtung der Interessen der einzelnen Mitgliedsstaaten wachen (Art. 69 AEUV) und mit Art. 82 AEUV wurde schließlich eine Notbremse eingebaut.

Letzten Endes scheint der Reformvertrag im materiellen Bereich Lösungen einzuführen, die sich zum Teil schon angekündigt hatten und im Übrigen für eine Verbesserung der Tätigkeit der Union hilfreich sind, ohne jedoch die gegenwärtigen Gleichgewichte über den Haufen zu werfen. In einem Moment, in dem die Ziele des Reformvertrages wieder zur Diskussion gestellt werden und sich die Kritik vor allem gegen den neuen institutionellen Rahmen richtet, den die Union erhalten würde, sollten gleichwohl die materiellen Neuerungen des dritten Teils nicht vergessen werden, die zwar weniger bekannt und sicherlich nicht revolutionär sind, aber in jedem Fall zu einem verbesserten Funktionieren der Politik der Union beitragen.

VII. Bibliographie

R. Baratta, Le principali novità del Trattato di Lisbona,Dir. Unione Eur., 2008, 1-21

M.C. Baruffi (Hrsg.), Dalla Costituzione europea al Trattato di Lisbona, 2008

B. Bercusson, The Lisbon Treaty and Social Europe, ERA-Forum, Juni 2009, 87-105

A. Berrandame, Le traité de Lisbonne et le retour des Etats, La semaine juridique, n. 9-10, (2008), 23-28

C. M. Brugha, Why Ireland rejected the Lisbon Treaty, Public Affairs 2008, 303-308

J. de la Rochere, Fifty Years Of European Community Law: Part I: Essay: The Lisbon Compromise: A Synthesis Between Community Method And Union Acquis, Fordham International Law Journal, 2008, 1143 (verfügbar auf der Website www.lexis-nexis.com)

M. Dougan, The Treaty of Lisbon 2007: Winning Minds, Not Hearts, Common Market Law Review 45 (2008), 617-703

J. Engström, Recent and potential future developments in Judicial protection in the European Area of Freedom, Security and Justice, in ERA-Forum, 2009, 487-494

V. Heuzé, D'Amsterdam à Lisbonne, l'état de droit à l'épreuve des compétences communautaires en matière de conflits de lois, La semaine juridique, 2008, n. 30, 20-23

G. Hogan, The Lisbon Treaty and the Irish Referendum, European Public Law 15, (2009), 163-170

E. H. Karnell, Subsidiarity in the Area of EU Justice and Home Affairs Law — A Lost Cause?, European law journal 2009, 351-361

F. Laursen, The (reform) Treaty of Lisbon: What's in it? How significant, in Jean Monnet/Robert Schuman, Vol. 9, n. 1, 2009, 1-23

G. Maganza, The Lisbon Treaty: a brief outline, Fordham International Law Journal, June (2008), 160 (verfügbar auf der Website www.lexis-nexis.com)

A. J. Ménendez, The European Democratic Challenge: The Forging of a Supranational Volonté Générale, European law Journal 2009, 06-09

A. P. Mihalopoul, Moment of Stasis: The Successful Failure of a Constitution for Europe, European Law Journal 2009, 277-308

C. Reh, The Lisbon Treaty: De-Constitutionalizing the European Union?, Journal of Common Market Studies, Volume 47, Issue 3, June (2009), 625-650

S. C. Sieberson, The Treaty of Lisbon And Its Impact on The European Union's Democratic Deficit, Columbia Journal of European Law, 445, 2008 (verfügbar auf der Website www.lexis-nexis.com)

F. Tekin/W. Wessels, Flexibility within the Lisbon Treaty: Trademark on empty promise? EIPASCOPE (European Institute of Public Administration-Maastricht), 2008, 25-32

R. Whitman/A. Juncos, The Lisbon Treaty and the Foreign, Security and Defence Policy: Reforms, Implementation and the Consequences of (non-)Ratification, European Foreign Affairs Review 2009, 25-46

Stefano delle Monache

Aktuelle Probleme des europäischen Gesellschaftsrechts[*]

Übersicht

I. Einleitung: Handelsvertragsrecht und Handelsgesellschaftsrecht
II. Die italienische Reform der *corporate governance*
   1. Kurze Anmerkungen zum Thema *corporate governance*
   2. Das monistische System aus italienischer Sicht
   3. Das dualistische System aus italienischer Sicht
   4. Geschäftsleitung in börsennotierten Gesellschaften und das Problem der internen Ausschüsse
III. Die Neuregelung der Gesellschaft mit beschränkter Haftung (s.r.l.)
IV. Die Grundsätze der reformierten s.r.l.
V. Deutsche Entwicklungen im Bereich der Gesellschaft mit beschränkter Haftung (GmbH)
VI. Das sog. MoMiG
VII. Der Aktionsplan der Europäischen Gemeinschaft zur Modernisierung des Gesellschaftsrechts und seine jüngsten Entwicklungen: der Regelungsentwurf für eine Europäische Privatgesellschaft (SPE)

I. Einleitung: Handelsvertragsrecht und Handelsgesellschaftsrecht

Das Handelsrecht ist nach herkömmlichem Verständnis unterteilt in zwei voneinander verschiedene Bereiche. Abseits der formellen Einheit, auf der die Regelung beruht, ist der – vielleicht nicht vollständig erfolgreiche – Versuch erkennbar, zwei grundverschiedene Seelen in einer Synthese einheitlich zu regeln: den Vertrag und das Unternehmen. Weitsichtig wurde im Zeichen gerade dieser beiden Pole „Vertrag und Unternehmen" vor mehr als zwanzig Jahren eine wohlbekannte Zeitschrift zum Handelsrecht mit diesem Titel versehen, die bis zum heutigen Tage erfolgreich ist (Contratto e impresa, *Anm. d. Red.*).

Aus genau diesen augenscheinlich unterschiedlichen Topoi gehen aber auch die nach herkömmlichem Verständnis zum Handelsrecht gehörenden Regelungen und Grundsätze hervor. Die Unternehmensverträge – im Sinne der auf die Betriebsausübung und nicht auf die Organisation ausgerichteten Verträge – sind der Treffpunkt der Tätigkeiten des Zivilrechtlers und des Experten der Handelswissenschaften: Tatsächlich ist die traditionelle und früher in der universitären Ausbildung vorgeschlagene und aufgenommene

[*] Schriftliche Fassung eines auf dem XXII. Kongress der Deutsch-Italienischen Juristenvereinigung am 11.10.2008 in Berlin gehalten Vortrags. Für ihre wertvolle Unterstützung dankt der Autor Frau Dott. *Erika Tomat*, Doktorandin an seinem Lehrstuhl in Padua. Die Übersetzung des Vortrags aus dem Italienischen erfolgte durch Herrn *Andreas Conow*, wiss. Mitarbeiter am Lehrstuhl von Prof. *Kindler* in Augsburg. Der Aufsatz findet sich auf Italienisch und mit inhaltlichen Abwandlungen in der Riv. Dir. Civ. 2009, S. 1 ff.

Einteilung teilweise unverständlich, nach welcher z.B. der Auftrag als zum Zivilrecht angehörig gesehen wird, nicht aber das Maklergeschäft oder der Agenturvertrag.

Aber auch das Unternehmen und mit ihm seine Organisationsmodelle, also all das, was in den internationalen Kanzleien zum Bereich *corporate* gezählt wird, sind Bereiche, die zwar vollständig auf den Kern des Handelsrechts rückführbar sind, dem Zivilrechtler aber nicht einerlei sein können und dürfen: Die Momente des Kontakts von Handelsgesellschaften und nicht gewinnorientierten Körperschaften, besser noch die tatsächlich existierende Verwandtschaft zwischen den beiden, haben unabhängig von den tiefgreifenden Unterschieden der Regelungsmerkmale in allen nationalen Rechtssystemen die Fähigkeit, das Gefühl für eine Erweiterung – eher als für eine Beschränkung – des Privatrechts zu geben, auch in Anbetracht der beiden Strömungen Zivilrecht und Handelsrecht.

Das Gesagte soll meine Wertschätzung für die angesichts der heutigen Zusammenkunft getroffene Wahl ausdrücken, einem Zivilrechtler die Darstellung eines strikt handelsrechtlichen Themas anzuvertrauen, genauer die Darstellung der Handelsgesellschaften im europäischen Überblick. Mit dieser meiner Wertschätzung möchte ich allein die Neuartigkeit der Herangehensweise hervorheben und das damit bewiesene Gespür der Organisatoren für die Notwendigkeit der Überwindung von Grenzen, welche in ihrer Strenge mittlerweile vielleicht zu überdenken sind, auch in unserer der maximalen fachlichen Spezialisierung geweihten Epoche. Gänzlich unverdient ist dagegen die Betrauung meiner Person mit der genannten Aufgabe, daher sei es mir erlaubt, den Verantwortlichen meinen herzlichsten Dank auszusprechen, und ich hoffe, ihre Erwartungen nicht zu heftig zu enttäuschen.

Wenn also Vertrag und Unternehmen traditionell die Bereiche bzw. Makrofelder des Handelsrechts darstellen, innerhalb derer sich die entsprechenden Grundsätze und Regelungen einordnen, muss an dieser Stelle insbesondere zugleich hinzugefügt werden, dass Vertrag und Unternehmen sich als die zwei verschiedenen Perspektiven darstellen, aus denen die Harmonisierung des Handelsrechts in der Europäischen Union und generell in den transnationalen Beziehungen betrachtet werden kann.

Die Gesetze des 19. Jahrhunderts sehen den Vertrag als Regelungsinstrument der Rechtsbeziehungen zwischen Personen, die durch die Überwindung der früheren Privilegierungen über den gleichen Status innerhalb der jeweiligen Gesellschaft verfügen und nun auf gleichberechtigter Grundlage handeln.[1] Viel jünger und ebenso wechselhaft ist die Erkenntnis, dass der Gesetzgeber das ungleiche Kräfteverhältnis zwischen den Vertragsparteien nicht ignorieren kann: Aus diesem Aspekt entspringt die Gegenüberstellung des Verbrauchers und des Unternehmens und die Notwendigkeit, ersteren vor dem möglichen Machtmissbrauch durch den letzteren beim Vertragsschluss zu schützen.

Noch jünger ist die Tendenz, die Aufmerksamkeit im Bereich der Gesetzgebung und damit verbunden der Rechtsdogmatik auf die vertraglichen Beziehungen zwischen

---

1 Eine lebhafte Darstellung der geschichtlichen, literarischen und gesetzgeberischen Wege, welche die Dialektik zwischen den rechtlich bedingten Unterschieden der Individuen und dem Prinzip der Gleichberechtigung kennzeichnen, findet sich bei *Alpa*, Status e capacità, 1993.

Unternehmen mit ungleich großer Wirtschaftsmacht zu verschieben und in der Folge auf die Ausarbeitung von Schutzinstrumenten für das schwächere Unternehmen: Damit befinden wir uns im Bereich des sog. „dritten Vertrags", wie er in Italien aufgrund einer gelungenen Formulierung suggestiv genannt wird.[2]

Im Fahrwasser dieser Entwicklung ist die Harmonisierung des Vertragsrechts in der Europäischen Union stark gekennzeichnet durch „von oben" herbeigeführte Prozesse. Dabei darf nicht vergessen werden, dass diese Harmonisierung sowohl innerhalb als auch außerhalb Europas keineswegs unterschiedlichen Pfaden folgt. Man denke primär an das von der Praxis spontan gebildete Vertragsrecht zur Regelung der internationalen Handelsbeziehungen, welches die Gestalt einer neuen *lex mercatoria* annimmt.[3]

Ebenfalls von Bedeutung sind in der genannten Hinsicht die Normen im Wege des sog. *soft law*, das im Vertragsbereich von verschiedenen internationalen Institutionen, Kommissionen oder Arbeitsgemeinschaften verfasst wird: Normen, die als Träger von Regeln dienen, welche insbesondere im Wege zahlreicher Schiedssprüche Geltung und konkrete Anwendung finden, erwähnt seien dabei vor allem die *Unidroit*-Prinzipien sowie jüngst der *Draft Common Frame of Reference.*[4]

So verwirklichen sich im Vertragsrecht der Umlauf der Modelle und die Vereinheitlichung der zugrundeliegenden Dogmatik in bedeutsamer Weise auch durch den Anstoß aus der Praxis, und dies nicht nur durch Verbreitung der dort festgelegten neuen vertraglichen Regelungen oder der neuen im geschäftlichen Bereich ausgearbeiteten Klauseln[5] (welche sich mit verschiedenen Folgen in den „Importregeln" widerspiegelt), aber auch durch ein ganzes Feld an internationalen Handelsbeziehungen, in dem das einzig ordnende Prinzip bei genauem Hinsehen die Privatautonomie darstellt, welche als Quelle von Regelungen tendenziell nicht zum Rückgriff auf Prinzipien oder Normen von außen zurückgreift (daher konnte man durchaus auch von „Verträgen ohne Gesetz" sprechen).[6]

All dies kann freilich nicht bezüglich des Unternehmens gesagt werden als dem anderen der beiden Begriffe, welcher aus dem ursprünglichen Bereich des Handelsrechts stammen. Der Staat kann sich desinteressiert an der Regelung eines internationalen Vertrags zeigen, auch wenn dieser wichtige wirtschaftliche Interessen betrifft und auf seinem Gebiet abgeschlossen wird bzw. andere Beziehungen mit diesem aufweist; er wird aber nie unaufmerksam sein bei der Handhabung von Unternehmen, die in jenem Bereich tätig sind, seien diese auch von geringer Größe.

---

2 Vgl. dazu die hervorragende Sammlung hrsg. von *Gitti/Villa*, Il terzo contratto, 2006.
3 Erste weiterführende Hinweise bei *Bonell*, Stichpunkt „Lex mercatoria", in: Dig. disc. priv. – sez. comm., IX, 1993, S. 11 ff.
4 Vgl. zu diesen Themen erst kürzlich *Buonocore*, Problemi di diritto commerciale europeo, G. comm., I, 2008, S. 5 ff.
5 Man denke zum Beispiel an die sog „*top*"-Klausel, akronym für „*take or pay*" (ein Beitrag zu den „*take or pay*"-Verträgen findet sich aktuell in den Art. 24 und 26 d. legisl. 23 maggio 2000, n. 164, welches die Richtlinie 98/30/EG zu gemeinsamen Vorschriften für den Erdgasbinnenmarkt umsetzte, und die später durch die Richtlinie 2003/55/EG abgeschafft wurde).
6 Vgl. dazu die konzentrierte Zusammenfassung bei *Oppo*, Note sulla contrattazione d'impresa, in Scritti giuridici, VI, 2000, S. 203 ff., 210 f.

Unter diesem Blickwinkel erscheint es verwunderlich, was bereits *Levin Goldschmidt* in einer stolzen Verteidigung des Handelsrechts schrieb, dass sich nämlich „das allgemeine Zivilrecht nie emporheben können wird zur Freiheit und Beweglichkeit und zu jener universellen Anwendbarkeit, welche ein auf Handelsbedürfnisse abgestimmtes Recht [sprich das Handelsrecht] benötigt".[7]

Der Verkehr von Modellen und Regelungen zum Unternehmen durchquert also den Filter und die Vermittlung des Staates oder der Organisationen, denen jener angehört, je nach der juristischen Form, in denen das Unternehmen gegründet wurde und in welcher Art und Weise es geleitet wird. Auf dieser Grundlage kann und muss der Bezug auf das europäischen Gesellschaftsrecht verstanden werden, den der Titel des mir anvertrauten Beitrags enthält: Also jenes Recht, welches in den Mitgliedstaaten durch das Instrument der gemeinschaftsrechtlichen Verordnung Gültigkeit erlangt – genannt seien die EWG-VO 2137/85 bezüglich der Schaffung einer Europäischen wirtschaftlichen Interessenvereinigung (EWIV), die EG-VO 2157/2001 bezüglich des Statuts der europäischen Gesellschaft (SE) und die EG-VO 1435/2003 bezüglich des Statuts der Europäischen Genossenschaft (SCE) – oder durch die Umsetzung von Richtlinien in eben diesen Staaten – man denke für die jüngere Zeit an die RL 2007/36/EG betreffend die Ausübung bestimmter Rechte von Aktionären in börsennotierten Gesellschaften sowie die RL 2007/63/EG betreffend die Berichterstellung durch unabhängige Sachverständige anlässlich der Verschmelzung oder der Spaltung von Aktiengesellschaften.

Als europäisches Gemeinschaftsrecht kann aber (im Bereich des Gesellschaftsrechts) auch das Recht verstanden werden, welches noch nicht in ganz Europa einheitlich ist, aber als Eigenheit eines Mitgliedstaats zum europäischen Vermögen gehört; und zwar aus einer idealen Perspektive der Zustimmung zum Aufruf jener, die in Italien in Bezug auf die Frage der rechtlichen Einheit zum Unterlassen jeglicher radikaler Versuche ermahnt haben, die Partikularrechte der Mitgliedstaaten zu ersticken, welche genau betrachtet einen unersetzbaren Reichtum der europäischen juristischen Kultur darstellen.[8]

Europäisches Gesellschaftsrecht als Recht, welches ursprünglich Rechtsakten der Europäischen Union entspringt und europäisches Gesellschaftsrecht als Recht, welches den Mitgliedstaaten eigen ist, trägt daher im hier behandelten Feld zur Bildung der europäischen Identität des Pluralismus bei, welcher sie seit jeher auszeichnet.

Hier wollen wir uns vor allem dem europäischen Gesellschaftsrecht in seiner oben an zweiter Stelle genannten Bedeutung widmen: Und dies aus dem speziellen Blickwinkel einer Prüfung, welche sich um einige der deutlichsten Fragen der italienischen Reform der Kapitalgesellschaften und Genossenschaften von 2003 dreht, eine Reform, die sich bezüglich der dogmatischen Bedeutung und dem Auftreten praktischer Schwierigkeiten gut vergleichen lässt mit der deutschen Schuldrechtsmodernisierung 2001.

---

7 *Goldschmidt*, Universalgeschichte des Handelsrechts, 1891, mit Übersetzung ins Italienische: Storia universale del diritto commerciale, 1913, S. 12 ff. (zitiert nach *Grossi*, L'Europa del diritto, 2007, S. 212).

8 *Scalisi*, Il nostro compito nella nuova Europa, in: Scalisi (Hrsg.), Il ruolo della civilistica italiana nel processo di costruzione della nuova Europa, 2007, S. 3 ff., 24 f.

II. Die italienische Reform der *corporate governance*

Von allen Themen, die Aufmerksamkeit verdienen, soll hier jenes der *corporate governance* vertieft betrachtet werden, verstanden als Gesamtheit der Instrumente und gesetzlichen Regelungen mit dem Zweck der Leitung und Kontrolle der Kapitalgesellschaften.

Wie bekannt haben die Institutionen der Gemeinschaft mit der Annahme der EG-VO 2157 aus 2001, welche Bestimmungen bezüglich des Statuts der Europäischen Gesellschaft traf, die Idee einer grundlegenden Zweiteilung innerhalb der *corporate governance*-Modelle übernommen zwischen solchen, die sich nach dem dualistischen System deutschen Ursprungs richten (sog. rheinisches Modell oder *two tier board system*) und solchen, die indessen eine monistische und typisch angelsächsische Struktur bevorzugen (sog. *one tier board system*). Art. 38 derselben Verordnung bezeichnet für die Europäische Gesellschaft ausdrücklich die Alternative zwischen dualistischem und monistischem System.

Der italienische Reformgesetzgeber hat sich durch die Gesetzesverordnung vom 17.1. 2003, Nr. 6 dieser gemeinschaftsrechtlichen Wahl angeschlossen und die genannten dualistischen und monistischen Modelle als alternative Formen der *corporate governance* übernommen, allerdings ohne das traditionelle lateinische System zu verlassen, welches einem von der Gesellschafterversammlung gewählten Verwaltungsrat ein Kontrollorgan zur Seite stellt (den Kontrollrat), der ebenfalls von der Hauptversammlung berufen wird.[9]

Das italienische Experiment stellt in dieser Hinsicht momentan eine Art Unikat im Spektrum der fortgeschrittensten Rechtsordnungen dar, nicht nur weil eine Alternative zwischen verschiedenen Modellen der Gesellschaftsleitung besteht, sondern vor allem, weil sich diese Alternative sogar in einer dreifachen Wahlmöglichkeit ausdrückt und nicht nur in einer lediglich zweifachen (wie dies z.B. in Frankreich geschieht).[10] Wie beim kurzen Anriss der börsennotierten Gesellschaften besser zu sehen sein wird, kann sogar festgestellt werden, dass die vom entsprechenden Codice di Autodisciplina aufgezeigte *best practice* bei uns quasi als viertes Modell der *corporate governance* Anwendung findet, woraus sich ganz eigene Probleme ergeben, auf die später Bezug genommen werden soll.

---

9 Dieses System hat seine zentrale Bedeutung bewahrt. Dies nicht nur, weil es auf die AG anwendbar ist, sofern in der Satzung nicht die Wahl für eines der alternativen Modelle getroffen wird (Art. 2380 Abs. 1 c.c.), sondern auch, weil diese Modelle in großem Umfang durch Verweisungen auf jenes traditionelle geregelt werden (*Fortunato*, I controlli nella riforma delle società, Le società, 2003, S. 303 ff., 309 f.).

10 *Buonocore*, Le nuove forme di amministrazione nelle società di capitali non quotate, G. comm., 2003, I, S. 389 ff., 392. Wenn auch aufgrund der Reform „... il diritto societario italiano si presenta ... come il diritto che permette alle imprese la più estesa possibilità di scelta fra diversi modelli di corporate governance" (*Galgano/Genghini*, Il nuovo diritto societario, I, in: Galgano (Hrsg.), Trattato di diritto commerciale e di diritto pubblico dell'economia, 2006, S. 514), so ist doch die Aufnahme des Prinzips nicht schwer zu erahnen, „... per cui la struttura corporativa della società deve aprirsi al „mercato delle regole", alla concorrenza fra ordinamenti" (für eine solche Lösung in kritischer Perspektive *Fortunato* [oben N. 9], S. 309).

Nun kann es einige Jahre nach Inkrafttreten der genannten Reform von Interesse sein, deren Einfluss auf das italienische System der Unternehmen in Form einer AG zu bewerten. Am Ende des Jahres 2004 zählte man etwa 20.500 Aktiengesellschaften, welche Statutsänderungen vorgenommen hatten, von denen 288 die Einführung des monistischen Systems gewählt hatten, und 95, die das dualistische System wählten. Unter den genannten Gesellschaften waren insbesondere nur zwei vom traditionellen auf eines der alternativen Kontrollsysteme umgestiegen (Angaben von Unioncamere). Die Erhebungen vom Juni 2008 zeigen, dass das traditionelle System immer noch bei weitem das beliebteste ist und in diesem Moment von 26.824 Aktiengesellschaften genutzt wird, während 312 Gesellschaften das monistische System wählten (Ende 2007 waren es 323), und nur 169 das dualistische (mit einer verhaltenen Steigerung zu den 156 im Dezember 2007).[11]

In dieser Hinsicht muss die Reform daher als erfolglos betrachtet werden, was durch die jüngsten Ereignisse bestätigt zu werden scheint. Ein weites Echo verursachte etwa das Umdenken der Mediobanca, die auf Druck des eigenen Kontrollrats letztendlich einen radikalen Prozess der Überarbeitung der gesellschaftlichen *governance* in die Wege leitete und das dualistische System verließ, um zur traditionellen Zuweisung der Leitungs- und Kontrollbefugnisse an den Verwaltungsrat und den Kontrollrat zurückzukehren. Trotz der bei dieser Gelegenheit entfachten Auseinandersetzung müsste sich eine ernsthafte positive oder negative Bewertung der Einführung des dualistischen und monistischen Modells in Italien hauptsächlich an deren Fähigkeit orientieren, die Bedürfnisse zu befriedigen, denen sie dienen sollten. Keine reale Bedeutung dürfte aber der fehlenden Verbreitung bei jenen Gesellschaften zukommen, die von diesen Bedürfnissen nicht konkret betroffen sind.[12]

1. *Kurze Anmerkungen zum Thema* corporate governance

Vor der näheren Untersuchung des (hier relevanten) Inhalts sei darauf hingewiesen, dass die italienische Reform sich ergänzend in eine umfassende Bewegung in der westlichen Welt einfügt, die zu tiefgreifenden gesetzlichen Neuerungen im Bereich der *governance* der Kapitalgesellschaften führte. In den Vereinigten Staaten hat das *American Law Institute* mit dem Ziel der Herbeiführung einer Harmonisierung des US-amerikanischen Gesellschaftsrechts seit den 80er Jahren des letzten Jahrhunderts für die Verfassung eines Dokuments gesorgt (Die *„Principles of Corporate Governance: Analysis and Recommendations"*), durch welches ein spezieller Augenmerk auf die Notwendigkeit der Aufstellung interner Ausschüsse gelegt wurde, welche für ein korrektes Verhalten der Geschäftsführer garantieren, da sich im Verwaltungsorgan sowohl die Steuerungs- als auch die Kontrollmöglichkeiten konzentrieren.

---

11 Daten von Infocamere, veröffentlicht in Il Sole 24 ore vom 16 Juni 2008.

12 Das dualistische System erscheint geeignet für Aktiengesellschaften, deren Gesellschafter sich nicht für Leitungsfunktionen eignen (aus Desinteresse oder weil die Anteile auf eine erhebliche Anzahl kleiner Aktionäre aufgeteilt werden); während das monistische System italienischen Gesellschaften, die US-amerikanischen Konzernen angehören oder auf dem amerikanischen Markt tätig werden, eine Anpassung der *governance* an das primäre Bezugsmodell ermöglicht (*Galgano/Genghini* [oben N. 10], S. 517 und 522).

Diese Richtlinien zur *governance* wurden dann vorschriftsmäßig von der *SEC* (*Securities and Exchange Commission*), der *NYSE* (*New York Stock Exchange*) und der *Nasdaq* (*National Association of Securities Dealer Automated Quotation*) übernommen, wodurch es zu einer formellen Fixierung der Kompetenzen des sog. *Audit Committee* kam, sprich des gesellschaftsinternen Ausschusses zum Zweck einer genaueren Durchführung der Kontrollfunktion. Die Skandale bezüglich der amerikanischen Gesellschaften Enron und Worldcom haben jedoch eine gründlichere und radikalere Reform des Systems notwendig gemacht, welche im Jahr 2002 mit dem sog. *Sarbanes-Oxley Act* durchgeführt wurde (oder besser „*Public Company Accounting Reform and Investor Protection*").

Nach der Verabschiedung des *Companies Act* von 1985 (welcher das Gesellschaftsrecht der *private companies* und der *public limited companies* enthält) sowie der damit verbundenen Vorschriften (unter anderem der *Insolvency Act* von 1986 im Bereich der Auflösung von Gesellschaften, die nach dem *Companies Act* von 1985 gegliedert waren, sowie der *Financial Services Act* von 1986 im Bereich öffentlicher Angebote zum Erwerb und zur Börsenzulassung) hat in Großbritannien die *London Stock Exchange* anfangs *Listing Rules* übernommen, allgemein als „*Yellow Book*" bekannt (Verhaltensregeln insbesondere zum Zweck der Sicherung der Offenlegungspflichten innerhalb von börsennotierten Gesellschaften), und später das „*Principles of Good Governance and Code of Best Practice*" genannte Dokument, auch bekannt als „*Combined Code on Corporate Governance*", der die von den Studienkommissionen *Cadbury*, *Greenbury* und *Hampel* im Bereich interner Gesellschaftskontrolle vorgestellten Ergebnisse übernahm.

Zu entsprechenden Resultaten kam man in Holland mit dem Bericht *Peters* von 1997 und in Kanada mit den Arbeiten der vom *Toronto Stock Exchange* aufgestellten Kommission *Dey*, während in Deutschland mit dem Inkrafttreten des KonTraG („Gesetz zur Kontrolle und Transparenz im Unternehmensbereich") und der vorgenommenen Änderungen im Aktiengesetz das dualistische Modell tiefgreifende Änderungen erfuhr.

Diese auf internationaler Ebene veränderten Bedingungen der *corporate governance*, die auch eine inhaltliche Entsprechung in den wichtigen wirtschaftlichen Organisationen wie der OSZE fanden, welche 2004 die eigenen „Prinzipien der Gesellschaftsverwaltung" veröffentlichte, spiegelten sich in unserem System auch vor und außerhalb der genannten und mit der Gesetzesverordnung 6/2003 durchgeführten Gesellschaftsrechtsreform: Man denke insbesondere an die tiefgreifenden Veränderungen im Bereich der börsennotierten Gesellschaften, denen der TUF (Kapitalmarktgesetz, verabschiedet mit GVO vom 24.2.1998, Nr. 58) nach Erlass des Gesetzes zum Schutz der Kapitalanleger (Gesetz vom 28.12.2005, Nr. 262) unterzogen wurde.

Immer noch im Hinblick auf die jüngeren Entwicklungen in Italien dürfen die Vorschriften der Aufsichtsbehörden und -organe ebenfalls nicht vergessen werden, wie z.B. der 1999 veröffentlichte (und sodann 2002 und 2006 überarbeitete) von der Borsa Italiana aufgestellte Selbstverpflichtungskodex (sog. Preda-Gesetz) des Ausschusses für die *governance* der börsennotierten Gesellschaften und die jüngst am 4. März 2008 von der Bankitalia angenommenen „*Überwachungsvorschriften*", die im Wege der Darlegung allgemeiner Grundsätze die notwendigen Merkmale, welche eine gesunde und vernünftige Geschäftsleitung prägen, aufzeigen und die schwierigen Aspekte berücksichtigen soll, unter denen wir aufgrund der Einpflanzung von Modellen transnationalen Zuschnitts in die italienische Rechtsordnung unvermeidbar leiden werden.

2. Das monistische System aus italienischer Sicht

Wie gezeigt sieht das amerikanische monistische System der *governance* die Übertragung der gesamten Verwaltungsaufgaben auf ein einziges Organ vor, das *Board of Directors (BoD)*, welches für die Unternehmensleitung verantwortlich ist und die daraus resultierenden Aktivitäten des *CEO* (*Chief Executive Officer*) und des *managements* überwacht. Innerhalb des *Board* arbeiten verschiedene Ausschüsse, vor allem das von unabhängigen nicht geschäftsführenden Beratern gebildete *Audit Committee*, dessen genaue Rolle in der Durchführung von Überwachungs-, Überprüfungs- und Kontrollaufgaben liegt.[13]

In Italien war schon bei Annahme des Selbstverpflichtungskodex für börsennotierte Gesellschaften (in seiner ursprünglichen Version) der Rückgriff auf Strukturen der Verwaltung vorgesehen, die in inneren Ausschüssen abgewickelt wird, welche eine bloße Hilfsfunktion gegenüber dem Verwaltungsrat besitzen und somit die gesetzlichen Aufgaben des Kontrollrats nicht beschneiden.

Die schrittweise von diesen Ausschüssen angenommene Rolle und die vielfältigen Aufgaben, denen sie heutzutage nachgehen, sollen nachfolgend auch aufgrund der jüngsten Gesetzgebung Gegenstand einer näheren Untersuchung sein.

Davon ausgehend sei wiederholt, dass nach der Gesellschaftsrechtsreform heute auch in Italien die Möglichkeit der Übernahme des monistischen Systems anerkannt ist, welches trotz der Anlehnung an das genannte amerikanische durch die lateinische Tradition beeinflusst wird, wie die wiederholten Rückverweise auf die Normen für den Kontrollrat belegen, und zwar so sehr, dass von einer offensichtlichen „Hybridisierung" gesprochen werden konnte.

Diesbezüglich lohnt es sich, den Blick auf den Ausschuss zur Kontrolle der Geschäftsführung zu werfen, welcher als Einziger gesetzlich vorgesehen und geregelt ist. Er wird von Geschäftsführern gebildet, die unter anderem die Unabhängigkeitserfordernisse für Kontrollräte erfüllen müssen, von denen wenigstens einer im Verzeichnis der Rechnungsprüfer eingetragen sein muss und die weder Mitglieder des vollziehenden Ausschusses sein können noch Inhaber von Vollmachten oder spezieller Ämter und auch nicht rein tatsächlich Funktionen der Geschäftsleitung des Unternehmens oder einer über- oder untergeordneten Gesellschaft wahrnehmen dürfen.

Der Ausschuss überwacht vor allem die Angemessenheit der Organisationsstruktur der Gesellschaft, des internen Kontrollsystems sowie des Verwaltungs- und Rechnungslegungssystems und nicht zuletzt deren Geeignetheit, die Angelegenheiten der Geschäftsführung sachgemäß durchzuführen.

---

13 Weiterführend *Tonello*, Corporate governance e tutela del risparmio, in: Trattato di diritto commerciale e di diritto pubblico dell'economia, hrsgg. von F. Galgano, 2006, S. 199 ff.

Die Übernahme des monistischen Modells in unsere Rechtsordnung im genannten Rahmen hat trotzdem Zweifel und Unsicherheiten hervorgerufen und wird von einigen unter anderem als nicht vollständig an unsere gesellschaftsrechtliche Realität angepasst empfunden, in welcher sich unleugbar eine spezielle Aufgabe „der internen Kontrolle" entwickelt hat, die Ausschüssen (*audit committees*) anvertraut ist, welche unter dem Dach der Verwaltungsräte zum Zweck der Gewähr dieser Geschäftsführer für die Tätigkeit des *managements* gebildet werden. In der Praxis hat deren Arbeit aber eine größere Nähe zur Durchführung von Leitungs- als von Kontrollaufgaben bewiesen, da sie innerhalb der Entscheidungsfindung des Leitungsorgans stattfindet.[14]

Des Weiteren scheinen die Anforderungen an die Unabhängigkeit der Mitglieder des Ausschusses zur Führungskontrolle (welche sich wie gesagt aus der Rückverweisung auf jene für die Kontrollräte ergeben) zu hoch im Bezug auf kleinere Gesellschaften, da verwandtschaftliche sowie andere Näheverhältnisse der Ausschussmitglieder streng verboten sind.

Sodann ist festzustellen, dass der Reformgesetzgeber die besondere Aufgabe des Verwaltungsratsvorsitzenden im monistischen System nicht hinreichend bedacht hat, für den es angebracht gewesen wäre, eine Erweiterung seiner Aufgabe um die eines Geschäftsführers zu vermeiden, welche die angemessene Erfüllung seiner zwischen Geschäftsführung und Kontrolle befindlichen Aufgabe der Koordinierung verhindert.

Nicht nur zufällig nehmen die genannten von der Banca d'Italia erlassenen „*Überwachungsvorschriften*" die Klarstellung vor, dass der Verwaltungsratspräsident als Verbindung zwischen demselben Rat und seinen Untergliederungen die innere Dialektik fördern sowie für einen Ausgleich der verschiedenen Kräfte sorgen soll, vor diesem Hintergrund ist auch die Aufgabe der Koordinierung der Tätigkeiten des Rats sowie der Informationserteilung zu verstehen, welche ihm der codice civile zuweist.

Auch im Bereich der speziellen Regelungen zu den börsennotierten Gesellschaften im Kapitalmarktgesetz, einschließlich der entsprechenden Überarbeitung im Bereich der *corporate governance* nach Erlass des Gesetzes 262/2005 zum Anlegerschutz, taucht die Tendenz des italienischen Gesetzgebers auf, die Aufgaben des Kontrollausschusses aus den traditionellen Aufgaben des Kontrollrats herzuleiten. Darin verdeutlicht sich ebenfalls die Entfernung von der Normierung des genannten Selbstverpflichtungskodex vor der Reform, wo dem Ausschuss der nicht geschäftsführenden Verwaltungsräte lediglich beratende und Vorschlagsbefugnisse zugestanden wurden.

3. Das dualistische System aus italienischer Sicht

Auch die Übernahme des dualistischen Systems in unsere Rechtsordnung hat nicht wenige Fragen hervorgerufen, vor allem bezüglich der Unterschiede zum ursprünglichen Modell, welches 1870 in Deutschland geschaffen und dann 1967 in Frankreich übernommen wurde sowie letztendlich auch in der EG-Verordnung zur Europäischen Gesellschaft.[15]

---

14 *Fortunato* (oben N. 9), S. 321.
15 Diese Herkunft des italienischen dualistischen Modells betont *Rufini*, Del sistema dualistico, in: A. Maffei Alberti (Hrsg.), Il nuovo diritto delle società, Band II, 2005, S. 1122.

Der Aufbau des sog. rheinischen Modells stützt sich auf zwei Organe, nämlich zum einen auf den Vorstand, dessen gesamtschuldnerisch haftende Mitglieder die Geschäftsführung der Gesellschaft vollautonom unter der Koordinierung des Vorsitzenden durchführen, und zum anderen auf den Aufsichtsrat, der von der Hauptversammlung ernannt wird und seinerseits den Vorstand wählt und seine Arbeit überwacht sowie daneben beratend tätig wird und vom Vorstand unmittelbar an Entscheidungen beteiligt wird, die von wesentlicher Bedeutung für das Unternehmen sind. Die Besonderheit des deutschen Modells ist unter anderem die Tatsache, das für Unternehmen mit mehr als 500 Beschäftigten die Teilnahme einer Arbeitnehmervertretung am Aufsichtsrat vorgesehen ist.

Dieses grundlegende Merkmal, welches dem Aufsichtsrat in seinem Herkunftsbereich das Aussehen eines gemischten Organs verleiht, in dem alle im Unternehmen existierenden Teile vertreten sind, ist in der italienischen Rechtsordnung nach Einführung des dualen Systems verloren. Damit wird das betreffende Organ deutlich entstellt und in der Folge die Entwicklung des Verhältnisses zum management verdunkelt.[16]

Dies vorangestellt, ist zu sagen, dass die vom italienischen Gesetzgeber getroffene Wahl am Ziel ausgerichtet war, dem Aufsichtsrat durch den Verweis auf die Art. 2403 Abs. 1 und 2403-*bis* Abs. 2 und 3 sowie die jeweiligen Durchführungsbestimmungen nach Art. 2409-*terdecies* Abs.1 lit. c) und Art. 2409-*quaterdecies* c.c. dieselben Aufgaben zuzuweisen, die für den Kontrollrat vorgesehen sind.[17] Zusätzlich besitzt der Aufsichtsrat jedoch auch Befugnisse und Rechte, welche traditionell den Gesellschaftern vorbehalten sind. So steht dem Aufsichtsrat die Bestätigung des Jahresabschlusses und der Konzernbilanz zu, vorbehaltlich von Bestimmungen in der Satzung, welche für den Fall der fehlenden Bestätigung oder bei entsprechender Forderung mindestens eines Drittels der Mitglieder des Vorstands diese Kompetenz der Hauptversammlung zuweisen, sowie vor allem auch die Befugnis, die Vorstandsmitglieder ohne Angabe von Gründen zu ernennen oder abzusetzen oder Haftungsklagen gegen sie zu erheben.[18]

Nicht vorgesehen ist indessen, dass die Satzung bestimmte Geschäftsleitungshandlungen von der vorherigen Zustimmung durch den Aufsichtsrat abhängig machen kann, was wiederum das italienische duale System vom formgebenden Ursprungsmodell abhebt (bezüglich der Europäischen Gesellschaft sei im Übrigen auf Art. 48 I der entsprechenden EG-VO verwiesen).[19] Zum anderen wurde mit der Einführung (und nachfol-

---

16 *Buonocore* (oben N. 10), S. 409. Bemerkt wurde, dass aufgrund der Unwählbarkeitsgründe des Art. 2409-*duodecies* Abs. 10 lit. c) c.c. geschlossen wird mit dem „chiudere la porta in modo singolare e surrettizio all'ipotesi di una rappresentanza dei lavoratori e, quindi, al delicato tema della ‚cogestione'" (*Calandra Buonaura*, I modelli di amministrazione e controllo nella riforma del diritto societario, Giur. Comm., 2003, I, S. 551).

17 Die Affinität des Aufsichtsrats zum Kontrollrat unterstreicht *Fortunato* (oben N. 9), S. 313; entsprechend *Buonocore* (oben N. 10), S. 409. Abweichend jedoch *Rufini* (oben N. 15), S. 1123 ff.

18 Vertreten wird, dass die Zuerkennung dieser Verwaltungsaufgaben auch hieße, dass der Aufsichtsrat eine fachliche Kontrollfunktion bezüglich der Leitung innehat (*Calandra Buonaura* [oben N. 16], S. 546 f.).

19 Dazu *Calandra Buonaura* (oben N. 16), S. 537, 539 und 544 f., der auch aufzeigt, dass diese Grenzziehung nicht trägt und die entgegengesetzte Lösung notwendigerweise eine Geschäftsführerhaftung für Leitungstätigkeiten wäre. (Art. 2364 Abs. 1 Nr. 5 und nun auch Art. 2409-*terdecies* lit. f) bis c.c.).

genden Änderung) des Buchstaben f-*bis* im Art. 2409-*terdecies* c.c. zugelassen, dass, wenn die Satzung dies bestimmt, der Aufsichtsrat zum Beschluss über strategische Entscheidungen sowie über solche der über Industrie- und Finanzpläne der Gesellschaft angerufen werden kann.

Wenn also die grundlegende Wahl des italienischen Gesetzgebers dahingehend lautete, dem Aufsichtsrat zumindest tendenziell keine Geschäftsleitungsaufgaben zuzuweisen, seien sie auch rein beratender Art, so ist genau dies der Grund der Zweifel, die unser duales System bei der Frage hervorruft, ob es zur Durchführung einer effektiven *governance* der Gesellschaft geeignet ist.

An sich sollte der Aufsichtsrat über die Erfüllung reiner nachträglicher Kontrollaufgaben hinaus an unternehmenspolitischen und strategischen Entscheidungen zusammen mit dem Vorstand beteiligt sein. Idealerweise sollten die beiden Räte unter bestimmten Gesichtspunkten sogar ein einheitliches Organ bilden, d.h. erst nach einer Phase der Beratungen zur Strategie und Politik der Gesellschaft sollten sich die Aufgaben wieder in die allgemeine Verwaltungs- und Leitungsaufgabe des Vorstands und die dem Aufsichtsrat eigene Kontrollaufgabe spalten.

Damit realisierten sich auch die Vorteile des monistischen Systems (Verantwortlichkeit aller Teilnehmer an der *governance* für die angenommene Strategie und die wesentlichen Entscheidungen) zusammen mit den typischen des dualistischen Modells (Bestehen einer kontinuierlichen Kontrolle der Leitung des Unternehmens).

Den vom Reformgesetzgeber eingeführten Regelungen lässt sich wie gesagt entnehmen, dass dem Aufsichtsrat gesetzlich keinerlei Befugnisse zur Leitung oder wesentlichen Verwaltung zugewiesen sind, sondern nur Verwaltungsaufgaben im weiteren Sinn, wie sie in der traditionellen Normierung der Hauptversammlung zugedacht war: Erhalten bleibt aber, wie sich aus den Materialien zur Reform ergibt, dass der Aufsichtsrat ein „Organ bestehend aus Leitung und Kontrolle" sein sollte (wie es das entsprechende deutsche ist).

All dies gilt, wenngleich der bereits genannte Art. 2409-*terdecies* I, lit. f-*bis* c.c., welcher zur Einarbeitung des ursprünglichen Gesetzeszwecks eingeführt wurde, nun vorsieht, dass die Satzung dem Aufsichtsrat die Aufgabe anvertrauen kann, über strategische Entscheidungen und solche über Industrie- und Finanzpläne der Gesellschaft zu beschließen, die vom Vorstand ausgearbeitet wurden.

Die konkreten Erfordernisse der gesellschaftlichen *governance* scheinen in der Praxis jedenfalls auf die Anpassung des italienischen dualistischen Modells an seine Ursprungsmodelle hinauszulaufen. Diesem Prozess sind die Aufsichtsbehörden wie Bankitalia und Consob ebenso wenig fremd wie die nicht gesetzlichen Regelungsquellen, etwa die gültigen Verhaltenskodizes.

So ist es, wie man im Bezug auf die börsennotierten Gesellschaften in der jüngsten Version des Preda-Gesetzes lesen kann, „auch unter Berücksichtigung der wesentlichen ausländischen Erfahrungen wahrscheinlich, und im Wesentlichen vorzugswürdig, dass der Vorstand keine ausufernden Dimensionen annimmt, sondern eher aus einer begrenzten Anzahl an Geschäftsleitern bzw. an Leitungsaufgaben beteiligten Personen besteht, und dass der Aufsichtsrat wesentliche Aufgaben der Verwaltung übernimmt mit der Befugnis sachlicher Entscheidungen zu strategischen Geschäften und zu den industriellen und finanziellen Plänen des Urhebers".

Bedeutsam ist außerdem, dass der Kodex der Selbstverpflichtung nach der Festlegung der entsprechenden Anwendung der für den Verwaltungsrat bzw. den Kontrollrat aufgestellten Regelungen auf den Vorstand bzw. den Aufsichtsrat noch vorsieht, dass die dualistisch organisierten börsennotierten Unternehmen entsprechend der jeweils konkret in der Satzung festgelegten Art und Weise der *governance* auf den Aufsichtsrat auch die Prinzipien und Empfehlungen anwenden können, die für den Verwaltungsrat gelten.

Die Probleme bestehen jedoch weiterhin und wurden durch ein jüngeres Interview mit dem Vorstandsvorsitzenden der Gesellschaft A2A – die bereits genannte multiutility hat als Gesellschafter die Gemeinden Mailand, Brescia und Bergamo – realistisch verdeutlicht: „In Wahrheit wissen wir noch nicht genau, was wir tun sollen. Wenn wir mit fünfzehn Personen die Arbeit erledigen sollen, für die der Kontrollrat drei Personen benötigt, kosten wir zu viel, stiften Verwirrung und verzögern den Ablauf."

Die Ausführung verschiedener Aufgaben bezüglich der Strategie der Geschäftsleitung impliziert also die Lösung einer Reihe von Fragen, welche sich als vom Reformgesetzgeber ungelöste Kernprobleme darstellen, von der Zulässigkeit des Rückgriffs auf externe Berater über die Bestimmung des Informationsflusses zwischen den beiden *boards* hin zum größeren Risiko, dass Nachrichten aufgrund der Vermehrung der Posten nach außen gelangen.

Damit scheint sich die ernsthafte Befürchtung derjenigen zu bestätigen, die nach dem Inkrafttreten der Reform aufzeigten, wie die Einpflanzung der neuen dualistischen und monistischen Gesellschaftsleitungsmodelle in die italienische Rechtsordnung auch eine Krise in Form der Ablehnung hervorrufen könnten, da jene unserer Tradition fremd sind. Nicht vergessen wurde, zu unterstreichen, dass eine solche „Verpflanzung" in Anbetracht der andauernden Vitalität des lateinischen Modells freilich auch schwierig zu rechtfertigen scheine. Diese Vitalität wird im Übrigen durch die Wahl des Gesetzgebers bestätigt, der ihren Kern als Modell intakt hielt als Modell, um das herum der wesentliche Teil der Regelung der *corporate governance* angeordnet wird und welches automatische Anwendung finden soll, wenn die Gesellschaftssatzung nichts anderes bestimt (Art. 2380 c.c.).[20]

4. *Geschäftsleitung in börsennotierten Gesellschaften und das Problem der internen Ausschüsse*

Die Anpassungen des dualistischen und des monistischen Systems, welche die Einbettung in unser juristisch-ökonomisches Umfeld vereinfachen sollten, aber noch davor die angewendete Gesetzestechnik der wiederholten Verweisungen auf die (modernisierten) Vorschriften des lateinischen Modells der *corporate governance* belegen überzeugend das Fehlen wirklich bedeutsamer Eigenheiten (abgesehen von der ab-

---

20 *Buonocore* (oben N. 10), S. 393.

weichenden Rolle der Gesellschafterversammlung), welche auf jene beiden Systeme zurückgeführt werden können, wie sie in Italien umgesetzt wurden, und welche die wenigstens teilweise Überordnung jener beiden Systeme über das traditionelle jenseits der für die verschiedenen Leitungs- und Kontrollorgane gebrauchten Namen begründen könnte.[21]

Der Bezugsrahmen im Bereich der *corporate governance* präsentiert sich somit nach der Reform zwar in anderem Wortlaut, aber den verschiedenen Wahlmöglichkeiten entsprechen keine wirklichen Alternativen im Hinblick auf die Charakteristika der möglichen Systeme der gesellschaftlichen *governance*. Dieser Pluralismus der „juristischen Formen" ohne wirkliche Unterschiede der geregelten Substanz verringert die Bedeutung und die Reichweite der Satzungsautonomie in Form der Auswahl eines der neuen alternativen Systeme gesellschaftlicher *governance* anstatt des traditionellen.

Dieses bereits reichlich zweifelhafte Erscheinungsbild kompliziert sich dazu wie aufgezeigt im Bereich der börsennotierten Gesellschaften, wo es möglich ist, ein viertes gültiges Modell gesellschaftlicher *governance* auszumachen, welches sich durch die Überschneidung mit den Regelungen und Prinzipien des Selbstverpflichtungskodex ergibt, Empfehlungen und Prinzipien, bezüglich derer auch in Italien der Kanon des sog. „*comply or explain*" (Art. 124-*bis* TUF) anwendbar ist.

Tatsächlich scheint bei Durchsicht des Textes des Selbstverpflichtungskodex die Tatsache völlig eindeutig, dass das als *best practice* für die börsennotierten Gesellschaften vorgeschlagene Modell ein System ist, welches in die traditionelle Form der italienischen gesellschaftlichen *governance*, aufbauend auf der Unterscheidung zwischen Verwaltungsrat und Kontrollrat, Elemente aus der angelsächsischen Erfahrung einbezieht, genauer gesagt die Bewertung der Rolle der nicht geschäftsführenden und der unabhängigen Verwaltungsräte sowie die entsprechende Bildung einer Reihe von vorschlagenden bzw. beratenden Ausschüssen innerhalb des Verwaltungsrats, welche im Wesentlichen das grundlegende Erfordernis befriedigen, die Handlungen des Management mit den Interessen der Allgmeinheit der Aktionäre in Einklang zu bringen.

Mit anderen Worten haben wir es mit einer Gestaltung des Systems der *corporate governance* zu tun, welches durch die Bezugnahme auf das traditionelle lateinische Modell (freilich in seiner modernisierten Form nach der Reform von 2003) dieses tiefgreifenden Veränderungen unterzieht, während die neuen dualistischen und monistischen Systeme quasi vernachlässigt werden; der Selbstverpflichtungskodex widmet ihnen lediglich einige Verbindungsregelungen in seinem letzten Teil.

Im Hinblick speziell auf die Ausschüsse innerhalb des Verwaltungsrats ist deren Aufgabe im Kodex allgemein als ermittelnde definiert, die sich in der Ausarbeitung von Vorschlägen, Empfehlungen und Stellungnahmen ausdrückt, die es dem Verwaltungsorgan ermöglichen, seine Beschlüsse in besserer Kenntnis der Tatsachen und in transparenter Weise zu treffen. Vor diesem Hintergrund empfiehlt der Kodex zumindest die Schaffung eines Ausschusses für die Ernennungen, eines weiteren für die Vergütungen und eines Ausschusses für die interne Kontrolle (das *Audit Committee*).

---

21 Vgl. *Buonocore* (oben N. 10), S. 396.

Die Aufgabe der internen Kontrolle zeigt sich insbesondere in der Ermittlung, der Bewertung und der Überwachung der hauptsächlichen Risiken, welche die von der Gesellschaft durchgeführten Tätigkeiten mit sich bringen, um eine vernünftige und effiziente Leitung des Unternehmens zu ermöglichen.[22] In dieser Hinsicht unterstützt der Ausschuss zur internen Kontrolle den Verwaltungsrat durch den Vollzug von ermittelnden, vorschlagenden und beratenden Tätigkeiten auch bezüglich der Rechnungslegung.

Daraus ergibt sich eine teilweise Überlagerung der Befugnisse des Ausschusses mit jenen des Kontrollrats und somit die von den Verfassern des Selbstverpflichtungskodex[23] unterstrichene Notwendigkeit, seitens der Gesellschaft eine angemessene Koordinierung der Tätigkeiten der beiden Organe vorzusehen.[24]

Bezüglich der Gesellschaften, welche das monistische System annehmen, könnte die Gegenwart zweier Ausschüsse mit ähnlichen Aufgaben innerhalb des Verwaltungsrats eine Quelle von Unsicherheiten und Ineffizienz sein, da es der Kodex nach entsprechender Begründung erlaubt, dass die Gesellschaft Aufgaben des Ausschusses zur inneren Kontrolle an den Ausschuss zur Führungskontrolle überträgt, welcher in Art. 2409-*octiesdecies* c.c. geregelt ist.[25]

Abgesehen von solchen möglichen Kunstgriffen, welche der Auflösung der zentralen Verknüpfung zwischen Ausschüssen mit der Aufgabe der inneren Prüfung und den Organen dienen, denen gesetzlich die Kontrolle der Gesellschaft obliegt, ist die Vermehrung dieser Ausschüsse bei der Suche nach einer optimalen Ausübung der gesellschaftlichen *governance* eines der momentan auffälligsten Probleme zumindest im italienischen Umfeld.

Zu beachten ist außerdem, dass neben den oben bereits genannten auch andere Organismen die internen Prozesse des Gesellschaftslebens beeinflussen und bedingen: spontan geschaffene Organismen mit dem Ziel, eine hochgradig effiziente Struktur zu errichten (dies ist z.B. der Fall der Ausschüsse für Ethik oder *corporate governance*), oder gesetzlich vorgeschriebene (etwa der Ausschuss i.S.d. Gesetzesverordnung 231/2001 zur Amtshaftung der juristischen Personen, ein Ausschuss, welcher die Funktionsfähigkeit der übernommenen Organisations- und Führungsmodelle überwachen soll, um die Begehung von Straftaten zu verhindern, für welche die Gesellschaft im Wege der Amtshaftung zur Rechenschaft gezogen wird).[26]

Es ist sehr klar, dass in diesem Zusammenhang die Aufstellung von Kriterien zur genauen Bestimmung der Kompetenzbereiche all dieser Organismen notwendig wird, um Missverständnissen und Behinderungen und sogar offenen Auseinandersetzungen vorzubeugen, welche sich in eine schwere Last für die Leitung des gesellschaftlichen

---

22 Dazu *Ferrarini*, Controlli interni e strutture di governo societario, in: P. Abbadessa/G. B. Portale (Hrsg.), Il nuovo diritto delle società, III, 2007, S. 3 ff.

23 Vgl. das Anwendungskriterium 12.C.2 lit. b) und den Kommentar zu Art. 12.

24 Vgl. *Fortunato* (oben N. 9), S. 304; *Calandra Buonaura* (oben N. 16), S. 559 f.; ferner *Ferrarini* (oben N. 22), S. 21.

25 Vgl. den Kommentar zu Art. 8.

26 *Galletti*, I modelli organizzativi nel d. legisl. n. 231 del 2001: le implicazioni per la corporate governance, G. comm., 2006, I, S. 126 ff.

Unternehmens verwandeln können. Die Überlagerung von Rollen und Aufgaben verursacht augenscheinlich eine schwere Unsicherheit im Hinblick auf die subjektiven Voraussetzungen der Haftung, was sich gemeinsam mit der Potenzierung derselben Haftungsrisiken aufgrund der jüngsten Rechtsprechung[27] auch im Versicherungsbereich bedeutsam widerspiegelt.

Zumindest auf dem italienischen Markt sind sehr schwer Policen zu finden,[28] die fähig sind, eine zusammenhängende Abdeckung der mit der Ausübung von Tätigkeiten des Management zusammenhängenden Risiken zu gewährleisten, Risiken, die im aktuellen Szenario nicht von vorneherein klar definiert werden können, da sie in großen Teilen von den konkreten Aufgaben abhängen, die das Verwaltungsratsmitglied in diesem Rat auch mittels der Beteiligung an einem oder mehreren darin geschaffenen Ausschüssen ausübt.

III. Die Neuregelung der Gesellschaft mit beschränkter Haftung (s.r.l.)

Die Gesellschaft mit beschränkter Haftung (s.r.l.) ist ohne Zweifel der am stärksten von der durch die GVO 6/2003 realisierten Reform beeinträchtigte Gesellschaftstyp.

Der wesentliche Schwachpunkt im Modell der s.r.l., wie es der Gesetzgeber des codice civile von 1942 gezeichnet hatte, bestand in der außerordentlichen Steifheit seiner Struktur und gleichzeitig in seiner Neigung, einen Gesellschaftstyp zu erschaffen, welcher der Aktiengesellschaft (s.p.a.) allzu ähnlich ist. Dies lag auch an der Art und Weise der Ausgestaltung der gesetzlichen Regelungen zur s.r.l., indem eine endlose Reihe von Verweisungen auf die Normen der s.p.a. erfolgte. Auch die Rechtsprechung hat sodann mit ihren Entscheidungen dazu beigetragen, aus der s.r.l. eine strenge „kleine Aktiengesellschaft ohne Aktien" zu formen, indem eine Reihe von unabdingbaren Grundsätzen identifiziert wurde, die jene mit der s.p.a. gemeinsam hat.

All dies soll aber nicht zu dem Gedanken führen, dass das Modell der s.r.l. erfolglos sei, im Gegenteil sagen die Daten der letzten dreißig Jahre, dass die Anzahl der s.r.l. in Italien jederzeit sehr viel höher war als jene der anderen Kapitalgesellschaften (Ende 2005 z.B. gab es 988.557 s.r.l., während die s.p.a. auf 54.852 und die s.a.p.a. nur auf 172 beziffert wurden), was vor allem auf die geringeren Kosten und die bessere Versteuerung der s.r.l. zurückzuführen ist, die sie auch für Unternehmen größerer Dimension vorteilhaft erscheinen ließ.

Die Anzahl der Kapitalgesellschaften in ihrer Gesamtheit hielt sich allerdings deutlich unter jener der Personalgesellschaften, die wegen ihrer großen Flexibilität besser auf die Erfordernisse der mittleren und kleinen Unternehmen zugeschnitten werden konnten, welche das Gewebe der wirtschaftlichen Realität Italiens darstellen (ebenfalls im Jahr 2005 gab es 1.230.703 Personengesellschaften, während die Einzelunternehmen dreieinhalb Millionen überstiegen).

---

27 Man denke zum Beispiel an Art. 154-*bis* TUF.
28 Dazu der Beitrag von *Marrafino* in *Il Sole 24 ore* vom 11. August 2008.

In diesem Zusammenhang bestand das Hauptziel der Reform nicht in einer reinen Förderung des Modells der s.r.l., sondern eher im Versuch, die Unternehmen aufgrund ihrer Dimensionen und Erfordernisse zwischen den verschiedenen bestehenden Gesellschaftstypen neu aufzuteilen und so einen Entwicklungsprozess anzustoßen, der nach dem Willen des Gesetzgebers zu einer Transformation der großen Personengesellschaften in s.r.l. und der großen s.r.l. in s.p.a. führen sollte, mit dem offensichtlichen Gewinn größerer Wettbewerbsfähigkeit auch auf internationaler Ebene.

Dazu war es insbesondere notwendig, eine klarere Zeichnung der s.r.l. vorzunehmen und sie von der s.p.a. zu lösen, um so erstere zum idealen Gesellschaftsmodell für die mittleren und kleinen zu formen; jene Unternehmen, die sich durch die Beschränktheit des Gesellschaftsgefüges und die Anwesenheit von lediglich Unternehmer-Gesellschaftern auszeichnen (die als solche von der Geschäftsleitung betroffen sind und an ihr teilnehmen) sowie durch die Abwesenheit von Anleger-Gesellschaftern.

So wollte man den Personengesellschaften Raum abnehmen und gleichzeitig den Anwendungsbereich der s.p.a. neu umzeichnen, so dass erstere die Kleinstunternehmen anziehen und letztere die Großunternehmen. Wenige Jahre nach dem Inkrafttreten der Reform scheinen sich die Ziele aber nicht realisiert zu haben, die der Gesetzgeber im Blick hatte.

Zwischen Juni 2002 und Juni 2005 ist die Anzahl der s.r.l. tatsächlich um 19,93 % gestiegen (bei einer Veränderung von 97,99 % bezüglich der Einpersonengesellschaften), während die Anzahl der s.p.a. sich um 2,43 % verringerte und jene der Personengesellschaften insgesamt unverändert blieb.

Einerseits ist die s.r.l. also weiterhin das am meisten verbreitete Kapitalgesellschaftsmodell, andererseits sind die Personengesellschaften auch heute sehr viel zahlreicher als die Kapitalgesellschaften.

Der Misserfolg der Reform beruht auch auf anderen Ebenen. Viele der für die s.r.l. eingeführten Neuerungen, wie z.B. die Möglichkeiten der Ausstellung von Schuldscheinen, der Wahl einer Einzel- oder Gesamtverwaltung sowie der Beschlussfassung der Gesellschafter außerhalb der Gesellschafterversammlung wurden in der Praxis beinahe ignoriert.

IV. Die Grundsätze der reformierten s.r.l.

Die reformierte s.r.l. genießt im Hinblick auf die s.p.a. eine weitgehend selbständige Regelung, sie ist als Gesellschaftsmodell nicht mehr nur durch die Haftungsbeschränkung, den niedrigeren Betrag des Mindestkapitals und die Tatsache gekennzeichnet, dass die Beteiligung der Gesellschafter nicht in Form von Aktien erfolgen kann, sondern auch durch den weiten Raum der Satzungsautonomie, die zentrale Rolle der Person des Gesellschafters und die vereinfachte und flexible Struktur der Organisation. Die heute so weitgehend zuerkannte Satzungsautonomie ist sogar das Hauptmerkmal der neuen s.r.l.

In dieser Hinsicht hat der Reformgesetzgeber die Idee aufgegriffen, dass die Gesellschafter der s.r.l. den Typ des Unternehmer-Gesellschafters darstellen, d.h. Personen, die an der Teilnahme an der Geschäftstätigkeit des Unternehmens interessiert sind; es wurde für sachgerecht gehalten, diesen Gesellschaftern die Befugnis zur Festlegung der Regeln der eigenen Organisation selbst zu überlassen, was eine bestmögliche Anpassung an die eigenen Bedürfnissen erlaubt.

Die Selbständigkeit der Gesellschafter findet immer dann ihre Grenzen, wenn gesetzliche Regelungen des Gesellschaftstyps aufgrund des Schutzes der Gesellschaftsgläubiger oder Dritter im Allgemeinen erfolgen, die Gesellschaftssatzung kann daher nicht in die Vorschriften bezüglich der Gründung der Gesellschaft, des Gesellschaftskapitals, des Jahresabschlusses, der Veröffentlichungsmethoden, der Haftung der Geschäftsführer usw. eingreifen.

Andere Einschränkungen beziehen sich auf die Wahl des fraglichen Gesellschaftstyps, welche seine Elastizität sichern soll. So können die Gesellschafter zum Zweck der Schaffung einer Organisation, die perfekt auf die eigenen Bedürfnisse zugeschnitten ist, über die Satzung auch typische Vorschriften der Personengesellschaften oder der s.p.a. übernehmen und so die persönlichen oder kapitalbezogenen Elemente ihrer Gesellschaft betonen, soweit diese Regelungen nicht mit dem Modell der s.r.l. unvereinbar sind.

Zweifellos kann die Geschäftsführung zwei oder mehr Geschäftsführern gemeinsam oder einzeln anvertraut werden, auch die Unübertragbarkeit von Beteiligungen im Falle des Todes kann vereinbart werden (was das Gesetz sonst ausdrücklich erlaubt). Umstritten ist indessen die Möglichkeit, auf die s.r.l. mittels der Satzung auch andere Vorschriften der Personengesellschaften anzuwenden, wie z.B. den Grundsatz der Einstimmigkeit. Hinsichtlich der Übernahme von Bestimmungen bezüglich der s.p.a. wird bezweifelt, dass die Annahme des dualistischen oder monistischen Verwaltungs- und Kontrollsystems mit dem Modell der s.r.l. vereinbar sei.

Außerhalb der weiten allgemeinen Satzungsautonomie, welche die Gesellschafter genießen, kennzeichnet sich die s.r.l. in jüngster Zeit durch die stark vereinfachten Entscheidungsverfahren und die Flexibilität der Organisationsstruktur.

Bezüglich des ersten Kriteriums zeigt sich besonders die Möglichkeit, dass bei entsprechender Bestimmung im Gründungsakt die Entscheidungen der Gesellschafter oder der Geschäftsführung statt mittels der kollegialen Methode (die aber für die wichtigsten Entscheidungen weiterhin unabdingbar ist) auch im Wege schriftlichen Austauschs oder aufgrund einer schriftlich zu erteilenden Zustimmung getroffen werden können (Art. 2475 Abs. 4 und 2479 Abs. 3 c.c.).

Bezüglich des zweiten Kriteriums wird indessen die Abwesenheit einer strikten Trennung der Kompetenzen hervorgehoben, wie es für die s.p.a. gilt und in Art. 2364 Nr. 5 und 2380-*bis* c.c. verankert ist, welche die Leitung der Gesellschaftstätigkeit ausschließlich dem Verwaltungsrat zuweisen.

Die freie Abänderbarkeit der Befugnisse und die Abdingbarkeit der Versammlungsmethode darf gleichwohl nicht dazu führen, dass die s.r.l. vollständig „destrukturiert" wird; auch in der s.r.l. gibt es – wenn auch beschränkte – Bereiche, für welche die ausschließliche Zuständigkeit der Gesellschafterversammlung (Art. 2479 Abs. 2 c.c.) oder des Verwaltungsorgans (Art. 2475 Abs. 5) vorgesehen ist, die also stets als abgegrenzte Organe und mit verschiedenen Aufgabenbereichen fortbestehen müssen, denen sich bei Überschreiten bestimmter Grenzen noch das Kontrollorgan hinzugesellt.

Ein weiteres wesentliches Merkmal der neuen s.r.l. bildet die zentrale Rolle der Gesellschafter, nicht nur als Mitglied eines Kollektivs, welches sich von den anderen Gesellschaftsorganen abhebt (und allein Inhaber einer potentiellen grundsätzlichen Zuständigkeit ist), aber auch als Einzelner gegenüber den anderen Gesellschaftern.

Auch jenseits der Fälle, in denen die Gesamtheit nicht ohne die Zustimmung des einzelnen Gesellschafters tätig werden kann (so ist es z.B. bei der Änderung besonderer Rechte, vorbehaltlich der anderslautenden Vorschriften der Satzung gem. Art. 2468 Abs. 3 c.c.), wird, sobald die Entscheidung der Mehrheit obliegt, der Gesellschafter unabhängig vom Recht, bei der gemeinsamen Willensbildung im Wege der Abstimmung mitzuwirken und vom Recht, eine fehlerhafte Entscheidung anzufechten, stark geschützt, etwa durch das Recht, in einer Vielzahl von Fällen aus der Gesellschaft auszutreten (Art. 2473 c.c.).

Die neue Regelung des Austrittsrechts bildet sogar eine der wichtigsten und tiefgreifendsten Veränderungen der Rechtslage im Bereich der s.r.l. Grundlage dieser Veränderung war die Philosophie selbst, die in dieser Hinsicht den Reformgesetzgeber bewegte. Im Vorläufersystem wurden die Interessen des Gesellschafters nur nachrangig geschützt wegen des Erfordernisses, die Integrität des Gesellschaftskapitals zu bewahren. Die neue Regelung, welche den abschließenden Charakter der Austrittsregeln überwindet und die Bedingungen der Auszahlung der Beteiligung des Austretenden bestimmt (dergestalt, dass der effektive Wert zugrunde gelegt wird), macht den Austritt indessen zum Kernpunkt des individuellen Schutzes der Gesellschafter.

Dies bedeutet in anderen Worten, dass der Gesetzgeber, um das Interesse an der Durchführung der Geschäftstätigkeit mit der Stellung der einzelnen Gesellschafter in Einklang zu bringen, mit wenigen Ausnahmen die Entscheidungsbefugnis der Mehrheit zugewiesen hat, den abwesenden oder widersprechenden Gesellschaftern allerdings das Recht zuweist, sich von der gesellschaftlichen Bindung zu lösen. Die zentrale Rolle der Person des Gesellschafter versteht sich sodann unter drei anderen Gesichtspunkten.

Vor allem sei hervorgehoben, dass der Gründungsakt das Verbot vorsehen kann, auch für den Fall des Todes, die Gesellschaftsanteile zu übertragen bzw. sehr strenge Bedingungen für die Übertragung aufstellen kann, wie z.B. die Notwendigkeit der Billigung der Gesellschaftsorgane oder auch eines einzelnen Gesellschafters oder eines Dritten (Art. 2469 c.c.). Fügt man dem hinzu, dass die Gesellschafter vorbehaltlich anderer Bestimmungen im Gründungsakt ein unumstößliches Wahlrecht bezüglich der Erhöhung des Gesellschaftskapitals besitzen, so wird deutlich, dass sich die s.r.l. als gesellschaftliche Organisationsform darstellt, die nicht nur weiterhin nicht von außen her durchdrungen werden kann, sondern im Übrigen auch am unveränderten Erhalt des gegenseitigen Gleichgewichts zwischen den Gesellschaftern ausgerichtet ist.

An zweiter Stelle hat die Reform die Möglichkeit der Veränderung der Beteiligung des Gesellschafters mittels der Übertragung besonderer Rechte hinsichtlich der Verwaltung oder der Gewinnausschüttung oder gemäß der herrschenden Meinung auch mit anderem Inhalt eingeführt. Davon ausgenommen ist nach Teilen der Literatur das Wahlrecht, dessen Verhältnis zur Höhe der Beteiligung als unveränderbar angesehen wird (Art. 2468 Abs. 2 und 3, 2479 Abs. 5 c.c.).

Anders als es bei der s.p.a. geschieht, wo die besonderen Rechte der Aktie folgen, stehen sie in der s.r.l. unmittelbar der Person des Gesellschafters zu; so dass einerseits der Schutz der Rechte den einzelnen Gesellschaftern anvertraut ist (und nicht einer besonderen Gesellschafterversammlung), andererseits stellt sich das Problem, dessen Lösung bei der s.p.a. einfacher ist, das Schicksal jener Rechte für den Fall der gesamten oder teilweisen Übertragung der Beteiligung durch den Rechtsinhaber selbst zu bestimmen, d.h. ob sie der Beteiligung folgen oder nicht.

Immer noch im Hinblick auf das Merkmal der zentralen Rolle des Gesellschafters in der s.r.l. soll zuletzt betont werden, dass dieses Charakteristikum sich auch angesichts der Beziehungen mit dem Verwaltungsorgan zeigt, indem dem nicht geschäftsführenden Gesellschafter das Recht zugestanden wird, Auskünfte über den Geschäftsgang zu erhalten sowie die Geschäftsführung betreffende Unterlagen einzusehen, aber noch mehr und vor allem das Recht, Haftungsklage gegen die Geschäftsführer zu erheben (Art. 2476 c.c.).

Ein anderer wesentlicher Grundsatz der reformierten s.r.l. ist zuletzt ihre viel ausgeprägtere „Finanzierbarkeit" im Vergleich zur Vergangenheit. Der Gesetzgeber hat im Versuch, den Zustrom von Mitteln zu fördern, tatsächlich die Übertragbarkeit von Werken oder Diensten ins Gesellschaftskapital zugelassen (Art. 2464 Abs. 6 c.c.) und hat des Weiteren auch der s.r.l. unter bestimmten Bedingungen das Recht zugestanden, Anlagen gegen die Erteilung von Schuldscheinen anzunehmen (Art. 2483 c.c.).

V. Deutsche Entwicklungen im Bereich der Gesellschaft mit beschränkter Haftung (GmbH)

Dem italienischen Gesellschaftstyp der s.r.l. entspricht in Deutschland die kongruente Figur der Gesellschaft mit beschränkter Haftung (GmbH). Die Regelung der GmbH, die in einem besonderen Gesetz vorgenommen wurde – Gesetz betreffend die Gesellschaft mit beschränkter Haftung (GmbHG) – unterscheidet sich durch die Bedeutung, die der Satzungsautonomie als zentralem Grundprinzip der Materie zuerkannt wird. Dieses Merkmal bedeutete einen tiefgreifenden Unterschied zwischen der GmbH und dem ursprünglichen Modell der italienischen s.r.l., im Rahmen dessen sich die s.r.l. wie gesagt als eine Art „kleine Aktiengesellschaft ohne Aktien" darstellte.

Die GmbH indessen erscheint nach dem Willen des deutschen Gesetzgebers in einfacher Struktur, schlank und flexibel; ein Gesellschaftstyp, dies sei wiederholt, der von der Satzungsautonomie dominiert wird und bezüglich dessen die gesetzliche Regelung im Grunde nur ein Gerüst ergänzender Normen bieten soll, der also geeignet ist, die von den Gesellschaftern gemäß den besonderen Anforderungen gewünschten Verformungen und Anpassungen zu tragen. Damit zeichnet sich eine seit mehr als hundert Jahren bestehende Art historischer Dualismus zwischen GmbH und AG (Aktiengesellschaft) ab, der beinahe wörtlich den Gesetzen zu entnehmen ist, welche die grundlegende Logik der beiden Gesellschaftstypen konzeptuell an entgegengesetzten Punkten anordnen.

Eine zusammenfassende Bestätigung ist schnell gefertigt: So heißt es in § 23 Abs. 5 des Aktiengesetzes, dass die Satzung von den gesetzlichen Vorschriften zur Aktiengesellschaft nur abweichen kann, wenn dies gesetzlich ausdrücklich vorgesehen ist. In dieser Vorschrift wird sehr klar das sog. Prinzip der formellen Satzungsstrenge aufgestellt, welches die grundlegende Strenge des gesetzlichen Rahmens der deutschen Aktiengesellschaft befürwortet.

Die GmbH ist indessen am entgegengesetzten Prinzip der Gestaltungsfreiheit ausgerichtet, dessen Ausdruck sich gut in § 45 GmbHG ablesen lässt, wo bestätigt wird, dass „die Rechte, welche den Gesellschaftern in den Angelegenheiten der Gesellschaft, insbesondere in Bezug auf die Führung der Geschäfte zustehen, sowie die Ausübung derselben sich, soweit nicht gesetzliche Vorschriften entgegenstehen, nach dem Gesellschaftsvertrag bestimmen." Genauer kann man sagen, dass das Gestaltungsfreiheitsprinzip insbesondere bei der Willensbildung der Gesellschaft Anwendung findet, und so nicht nur gegebenenfalls die Geschäftsführungstätigkeit und die Verteilung der Zuständigkeiten zwischen den verschiedenen Organen umgeht, sondern auch die Modalitäten der Durchführung von Entscheidungsprozessen, mit möglichen Auswirkungen auch auf die kollegiale Methode und die Rolle der Gesellschafterversammlung.

Insbesondere die Geschäftsführungsaufgabe kann von den Gesellschaftern nach ihrem Gutdünken gestaltet werden, dies gilt auch für die Kontrollaufgabe, da die GmbH nicht nur nicht verpflichtet ist, ein dementsprechendes Organ einzurichten. Dieses Organ ist aber, selbst wenn es im Gründungsakt vorgesehen ist, Regelungen unterworfen, die teilweise identisch sind mit jenen bei der AG, hier aber vom Gesetz als abdingbar bezeichnet werden (§ 52 GmbHG).

Auch das Verfahren der Entscheidungsannahme durch die Gesellschafter unterliegt wie gesagt weitgehend dem Prinzip der Satzungsautonomie, so dass die Behauptung der Lehre sehr verständlich ist, nach der in der deutschen GmbH das Hauptorgan die Gesellschafter seien, noch vor ihrer Vereinigung in der Gesellschafterversammlung.

Angesprochen werden muss noch das Problem der Grenzen, denen die Satzungsautonomie auch bei der weitgehenden Freiheit unterliegt, welche den fraglichen Bereich kennzeichnet. Allerdings ist dies eine zu komplexe Frage, als dass die Hoffnung bestünde, sie hier auch nur richtig zu umzeichnen.

Es lohnt indessen hervorzuheben, dass die große strukturelle Flexibilität wie auch einige besondere steuerliche Vergünstigungen und die objektive Einfachheit des Gründungsverfahrens den zahlenmäßig unanfechtbaren Erfolg der GmbH gegenüber der AG verursacht haben. Es ist also unter dem Gesichtspunkt der Verteilung der Unternehmen auf die beiden Hauptmodelle der Kapitalgesellschaften eine Übereinstimmung der Erfahrungen des italienischen und des deutschen Rechts zu beobachten, seien auch die Gründe unterschiedlich, die in Italien vor der Reform den Rückgriff auf das Gerüst der s.r.l. als vorzugswürdig erscheinen ließen.

VI. Das sog. MoMiG

Die Tugenden des deutschen Modells der GmbH werden noch von Lastern begleitet, die sich im Laufe der Zeit deutlich gezeigt haben.

Unter ihnen hebt sich jenes bezüglich der Vermögenskapazität der GmbH deutlich ab, es ergibt sich eine sehr verbreitete Tendenz zu ihrer Unterkapitalisierung mit den daraus folgenden Risiken zu Lasten der Gläubiger. Die nach und nach herausgearbeiteten Instrumente zur Abhilfe für diesen Zustand waren ebenfalls nicht erfolgreich, so z.B. jenes des Gesellschafterdarlehens (§§ 32a, 32b GmbHG). Diese und andere Probleme haben freilich die Zeit für eine Modernisierung des Modells der GmbH reifen lassen, die mit einem Gesetz vorgenommen wurde, dessen Inkrafttreten bevorsteht: das Gesetz zur Modernisierung des GmbH-Rechts und zur Bekämpfung von Missbräuchen (MoMiG).

Bezüglich der Inhalte dieses Gesetzes muss zu Beginn gesagt werden, dass wahrscheinlich genau die Risiken der oben genannten Unterkapitalisierung zur unveränderten Beibehaltung der Einstiegsschwelle des Gesellschaftskapitals von 25.000 € führten, obwohl eine Reduzierung auf 10.000 € vorgeschlagen wurde, entsprechend der in Italien geltenden Grenze.

Hinzu kam außerdem die Einführung der haftungsbeschränkten Unternehmergesellschaft, welche keinen neuen Gesellschaftstyp einführt, sondern lediglich eine besondere Variante desselben Gesellschaftsmodells darstellt mit der anfänglichen Aufhebung des Mindestkapitals der Gesellschaft.

Dies vorausgeschickt, ist zu beobachten, dass das fragliche Gesetz neben der bürokratischen Vereinfachung des Gründungsverfahrens der GmbH Änderungen einführt, welche der Steigerung der Transparenz des Vermögensbestandes im Interesse Dritter zu dienen bestimmt sind. Als Gesellschafter ist demnach nur anzusehen, wer in einer dafür vorhergesehenen Liste eingetragen ist, die von der Gesellschaft aufbewahrt wird und in das Handelsregister einzutragen ist.

Entsprechend realisiert sich der Schutz Dritter vor dem schuldlosen Anvertrauen von Gesellschaftsanteilen an Dritte: tatsächlich kann der Erwerb durch den Dritten nicht infrage gestellt werden, wenn sein Urheber seit drei Jahren in die Gesellschafterliste eingetragen war, ohne dass seine Eigenschaft beanstandet wurde.

Zusammen mit anderen Kriterien, bei denen wir hier nicht verweilen können (wie jenes betreffend die bereits genannten Gesellschafterdarlehen), verdient zuletzt eine interessante Neuerung Beachtung, aus der die Bestätigung des flexiblen und auf gewisse Art persönlichen Charakters spricht, den die GmbH immer darstellte und anscheinend auch in Zukunft, wenn auch in anderem Maß, darstellen wird. Die unmittelbare Bedeutung der Stellung des einzelnen Gesellschafters als solcher verdeutlicht sich wiederholt auch bei Führungslosigkeit: Im Fall des Fehlens oder der Unauffindbarkeit der Geschäftsführer ist jeder Gesellschafter ermächtigt, die Führungsaufgaben durchzuführen; dem diese Befugnisse ausübenden Gesellschafter obliegt auch die Pflicht zur rechtzeitigen Antragstellung für die eventuelle Erklärung der Insolvenz der Gesellschaft (§ 64 GmbHG).

VII. Der Aktionsplan der Europäischen Gemeinschaft zur Modernisierung des Gesellschaftsrechts und seine jüngsten Entwicklungen: der Regelungsentwurf für eine Europäische Privatgesellschaft (SPE)

Mit dem Eintritt ins neue Jahrtausend haben die Organe der Europäischen Union ihre ohnehin schon intensive Tätigkeit im Bereich des Gesellschaftsrechts noch verstärkt.

Im Oktober 2001 erfolgte vor allem die Annahme der EG-VO 2157 des Rates über das Statut der Europäischen Gesellschaft (SE), ergänzt durch die Richtlinie 2001/86/EG hinsichtlich der Beteiligung der Arbeitnehmer an der neuen Gesellschaftsform. Kurz danach erschien die Mitteilung der Kommission an den Rat und das Europäische Parlament vom 21. Mai 2003, in welcher die allgemeinen Grundlinien der kurz-, mittel- und langfristigen Planung des Gesellschaftsrechts und der Stärkung der Gesellschaftsleitung in der EU vorgezeichnet wurden.

Dieses Dokument ist von bedeutendem Interesse hinsichtlich des europäischen Gesellschaftsrechts, da es einen weiten Aktionsplan entwirft mit dem letztendlichen Ziel, die Effektivität und Wettbewerbsfähigkeit der europäischen Unternehmen zu stärken und die damit verbundenen positiven Folgen für die Realwirtschaft zu fördern, indem die Vereinheitlichung mit radikalem Fortschritt in der gesetzlichen Regelung der im gemeinschaftsrechtlichen Bereich tätigen Kapitalgesellschaften vorangetrieben wird.

Gestützt durch die im Wege der entsprechenden Gemeinschaftsverordnungen zur EWIV, der SE und den internationalen Rechnungslegungsprinzipien erreichten Ziele, sowie durch die Umsetzung der zwölf bislang erlassenen Richtlinien zum Gesellschaftsrecht in den Mitgliedstaaten, hielt die Kommission den Zeitpunkt für gekommen, „der Harmonisierung des gemeinschaftlichen Gesellschaftsrechts einen neuen ambitionierten Impuls zu geben", und dies aus einer Reihe von Gründen: von der steigenden Tendenz der europäischen Unternehmen zur Durchführung grenzüberschreitender Tätigkeiten zur Frage eines stärker zusammenhängenden gesetzlichen Rahmens im Bereich der Gesellschaftsleitung für Gesellschaften, die im Bereich mobiler Werte tätig sind; von der notwendigen Berücksichtigung des Einflusses neuer Kommunikationstechnologien auf die Entwicklung der Gesellschaftsleitung hin zur erforderlichen Ausarbeitung von Garantien, die den Schutz der Aktionäre und Dritter stärken und eine Wiederholung der jüngsten bekannten Finanzskandale verhindern.

Auf dieser Grundlage wurde tatsächlich ein Aktionsplan der EU mit kurz-, mittel und langfristiger Ausrichtung abgefasst, in den Initiativen unter anderem bezüglich der folgenden Inhalte eingearbeitet wurden:

1. Die Führung der Gesellschaft, was auf den böswilligen Praktiken der *corporate governance* der oben genannten Finanzskandale beruht sowie auf deren bekannten Nachwirkungen in Form des Vertrauensverlustes in die Kapitalmärkte. In Kenntnis der im Wesentlichen übereinstimmenden Lösungen der wichtigsten in der EU für die Führung der Gesellschaft geltenden Gesetze hat die Kommission auf die Ausarbeitung eines eigenen Gesetzes verzichtet und statuierte als zu verwirklichende spezielle Ziele vor allem die Verstärkung der Offenlegungspflichten (insbesondere durch die jährliche Erklärung zur Gesellschaftsführung) sowie hinsichtlich der Rolle der nicht geschäftsführenden Verwalter und der unabhängigen Mitglieder des Kontrollorgans oder auch die Förderung eines angemessenen Vergütungssystems.

2. Als mit der Gesellschaftsführung verbundener Aspekt die Stärkung der Rechte der Aktionäre hinsichtlich der Beteiligung an den Entscheidungsprozessen, und zwar auch durch die Beseitigung von Hindernissen bei der grenzüberschreitenden Ausübung von Stimmrechten.

3. Der Schutz und die Veränderungen des Gesellschaftskapitals entsprechend den sog. Vorschlägen SLIM und SLIM-Plus nach der Änderung durch die zweite Richtlinie zum Gesellschaftsrecht (77/91/EG).

4. Die Konzerne und Gesellschaftsgruppen hinsichtlich der besonderen Risiken, welche sie für die Aktionäre und die Gesellschaftsgläubiger hervorrufen.

5. Grenzüberschreitende Verschmelzungen und die Verlagerung des Gesellschaftssitzes in einen anderen Mitgliedstaat der EU: Die EG-VO bezüglich der Europäischen Gesellschaft sieht nach der Beobachtung der Kommission zwar einerseits vor, dass jene Gesellschaft durch die Verschmelzung von Aktiengesellschaften mit Sitz in verschiedenen Mitgliedstaaten gegründet werden kann (Art. 2), andererseits ist es immer noch möglich, dass eine grenzüberschreitende Fusion ohne Gründung einer SE durchgeführt werden soll; des Weiteren können zur Teilnahme an der Fusion auch andere als Aktiengesellschaften gewillt sein.

Wie bekannt, waren es zahlreiche und bedeutende Schritte auf dem Weg der Realisierung des Programms, welches in seinen wesentlichen Teilen eben dargelegt wurde. Man denke nur an die RL 2003/51/EG (im Bereich der Rechnungslegung), die RL 2003/58/EG (welche die RL 68/151/EG hinsichtlich der Offenlegungspflichten einiger Gesellschaftstypen ergänzt), an die RL 2005/65/EG (bezüglich grenzüberschreitender Verschmelzungen von Kapitalgesellschaften), an die RL 2006/46/EG (wiederum im Bereich der Rechnungslegung, an die RL 2006/68/EG (für den Bereich der Gründung von Aktiengesellschaften sowie des Schutzes und der Veränderungen ihres Gesellschaftskapitals), an die RL 2007/36/EG (bezüglich der Ausübung bestimmter Rechte der Aktionäre börsennotierter Gesellschaften), an die RL 2007/63/EG (über die Berichte unabhängiger Sachverständiger bei der Verschmelzung oder Spaltung von Aktiengesellschaften).

Auch die kurz nach der Abfassung des hier untersuchten Dokuments der Kommission erlassene EG-VO 1435/2003 des Rates bezüglich des Statuts der Europäischen Genossenschaft kann hier nicht vergessen werden. Die Aufmerksamkeit soll nun aber nicht auf diese Resultate gerichtet werden, sondern auf einen interessanten in ebendiesem Dokument vorgezeichneten Weg, dessen jüngste Entwicklungen sehr bedeutsam erscheinen.

Gemeint sind die nun von der Kommission angestrengten Überlegungen zur Angemessenheit der Schaffung einer neuen kollektiven Organisationsform, um den Anforderungen jener Unternehmen gerecht zu werden, die wegen ihrer kleineren Dimensionen in der SE kein zufriedenstellendes Instrument finden bei der Expansion oder der geschäftlichen Stärkung auf dem Binnenmarkt und somit außerhalb der Grenzen des Staates, dem sie jeweils angehören.

Nach einer Machbarkeitsstudie mündete diese Initiative zuletzt in die Präsentation eines Entwurfs der Europäischen Kommission für eine Verordnung bezüglich des Statuts einer Europäischen Privatgesellschaft (SPE). Die „kleinen und mittelgroßen Unternehmen", so heißt es in der einleitenden Stellungnahme des Entwurfs, stellen mehr als 99 % der Gesellschaften der EU, während nur ein geringer Teil derselben, entsprechend etwa 8 %, auch grenzüberschreitend Handel treibt. Festgehalten wurde daher die Notwendigkeit, eine Reihe von Maßnahmen zu ergreifen, um nach den Aussagen der Kommission „den Zugang der KMU zum Binnenmarkt zu erleichtern und ihr Geschäftspotenzial zu entfalten".

Und zu diesen Maßnahmen, zusammenfassend „*Small Business Act for Europe*" (SBA) genannt, gehört auch der Stapellauf der Europäischen Privatgesellschaft. Es handelt sich um eine neue Gesellschaftsfigur, alternativ zu den in den Mitgliedstaaten bekannten und ausgerichtet auf die Stärkung der Wettbewerbsfähigkeit der KMU durch die Erleichterung ihres Zugangs zum Binnenmarkt auch durch die Verringerung der sog. *compliance costs*, also die Kosten von *start-up* und Handel, die sich aus den Unterschieden der nationalen Gesetzesordnungen ergeben.

Als wichtig ist noch hervorzuheben, dass die Kommission zur Vermeidung der Schwächung des neuen Instruments in ihrem Vorschlag darauf verzichtet hat, die Gründung der SPE der Erfüllung etwaiger „*cross-border requirements*" zu unterwerfen, wie etwa der Existenz ausländischer Gesellschafter oder die Tatsache, dass die Geschäftstätigkeit sich objektiv erkennbar über die Grenzen eines einzelnen Mitgliedstaats der Union hinaus erstreckt.

Zu unterstreichen sind daher im Hinblick auf die grundlegenden Merkmale der SPE, dass es sich um eine Kapitalgesellschaft handelt, die aus dem Nichts durch eine oder mehrere (natürliche oder juristische) Personen gegründet oder durch die Umformung, Spaltung oder Verschmelzung gebildet wird, und in der die Beteiligungen in Form von Anteilen verkörpert sind, die jedoch weder der Öffentlichkeit angeboten werden können noch zum Handel auf den geregelten Märkten bestimmt sind.

Als Regelungsquellen der SPE bestimmt der Vorschlag der Kommission für eine Verordnung selbige entstehende Gemeinschaftsverordnung, welche die genannte neue Gesellschaftsform statuiert, dann die Satzung der Gesellschaft, welcher nach dem Vorschlag der Kommission die Regelung einer Reihe von Fragen überlassen werden soll, darunter der interne Aufbau der SPE, und zuletzt die nationalen Gesetze des Mitgliedstaats, in welchem die SPE gegründet wird.

Zum Inhalt der von der Kommission vorgeschlagenen Verordnung, welche wie gesagt primäre Rechtsquelle der SPE sein soll, gäbe es freilich noch vieles zu sagen. Aber dies ist nicht der Ort für eine Untersuchung dieser Inhalte, daher möchte ich mich auf die Hervorhebung beschränken, dass sich das für die Gründung einer SPE vorgesehene Mindestkapital lediglich auf 1 € beläuft, also einen rein symbolischen Wert.

Im Hinblick auf die Hervorhebung der Kommission, dass sich der Schutz der Gesellschaftsgläubiger tatsächlich nicht durch eine erhöhte Bemessung des Gesellschaftskapitals realisiert, zeigten die jüngsten wirtschaftlichen Untersuchungen, dass bei der Bewertung der Zahlungsfähigkeit der Gesellschaft oder alternativ im Rahmen der von den Gläubigern eingeforderten Sicherheiten insbesondere andere Faktoren bedeutsamer sind, wie etwa der cash-flow, die durch die geschäftsführenden Gesellschafter gestellten persönlichen Sicherheiten oder Rückgriff auf den Eigentumsvorbehaltskauf der dritten Zulieferer von für die Geschäftsausübung erforderlichen Gütern.

II. Beiträge, Berichte, Besprechungen

Remo Caponi

Zwischen Zivil- und Verfassungsrecht:
Der mutige italienische Oberste Gerichtshof[*]

1. Sucht man nach den Unterschieden zwischen italienischer und deutscher Verfassungsordnung, springt dem italienischen Beobachter sofort ein Unterschied ins Auge, ohne dass er in Handbüchern des Verfassungsrechts nachschlagen muss. Diesen Unterschied bemerkt er häufig beim Lesen der Zeitung oder bei der Verfolgung einer Radio- oder Fernsehsendung.

Es handelt sich hier um die unterschiedliche rechtliche und soziale Bedeutung, die die Rechtsprechung des deutschen Bundesverfassungsgerichts und der italienischen *Corte costituzionale* in den jeweiligen Ländern übernimmt.

Eine der interessantesten Erfahrungen, die man während der Forschungsarbeit auf dem Gebiet der deutschen Verfassungsordnung machen kann, ist die Feststellung, dass das Bundesverfassungsgericht mehr mit den Bürgern als mit der Politik im Dialog steht. Das deutsche Bundesverfassungsgericht ist wirklich ein Verbindungsglied zwischen Staat und Gesellschaft. Es zeigt keine Bedenken, zu den aktuellen Problemen der Gesellschaft Stellung zu nehmen, denn seine Entscheidungen besitzen große rechtliche Aussagekraft.

Die Tendenz der deutschen Mentalität, die Sachverhalte des Lebens zu Ende zu denken, ist ein fruchtbarer Boden für die Vorstellung, dass es infolge der Beachtung einer durch Vorrang geprägten und der Kontrolle eines Gerichtshofes unterworfenen Verfassungsordnung geboten ist, dass alle drei Staatsgewalten (Gesetzgebung, Verwaltung, Rechtsprechung) mittels der Verfassungsbeschwerde der Kontrolle der Verfassungsmäßigkeit unterliegen.

Jede durch den Vorrang der Verfassung geprägte Rechtsordnung, wie die italienische, besitzt doch eine innere Antriebskraft für die Anpassung an die verfassungsrechtlichen Vorgaben. Angesichts des Fehlens der Verfassungsbeschwerde ergibt sich aber eine Lücke innerhalb der Instrumente für diese Anpassung, d.h. es entsteht ein leerer Raum, der von anderen Organen eingenommen werden kann, vor allem von jenen, die – wie der Kassationshof – gerade eben aufgrund dieser Lücke weiterhin das letzte Wort bei der Regelung der ihnen anvertrauten Fälle beibehalten und diese Befugnis mit Mut und Entschlossenheit ausüben.

---

[*] Vortrag, den der Verfasser am 21.5.2009 anläßlich des 60. Deutschen Anwaltstages „60 Jahre Grundgesetz – den Rechtsstaat gestalten" in Braunschweig gehalten hat. Die Vortragsform wurde beibehalten.

2. Die Rechtsprechung des italienischen Kassationshofs übt einen besonders starken Einfluss auf die italienische Verfassungsordnung aus. Die verfassungsrechtliche Dimension der Rechtsprechung des Kassationshofs zeigt sich in einer mutigen Rechtsfortbildung. Untersuchen wir hierzu zwei Beispiele.

3. Erster Fall. Art. 2059 des Codice civile bestimmt, dass der „Nichtvermögensschaden nur in den gesetzlich vorgegebenen Fällen ersetzt werden muss". Gemäß der Urteile des Kassationshofs Nr. 8827 und Nr. 8828 vom 31. Mai 2003 ist der Nichtvermögensschaden nicht nur in den ausdrücklich vom Gesetz vorgegebenen Fällen ersatzfähig, sondern auch in all jenen Fällen, in denen durch die unerlaubte Handlung ein verfassungsrechtlich geschütztes Interesse oder ein verfassungsrechtlich relevanter Wert der Person verletzt wurde und dieses Interesse oder dieser Wert einer wirtschaftlichen Beurteilung nicht zugänglich ist. Der Oberste Gerichtshof misst also Art. 2059 Codice civile eine andere Bedeutung zu. Dieser Auffassung folgt auch das Urteil Nr. 233 des Verfassungsgerichtshofs vom 11. Juli 2003.

Der Kassationshof setzt eine der am meisten verwendeten Techniken ein, um die Akzeptanz seiner mutigsten Entscheidungen zu fördern: Er minimiert ihre effektive Brisanz. Um Schadenersatz für einen Nichtvermögensschaden aus der Verletzung eines unabdingbaren Rechts der Person zu gewähren, wird wiederholt behauptet, dass sich in diesem Zusammenhang nur vom Gesetz über die Wiedergutmachung des Nichtvermögensschadens spezifisch und auf höchster verfassungsrechtlicher Ebene vorgegebene Fälle konkretisieren.

Im Urteil Nr. 26972 des Kassationshofs vom 11. November 2008 heißt es nämlich: „Die Liste der auf diese Weise bestimmten Fälle ist kein *numerus clausus*." In diesem Satz trifft der Oberste Gerichtshof eine Aussage und behauptet gleichzeitig das Gegenteil. Wenn die Liste der bestimmten Fälle kein *numerus clausus* ist, dann handelt es sich dabei eben nicht um eine Liste bestimmter Fälle. Der Oberste Gerichtshof verwendet mit Absicht das in Art. 2059 Codice civile eingesetzte Wort „bestimmte", um den Eindruck einer verfassungskonformen Auslegung zu vermitteln.

In Wirklichkeit verweist Art. 2059 Codice civile auf eine abgeschlossene Aufzählung von Regeln (der einfachen Gesetzgebung bzw. verfassungsrechtlicher Abstammung), die den Anspruch auf Ersatz des Nichtvermögensschadens an bestimmte Sachverhalte knüpfen.

Der Kassationshof dagegen knüpft den Schadenersatzanspruch (auch) an die progressive Konkretisierung des Prinzips der Menschenwürde (Art. 2 der Verfassung).

4. Zweiter Fall: Das Urteil Nr. 21748 des Kassationshofs vom 16. Oktober 2007 (*Eluana Englaro*). Der Kassationshof bestimmt Folgendes: „Der Richter kann den Vormund einer Person, die sich in einem ständigen vegetativen Zustand befindet, zur Einstellung der diese Person künstlich am Leben erhaltenden ärztlichen Behandlung ermächtigen: *a)* wenn der ständige vegetative Zustand aufgrund einer rigorosen klinischen Würdigung irreversibel ist und nach den international anerkannten wissenschaftlichen Standards keine ärztliche Grundlage vorliegt, die davon ausgehen lässt, dass die Person auch nur die geringste Möglichkeit hat, das Bewusstsein in irgendeiner – wenn auch schwachen – Form sowie die Wahrnehmung der Außenwelt wieder zu erlangen; und

b) vorausgesetzt, dass dieser Antrag aufgrund eindeutiger, übereinstimmender und überzeugender Beweiselemente wirklich Ausdruck des Willens des Vertretenen ist, der aus seiner Persönlichkeit, seinem Lebensstil und seinen Überzeugungen hergeleitet wurde und der Vorstellung entspricht, die er vor dem Verlust des Bewusstseins von der menschlichen Würde hatte." Es lag aber keine Patientenverfügung vor.

Das Problem betraf den Beweis der beiden Voraussetzungen nach dem Beweismaß des Zivilprozesses. Der Aufgabe wurde durch den Beschluss des Berufungsgerichts von Mailand vom 9. Juli 2008 im Detail und mit menschlicher Anteilnahme Rechnung getragen, indem die Einstellung der künstlichen Ernährung genehmigt wurde.

Gegen diese Verfügung hat der Staatsanwalt eine Beschwerde vor dem Kassationshof eingereicht, aber die Vereinigten Zivilsenate des Obersten Gerichtshofs haben die Anfechtung mit dem Beschluss Nr. 27145 vom 13. November 2008 aufgrund der mangelnden Legitimation des Staatsanwalts für unzulässig erklärt. Der Beschluss wurde also rechtskräftig.

Die Beschwerde, die einige Privatpersonen und Vereinigungen vor dem Europäischen Gerichtshof für Menschenrechte eingereicht hatten, wurde ebenfalls für unzulässig erklärt.[1]

In der Zwischenzeit hatte der italienische Verfassungsgerichtshof mit dem Beschluss Nr. 334 vom 8. Oktober 2008 einen Organstreit gegenüber dem Kassationshof und dem Berufungsgericht von Mailand für unzulässig erklärt, der von der Abgeordnetenkammer mit der Behauptung angestrengt worden war, diese Gerichtshöfe hätten „Befugnisse der gesetzgebenden Gewalt ausgeübt".

In der Endphase hat die Regierung versucht, die Unterbrechung der künstlichen Ernährung Eluanas durch Gesetz zu verhindern, aber die junge Frau ist drei Tage nach der Einstellung der künstlichen Ernährung verstorben.

5. Haben die beiden Entscheidungen des Gerichtshofs Gemeinsamkeiten? Die Frage ist zu bejahen, denn in beiden Fällen hat der Oberste Gerichtshof neue Rechtsnormen geschaffen. Diese neuen Rechtsnormen sind als solche anzusehen, auch wenn sie auf formeller Ebene nur für die Prozessparteien verbindlich sind.

Die Bedingungen, unter denen der Kassationshof neue Rechtsnormen formuliert hat, sind unterschiedlich:

a) Im ersten Fall beruft sich der Gerichtshof auf das verfassungsrechtliche Prinzip der Menschenwürde, um die verbindliche Regel auszuschließen, wonach der Nichtvermögensschaden nur in den gesetzlich vorgegebenen Fällen ersatzfähig ist.

b) Im zweiten Fall ergänzt der Gerichtshof eine Wertungslücke betreffend die Regelung über die Einstellung der künstlichen Ernährung von Personen in ständigem vegetativen Zustand.

6. Die Beurteilung dieser beiden Entscheidungen muss unterschiedlich ausfallen.

---

1 EGMR, Ada Rossi Urt. v. 16.12.2008.

Im ersten Fall stützt sich der Eingriff des Kassationshofs mit Sicherheit auf gute Vorsätze, geht aber weit über die Grenzen einer anpassenden Auslegung von Art. 2059 Codice civile hinaus.

Um diese Aussage unter Beweis zu stellen, ist im Zuge eines ersten Schritts an die Unterscheidung zwischen Regeln und Prinzipien zu erinnern. Die Regel beschreibt den Sachverhalt und bestimmt im Voraus den Fall, bei dessen Eintritt sie vollständig zur Anwendung kommen muss. Bei Art. 2059 Codice civile handelt es sich um eine Norm, die auf eine Regel verweist.

Das Prinzip beschreibt keinen Sachverhalt und bestimmt demzufolge nicht die Fälle, in denen es vollumfänglich zur Anwendung gebracht werden muss. „Prinzipien sind Normen, die gebieten, dass etwas in einem relativ auf die rechtlichen und tatsächlichen Möglichkeiten möglichst hohen Maße realisiert wird" (*R. Alexy*). Die Anerkennung der unantastbaren Menschenrechte stützt sich im Wesentlichen auf Prinzipien, ausgehend von Art. 2 der Verfassung.

Der zweite Schritt besteht darin, klarzustellen, dass das Koordinierungsproblem zwischen Prinzipien und Regeln nicht nur im Verhältnis zwischen verfassungsrechtlichen Prinzipien und Regeln des einfachen Rechts auftritt. Zu Beginn ist der unterschiedliche Rang zwischen Prinzip und Regel außer Acht zu lassen.

Im Zuge des dritten Schrittes ist der Unterschied zwischen der vom Kassationshof ergriffenen Auslegung und der Ausfüllung einer Wertungslücke zu erfassen. Die Rechtsregel erfährt nämlich bereits anlässlich der Ausfüllung einer Wertungslücke eine Korrektur und tritt hinter ein Prinzip zurück, denn die Aussagen *lex minus dixit quam voluit, lex plus dixit quam voluit* fordern die Korrektur des Gesetzestextes auf der Grundlage der *ratio legis* selbst.

Anders ausgedrückt: Bei der Ausfüllung einer Wertungslücke wird die gesetzliche Regel durch das sie inspirierende Prinzip korrigiert. Im Rahmen der Entscheidung des Kassationshofs wurde die verbindliche Aufzählung von Art. 2059 Codice civile dagegen durch die Übernahme eines anderen als des sie inspirierenden Prinzips überwunden.

7. Durch den Einsatz eines unterschiedlichen Prinzips kann aber die verbindliche Aufzählung einer auf Regeln verweisenden Norm nicht überwunden werden.

In der Tat erfordert nur die Regel ihre vollumfängliche Anwendung („alles oder nichts"), während das Prinzip in verschiedenen Graden Beachtung beansprucht, und zwar je nachdem, innerhalb welcher sachlichen oder rechtlichen Möglichkeiten es zum Tragen kommt. Zu den rechtlichen Bedingungen, die die Beachtung eines Prinzips einschränken, gehören die Regeln, die Ausdruck eines unterschiedlichen Prinzips sind (*R. Alexy*).

Daraus folgt, dass der Beachtung eines Prinzips mit Sicherheit dort Grenzen gesetzt sind, wo eine Regel, die Ausdruck eines anderen, entgegengesetzten Prinzips ist, gilt. Die verbindliche Wirkung, die eine Regel an einen bestimmten Sachverhalt knüpft, hat im Hinblick auf die Regelung dieses Sachverhalts Vorrang gegenüber der Wirkung, die sich aus einem damit kollidierenden ‚bloßen' Prinzip ergibt, d.h. aus einem Prinzip, dem mit Bezug auf den jeweiligen Sachverhalt eine Konkretisierung durch eine Regel fremd ist (*J. Neuner*).

8. Da es sich um einen Unterschied der Wirkungsweise zwischen Prinzipien und Regeln handelt, ändert sich an den soeben aufgestellten Behauptungen auch dann nichts, wenn das Prinzip und die Regel beide verfassungsrechtlicher Natur sind, wenn beide dem einfachen Recht angehören und auch dann nicht, wenn das Prinzip verfassungsrechtlicher Abstammung und die Regel Ausdruck eines einfachen Gesetzes ist.

Das *proprium* der verfassungsrechtlichen Dimension besteht in diesem Zusammenhang darin, dass am verfassungsrechtlichen Prinzip ebenso wie an den verfassungsrechtlichen Regeln die verfassungsrechtliche Gültigkeit der Regel des einfachen Rechts bemessen werden kann. Diese Beurteilung kann im Sinne der Ungültigkeit enden, und auf diese Weise verliert die Regel des einfachen Rechts ihre Wirksamkeit bzw. findet keine Anwendung (je nachdem, welche Systeme bei der Kontrolle der Verfassungsmäßigkeit eingesetzt werden).

Die Problematik bewegt sich also auf einer anderen Ebene als in den vorstehenden Abschnitten. Hier geht es nämlich um die Beurteilung der verfassungsrechtlichen Gültigkeit der Regel, während bisher immer von der Voraussetzung der Gültigkeit der Regel ausgegangen wurde.

Die Ebenen sind unterschiedlich, überschneiden sich aber mit Sicherheit: Solange das verfassungsrechtliche Prinzip die gesetzliche Regel in seiner auslegenden Funktion im Bereich der verfassungsrechtlichen Gültigkeit zu behalten vermag (verfassungskonforme Auslegung), gibt es für eine Ungültigkeitserklärung keinen Raum.

In Wirklichkeit wurde aber Art. 2059 Codice civile nicht bloß einer verfassungskonformen Auslegung unterworfen, sondern war Gegenstand eines Eingriffs, der mit einer Unvereinbarerklärung durch den Verfassungsgerichtshof vergleichbar ist.

9. Völlig unterschiedlich gestaltet sich die Beurteilung der zweiten Entscheidung.

Seit langer Zeit besteht für die Materie der Sterbehilfe und der Verbindlichkeit von Patientenverfügungen Bedarf an einer besonderen Regelung. Die aktuelle strafrechtliche Regelung wird als ungeeignet angesehen.

Das einfache Recht enthält in diesem Zusammenhang eine auszufüllende Wertungslücke. Die Richtung, in die sich diese Ergänzung der Rechtsordnung bewegen soll, ist eindeutig: Der Ausschluss einer Reihe von Fällen von der Strafbarkeit unter Erweiterung des Bereichs der Rechtfertigungsgründe. Nach Feststellung der Lücke und der grundsätzlichen Orientierung der Ergänzung der Rechtsordnung ist die Erfüllung der Aufgabe dem Gesetzgeber und – bis zu dessen Eingriff – dem Richter anvertraut. Die Aufgabe des Richters, die ihm vorgelegte Frage auf jeden Fall zu beantworten, kann nicht in Frage gestellt werden (Verbot des *non liquet*).

10. Der Richter leitet die Antwort von der Konkretisierung verfassungsrechtlicher Prinzipien zu einer Regel des konkreten Falls ab.

Die Aufgabe ist heikel, beschränkt sich aber nicht auf einen isolierten Dialog zwischen dem individuellen Gewissen des Richters und der Verfassung. In die Konkretisierung fließen einerseits die Forderungen nach Justiz, die in der Gesellschaft auf Zustimmung stoßen können (*R. Zippelius*), ein und andererseits die spezifischen Forderungen nach einer Regelung, die sich aus dem konkreten Fall und seinen Besonderheiten ergeben.

Unschwer zu erkennen ist, dass die beiden Forderungen zu einem gegenseitigen Ausgleich neigen: Eine Lücke auszufüllen bedeutet, eine Regel *ex post facto* für den konkreten Fall zu schaffen. Sie darf aber nicht darin eingeschlossen bleiben, sondern muss eine Idee der Gerechtigkeit verkörpern, die sich aus den verfassungsrechtlichen Prinzipien ergibt, der sozialen Ethik des geschichtlichen Moments entspricht und geeignet ist, eine Richtlinie für die zukünftige Lösung ähnlicher Fälle vorzugeben.

11. Im Fall von *Eluana Englaro* (ständiger vegetativer Zustand, künstliche Lebenserhaltung, Fehlen einer Patientenverfügung) war es *in re ipsa* absehbar, dass die Einstellung der künstlichen Lebenserhaltung von einem Teil der Öffentlichkeit befürwortet und vom anderen abgelehnt und keine mehrheitliche Zustimmung in der Gesellschaft erreicht worden wäre.

Aber auch in einem solchen Fall muss der Richter der an ihn gerichteten Forderung nach Gerechtigkeit nachkommen. Er findet in den Verfassungsprinzipien (Art. 2, 13, 32 it. Verf.) vor allem in der Menschenwürde ein Entscheidungskriterium, das durch die für den zu entscheidenden Einzelfall geforderten Regelungen konkretisiert wird.

Da es sich mit anderen Worten um die Konkretisierung von Prinzipien handelt, zeichnen sich die Gegenüberstellung und die gegenseitige Beeinflussung zwischen den möglicherweise relevanten Elementen des Sachverhalts und den möglicherweise anwendbaren Elementen der Rechtsnorm, die die Anwendung der Rechtsnormen auf die Fälle des Lebens stets prägen, durch ein intensiven ‚Hin- und Herwandern des Blicks‘ (*K. Engisch*) zwischen dem normativen Maßstab und dem zu regelnden Lebenssachverhalt.

12. Kommen wir nun zum Ausgangspunkt zurück. Im Zuge des Vergleichs mit der deutschen Rechtsordnung fällt auf, dass es sich in Italien beim ‚wahren‘ Verfassungsgerichtshof – verstanden als Gerichtshof, der die Grundrechte in den konkreten Fällen des Lebens schützt – derzeit um den Kassationshof handelt. Auf welche Ursachen ist diese Situation zurückzuführen?

Die bereits in den fünfziger Jahren des 20. Jahrhunderts akut aufgetretenen Probleme in den Beziehungen zwischen dem Verfassungsgericht und dem Kassationshof wurden zunächst aufgrund folgender Richtlinien gelöst. Ausschließlich der ordentliche Richter hatte die Aufgabe, die Auslegung des Gesetzes zu ermitteln. Der Verfassungsgerichtshof prüfte die Verfassungsmäßigkeit des Gesetzes in der Auslegung durch den ordentlichen Richter. Gegenstand seiner Prüfung war das durch die ständigen Auslegungen des Kassationshofs gefestigte ‚lebende Recht‘ (*diritto vivente*).

In den Jahren 1988–89 gelang es dem Verfassungsgerichtshof – vor allem dank der Bemühungen des Präsidenten *Saja* – die 5000 bzw. 6000 anhängigen Sachen aufzuarbeiten, indem nur die für wichtig gehaltenen Angelegenheiten behandelt und die anderen durch die Erklärung der eindeutigen Unbegründetheit oder der Unzulässigkeit gelöst wurden. Demzufolge ist es dem Verfassungsgerichtshof nun möglich, bereits einige Monate nach der Vorlage der jeweiligen Sache eine entsprechende Entscheidung zu verkünden. Was die soeben in Kraft getretenen Gesetze betrifft, musste er manchmal noch vor einer diesbezüglichen Auslegung durch den Kassationshof Stellung nehmen.

Deshalb war der Verfassungsgerichtshof der Ansicht, dass ein neues Kriterium für die Aufgabenverteilung zwischen ihm und den Fachgerichten erforderlich sei, um nicht zuletzt zu vermeiden, dass sich die einzelnen Richter mit Verfassungsfragen an ihn wenden, für die es noch keine Anwendungspraxis gibt.

Angesichts dieses Ziels musste die Theorie der verfassungskonformen Auslegung in die italienische Rechtsordnung übernommen werden, die namhafte Präzedenzfälle in der Rechtsprechung des Obersten Gerichtshofs der Vereinigten Staaten und des deutschen Bundesverfassungsgerichts hat.

In Italien wurde für diese Theorie eine besonders elegante und aussagekräftige Formulierung ausgearbeitet: „Grundsätzlich werden die Gesetze nicht für verfassungswidrig erklärt, weil sie verfassungswidrig ausgelegt werden können, sondern weil ihre verfassungskonforme Auslegung unmöglich ist".[2]

13. Eine an dem Vorrang der Verfassung orientierte Rechtsordnung, die die Kontrolle der Verfassungsmäßigkeit einem Verfassungsgericht anvertraut hat, kann jedoch nicht auf die Einführung eines Instruments verzichten, das die Besorgnis um eine definitive Entscheidung und die Besorgnis um eine Entscheidung nach Gesetz und Recht innerhalb eines angemessenen Zeitraums mit der dem Verfassungsgericht zuzuerkennenden Befugnis in Einklang bringt, auf verfassungsrechtlicher Ebene das letzte Wort zu sprechen. Bei diesem Instrument muss es sich um die Verfassungsbeschwerde gegen (auch rechtskräftige) Entscheidungen der ordentlichen Richter handeln.

Leider wurden in den letzten Jahren in der italienischen Rechtsordnung keine Fortschritte in Richtung eines Verfassungsgerichtshofs beobachtet, dem im Bewusstsein um seine politische Legitimation und seine kulturelle Kompetenz im Hinblick auf den Respekt für die Grundrechte und die Menschenwürde ein letztes Wort vor den Bürgern zusteht. Es wurden dagegen energische Schritte in die entgegengesetzte Richtung verzeichnet.

Mit einer zu nachhaltigen Theorie der verfassungskonformen Auslegung tendiert der Verfassungsgerichtshof erstens selbst dazu, sich aus der Bahn zu werfen und den ordentlichen Richtern geradezu akrobatische Auslegungen nahezulegen, ohne die Möglichkeit einer Kontrolle *ex post* durch die Anfechtung der Endentscheidung zu haben.

Zweitens wurde mit der verfassungsrechtlichen Reform des Verhältnisses zwischen Staat und Regionen (2001) mangels politischer Kompensationsstellen eine außergewöhnliche Auseinandersetzung Staat-Regionen auf den Verfassungsgerichtshof abgewälzt, die erhebliche Energien des Gerichtshofs in Anspruch genommen hat.

Drittens wurde die Bestellung der Verfassungsrichter durch das Parlament immer mehr zu einem Handel zwischen den Parteien, in dem die Kompetenz der zur Bekleidung dieses Amtes berufenen Personen oft im Hintergrund steht.

---

2 Verfassungsgericht, 22. Oktober 1996, Nr. 356.

Trotzdem geben wir die Hoffnung nicht auf, dass auch in Italien eines Tages die *Corte costituzionale* mehr mit den Bürgern als mit der Politik im Dialog steht, dass der Gerichtshof ein Verbindungsglied zwischen Staat und Gesellschaft darstellt und dass er keine Bedenken hat, mit all seiner juristischen Argumentationskraft zu den Problemen der Gesellschaft Stellung zu nehmen.

Heinz-Peter Mansel / Silvia Seilstorfer

Nutzungsausfallschaden und Schmerzensgeld bei Verkehrsunfall nach italienischem Recht

Das Amtsgericht Neuburg a.d. Donau bittet in dem Rechtsstreit B. ./. U. (Az.: 3 C 349/07) um ein Gutachten zum italienischen Schadensrecht.

A. Sachlage

Der Anfrage liegt folgender, aus den übersandten Gerichtsakten ermittelter Sachverhalt zugrunde:

Der Kläger ist Eigentümer und Halter des in Deutschland zugelassenen Motorrades Yamaha R6 mit dem amtlichen Kennzeichen XX. Bei der Beklagten handelt es sich um die Kfz-Haftpflichtversicherung für das in Italien auf G.B. als Halter zugelassene Fahrzeug mit dem amtlichen Kennzeichen YY.

Am 12.7.2006 ereignete sich ein Verkehrsunfall in Bologna (Italien), an welchem der Kläger und G.B. beteiligt waren. Dabei zog sich der Kläger diverse Prellungen zu, so dass er vom 12. bis 20.7.2006 zu 100 % und nachfolgend bis zum 30.7.2006 zu 30 % arbeitsunfähig war. Daneben entstand dem Kläger ein Schaden i.H.v. insgesamt 3882,34 Euro, der sich folgendermaßen zusammensetzt:

1. Wiederbeschaffungskosten i.H.v. 1520,00 Euro;
2. Sachverständigenkosten i.H.v. 688,34 Euro;
3. Nutzungsausfall i.H.v. 924,00 Euro;
4. Bekleidung i.H.v. 750,00 Euro.

Mit Schreiben vom 4.8.2006 machte der Kläger diesen Schaden zunächst bei dem seitens der Beklagten eingeschalteten Regulierungsbeauftragten, einer deutschen Versicherungsgesellschaft, geltend. Mit Abrechnungsschreiben vom 10.1.2007 wurde ihm ein Betrag i.H.v. 998,64 Euro zum Ausgleich gebracht.

Mit weiterem Schreiben vom 7.2.2007 forderte der Kläger von der genannten Versicherungsgesellschaft erneut Schadensersatz und erstmals auch Schmerzensgeld. Es wurde ihm daraufhin jedoch lediglich hinsichtlich der Motorradkleidung ein Betrag von 200,00 Euro anerkannt und zum Ausgleich gebracht.

Zwischen den Parteien ist strittig, wer für den Unfall verantwortlich war.

Der Kläger behauptet, auf den Kreisverkehr, in welchem sich der Unfall abgespielt hat, zugefahren zu sein und an der Haltelinie gestoppt zu haben. Danach sei er auf der äußersten Spur dem Kreisverkehr gefolgt, um ihn an der übernächsten Ausfahrt wieder zu verlassen. Der bei der Beklagten versicherte Fahrzeugführer, welcher auf der mittleren der drei Spuren des Kreisverkehrs von hinten herangefahren sei, habe von dieser mittleren Spur auf die äußere Fahrspur gewechselt, um den Kreisverkehr zu verlassen. Dabei habe er den Kläger wohl übersehen und sei in Folge dessen mit der rechten vorderen Fahrzeugecke des Pkws gegen die linke Seite des Hinterrades des Krades gestoßen, wodurch dieses zu Sturz gekommen sei

Der Kläger beantragt,

die Beklagte zu verurteilen, an ihn 2683,70 Euro und ein angemessenes Schmerzensgeld nebst Zinsen i.H.v. 5 Prozentpunkten über dem Basiszinssatz seit dem 10.3. 2007 zu zahlen.

Die Beklagte beantragt,

die Klage abzuweisen.

Sie behauptet, ihr Versicherungsnehmer, G.B., sei seinen glaubhaften Angaben zufolge vom Kläger, der ohne Beachtung der Vorfahrt in den Kreisverkehr gefahren sei, vorne rechts gerammt worden.

B. Anfrage

Das Gericht bittet um gutachterliche Stellungnahme zu folgenden Fragen:

1. Werden, wie beklagtenseits behauptet, nach italienischem Schadensrecht Sachverständigenkosten nur maximal bis 477,28 Euro erstattet?

2. Können die Kosten für einen Mietwagen oder Nutzungsausfall bereits aufgrund der Tatsache, dass das Fahrzeug beschädigt worden ist, erstattet werden?

3. Bedarf es nach italienischem Recht auch der Darlegung eines Nutzungswillens? Wenn ja, welche Bedingungen müssen erfüllt sein, um einen Nutzungswillen annehmen zu können? Ist eine fiktive Geltendmachung des Nutzungsausfalls nach italienischem Recht möglich?

4. Können nach italienischem Recht maximal 16 Euro Nutzungsausfall pro Tag in Anspruch genommen werden?

5. Nach welchen Kriterien bemisst sich die Erstattung für beschädigte Kleidung/Gebrauchsgegenstände? Ist hierfür auch nach italienischem Recht der Zeitwert maßgeblich?

6. Welche Tatbestandsvoraussetzungen begründen einen Anspruch auf Schmerzensgeld? Hängt die Erstattung auch – unabhängig von der Frage der Beweiswürdigung – davon ab, ob im italienischen Polizeiprotokoll Verletzungen angegeben worden sind und Krankenhausunterlagen vorliegen, die in Italien erstellt worden sind?

C. Rechtslage

I. Vorbemerkung: Internationales Privatrecht

1. Vorrangig anzuwendendes Recht

Die Frage nach dem auf die Gutachtenanfrage anwendbaren Recht richtet sich gemäß Art. 3 Abs. 2 EGBGB vorrangig nach einschlägigen Staatsverträgen. Dem hier allein in Betracht kommenden Haager Übereinkommen über das auf Straßenverkehrsunfälle anzuwendende Recht vom 4.5.1971 sind jedoch weder Deutschland noch Italien beigetreten, weswegen dieses Übereinkommen vorliegend nicht einschlägig ist.

Die EG-Verordnung Nr. 864/2007 des Europäischen Parlaments und des Rates über das auf außervertragliche Schuldverhältnisse anzuwendende Recht (Rom II) vom 11.7. 2007 hingegen wird erst am 11.1.2009 in Kraft treten und ist folglich noch nicht anwendbar.

2. Art. 40 EGBGB

Somit richtet sich das Deliktsstatut nach Art. 40 EGBGB. Art. 40 Abs. 1 EGBGB verweist vorliegend auf das italienische Recht, da im hier zu begutachtenden Fall sowohl der Handlungs- als auch der Erfolgsort in Italien belegen sind. Die Ausnahmeregel des Art. 40 Abs. 2 EGBGB greift nicht ein, da nach Aktenlage kein gemeinsamer gewöhnlicher Aufenthalt von Schädiger und Geschädigtem gegeben ist.

Das Deliktsstatut ist nicht nur für solche Ansprüche maßgeblich, die der Geschädigte gegen den Schädiger als solchen richtet. Vielmehr beurteilt sich gemäß Art. 40 Abs. 4 Alt. 1 EGBGB auch das Bestehen von Direktansprüchen des Geschädigten gegen den Versicherer des Unfallgegners nach dem Tatortrecht, sofern diesem ein solcher Direktanspruch bekannt ist. Da das italienische Recht, das in Art. 237 Codice della strada die Verpflichtung zum Abschluss einer Kfz-Haftpflichtversicherung normiert, einen solchen Direktanspruch des Geschädigten gegen den Versicherer des Unfallgegners vorsieht,[1] verweist Art. 40 Abs. 1 i.V.m Abs. 4 Alt. 1 EGBGB auch hinsichtlich der Voraussetzungen eines Direktanspruchs auf das Deliktsstatut, mithin auf italienisches Recht.

Ob Art. 40 EGBGB eine Sachnorm- oder eine Gesamtverweisung ausspricht, wird nicht einheitlich beurteilt.[2] Auf eine Auseinandersetzung mit dieser Frage käme es jedoch nicht an, wenn das italienische Kollisionsrecht die Verweisung des Art. 40 EGBGB annähme und damit die Maßgeblichkeit des italienischen materiellen Rechts anordnete. Dies ist im Folgenden zu prüfen.

---

1 *Rescigno*, Trattato di Diritto Privato, Vol. 9 – Obbligazioni e Contratti, 2. Aufl. 1999, VII/I, Cap. V.7, 668; *Kindler*, Gesetzliche Zinsansprüche im Zivil- und Handelsrecht, 1996, 74 f., beide m.w.N.
2 Zum Streitstand *von Hoffmann/Thorn*, Internationales Privatrecht, 8. Aufl. 2005, § 11 V.4.

3. Art. 62 IPRG

Das italienische internationale Deliktsrecht hat in Art. 62 f. des italienischen IPR-Gesetzes (IPRG)[3] eine Regelung erfahren.

Art. 62 IPRG:

„1. La responsabilità per fatto illecito è regolata dalla legge dello Stato in cui si è verificato l'evento. Tuttavia il danneggiato può chiedere l'applicazione della legge dello Stato in cui si è verificato il fatto che ha causato il danno.

2. Qualora il fatto illecito coinvolga soltanto cittadini di un medesimo Stato in esso residenti, si applica la legge di tale Stato."

Deutsch:[4]

1. Die Haftung für unerlaubte Handlungen unterliegt dem Recht des Staates, in dem das schädigende Ereignis eingetreten ist. Der Geschädigte kann die Anwendung des Rechts des Staates verlangen, in dem die den Schaden verursachende Handlung begangen worden ist.

2. Sind ausschließlich Angehörige eines Staates mit gewöhnlichem Aufenthalt in demselben beteiligt, so ist das Recht dieses Staates anzuwenden.

Sowohl das schädigende Ereignis (Art. 62 Abs. 1 Satz 1 IPRG) als auch die den Schaden verursachende Handlung (Art. 62 Abs. 1 Satz 2 IPRG) sind in Italien eingetreten bzw. begangen worden. Überdies liegen die Voraussetzungen des Art. 62 Abs. 2 IPRG nicht vor, da es sich bei dem Unfallgegner[5] nach Aktenlage nicht wie beim Kläger um einen deutschen, sondern um einen italienischen Staatsangehörigen handelt. Folglich ist Deliktsstatut auch gemäß Art. 62 IPRG das italienische Sachrecht.

Fraglich ist insoweit, ob Art. 62 IPRG die Verweisung des Art. 40 EGBGB auch hinsichtlich der Direktansprüche gegen den Versicherer des Unfallgegners annimmt. Anders als Art. 40 Abs. 4 EGBGB enthält Art. 62 IPRG insoweit keine ausdrückliche Regelung. Den dem Gutachter vorliegenden Quellen, die sich überhaupt mit dieser Frage befassen – darunter eine Entscheidung des *Tribunale di Milano* aus dem Jahre 1998 –, lässt sich entnehmen, dass sich die Möglichkeit einer Direktklage gegen den Versicherer des Unfallgegners aus der Sicht des italienischen Kollisionsrechts nach dem Recht des Unfallortes[6] richtet, vorliegend mithin ebenfalls nach italienischem Recht.

Das italienische internationale Deliktsrecht spricht im hier zu begutachtenden Fall folglich keine Rück- oder Weiterverweisung aus, sondern nimmt die Verweisung des

---

3 Gesetz Nr. 218 vom 31.5.1995 zur Reform des italienischen Systems des Internationalen Privatrechts, deutsche Übersetzung abgedruckt in *Kronke*, IPRax 1996, 356 ff.

4 Übersetzung nach *Kronke*, IPRax 1996, 356, 366.

5 Im Kontext des Art. 62 Abs. 2 IPRG ist allein auf den Unfallgegner, nicht etwa auf dessen Versicherung abzustellen; dies gilt auch im Falle einer Direktklage des Geschädigten gegen den Versicherer des Unfallgegners, vgl. Cian/Trabucchi/*Barel*, Commentario breve al Codice Civile, 8. Aufl. 2007, Art. 62 IPRG, Anm. VIII.2 m.w.N.

6 So die dem Gutachter nicht vorliegende Entscheidung des Trib. Milano v. 11.6.1998, Resp. civ. prev. 1999, 844, mit Zustimmung („Recht des Unfallortes") zitiert von *Campeis*, in: Festschrift des Nationalen Versicherungsbüros der Schweiz (NVB) und des Nationalen Garantiefonds Schweiz (NGF) aus Anlass der 34. Generalversammlung des Council of Bureaux am 15./16. Juni 2000 in Genf, 2000, 47, 52 f.; ferner Cian/Trabucchi/*Barel* (o. Fn. 5), Art. 62 IPRG, Anm. II.3.

Art. 40 Abs. 1 und 4 Alt. 1 EGBGB an, weshalb die vom Kläger geltend gemachten Ansprüche italienischem Sachrecht unterliegen, unabhängig davon, ob Art. 40 EGBGB eine Sachnorm- oder eine Gesamtverweisung ausspricht.

4. Ergebnis

Art. 62 IPRG nimmt die Verweisung des Art. 40 Abs. 1 und 4 Alt. 1 EGBGB an. Dies gilt auch hinsichtlich der Direktansprüche des Klägers gegen den Versicherer des Unfallgegners.

Auf den vorliegenden Fall ist daher italienisches materielles Recht anwendbar.

II. Materielles Recht

1. Zu Frage 1: Sachverständigenkosten nach italienischem Schadensrecht

Die Beklagte behauptet, dass nach italienischem Schadensrecht Sachverständigenkosten nur maximal bis 477,28 Euro erstattet werden.

Haftpflichtansprüche aus Verkehrsunfällen werden im italienischen Recht grundsätzlich nach dem Recht der unerlaubten Handlung (Art. 2043 ff. CC) beurteilt.

Art. 2043 CC:
„Qualunque fatto doloso o colposo, che cagiona ad altri un danno ingiusto, obbliga colui che ha commesso il fatto a risarcire il danno."

Deutsch:[7]
Jede vorsätzliche oder fahrlässige Handlung, die einem anderen einen widerrechtlichen Schaden zufügt, verpflichtet denjenigen, der sie begangen hat, zum Schadensersatz.

Nach Art. 2043 CC sind dem Geschädigten alle materiellen Schäden zu ersetzen, die durch den Unfall eingetreten sind. Dies gilt in Übereinstimmung mit Art. 1223 CC allerdings nur bezüglich der Schäden, die direkte Folgen der schädigenden Handlung darstellen (*danno emergente*).[8]

Art. 1223 CC:
„Il risarcimento del danno per l'inadempimento o per il ritardo deve comprendere così la perdita subita dal creditore come il mancato guadagno, in quanto ne siano conseguenza immediata e diretta."

Deutsch:
Der Schadensersatz wegen Nichterfüllung oder wegen der Verspätung der Erfüllung muss den vom Gläubiger erlittenen Verlust ebenso wie den entgangenen Gewinn umfassen, soweit diese eine unmittelbare und direkte Folge der Nichterfüllung oder Verspätung sind.

---

7 Die deutsche Übersetzung dieser und aller nachfolgenden Vorschriften des Codice Civile stammt, soweit nicht anders angegeben, von *Patti*, Italienisches Zivilgesetzbuch – Codice Civile, 2007.

8 Auskunft des italienischen Justizministeriums v. 18.10.1999, Jahrbuch f. ital. Recht, Bd. 13 (2000), 311, 314; *Neidhart*, Unfall im Ausland – Schadensregulierung, 5. Aufl. 2007, Italien Rn. 61; *Rosenkranz*, Die Haftung für Schadenszufügung aus unerlaubter Handlung nach italienischem Recht unter besonderer Berücksichtigung der Straßenverkehrshaftung, Diss. 1973, 71 f.

Zwar sind nach der Rechtsprechung des Kassationshofs zur Bestimmung der Unmittelbarkeit von Schäden auch jene indirekten und mittelbaren Schäden mit einzubeziehen, die unter die normalen und üblichen Folgen einer Handlung fallen,[9] doch zählen die Kosten für die Erstellung eines privat in Auftrag gegebenen Sachverständigengutachtens nach allgemeiner Ansicht nicht hierzu.[10] Ein solches Gutachten ist nach italienischem Verständnis keine gewöhnliche Folge eines Verkehrsunfalls und wird damit allenfalls gelegentlich im Totalschadensfall erstattet und dies zumeist auch nur dann, wenn das Gericht das Gutachten eingefordert hat. Im Allgemeinen sind Sachverständigengutachten als sogenannter indirekter Schadenposten jedoch nicht erstattungsfähig.

Folglich ist davon auszugehen, dass die Behauptung der Beklagten, Sachverständigengutachten würden maximal bis zu einer Höhe von 477,28 Euro erstattet werden, inkorrekt ist. Nach den dem Gutachter vorliegenden Quellen[11] sind jedenfalls höhere Kosten für ein Parteigutachten zu ersetzen, wenn dem Geschädigten aufgrund der Art des Schadens nicht zugemutet werden kann, von sich aus zu entscheiden, ob ein reparabler oder bereits ein totaler Fahrzeugschaden vorliegt, letzterer aber wahrscheinlich ist.

2. Zu Frage 2 und 3: Nutzungsausfall, fiktiver Nutzungsausfallschaden und Mietwagenkosten

Fraglich ist, ob die Kosten für einen Mietwagen oder Nutzungsausfall bereits aufgrund der Tatsache, dass das Fahrzeug beschädigt worden ist, als Schadensersatzposten zu erstatten sind und ob der Geschädigte einen Nutzungswillen bzw. einen fiktiven Nutzungsausfallschaden geltend machen muss.

a) Ersatz des Nutzungsausfallschadens und Darlegung eines Nutzungswillens

Zwar ist nach italienischem Recht allgemein anerkannt, dass Art. 1223 CC nicht nur die Erstattung unmittelbarer Schäden ermöglicht, sondern auch eine Erstattung des entgangenen Gewinns in Form eines Nutzungsausfalls;[12] allerdings wird die Erstattung von Nutzungsausfallschäden in der italienischen Rechtsprechung nicht einheitlich gehandhabt.

Die vom Gutachter ausgewerteten Quellen lassen erkennen, dass in der Vergangenheit eine große Zahl von Gerichtsentscheidungen – auch des Kassationshofs – den Nachweis eines Schadens durch den Anspruchsteller forderte. Der Geschädigte musste den Nachweis erbringen, dass er seinen Pkw infolge des Unfalls bis zum Abschluss der Reparaturarbeiten nicht benutzen konnte, dass das Fahrzeug kontinuierlich für die Ausübung einer wirtschaftlichen Tätigkeit genutzt wurde und dass sich die infolge des Unfalls fehlende Gebrauchsfähigkeit in einem konkreten wirtschaftlichen Schaden nie-

---

9 Cass. v. 7.7.1962, Resp. Civ. Prev. 1963, 71, auszugsweise wiedergegeben bei *Rosenkranz* (o. Fn. 8), 72.

10 Trib. Tortorici v. 26.2.1986 zitiert nach *Neidhart*, DAR 1999, 231, 234 Fn. 34; *Backu*, DAR 2003, 337, 344; *Neidhart*, (o. Fn. 8), Italien Rn. 62, 66; a.A. ohne weitere Erläuterung LG Köln vom 29.6.1993, IPRspr. 1993 Nr. 40, 108.

11 So *Neidhart* (o. Fn. 8), Italien Rn. 66.

12 Für die Einordnung als entgangener Gewinn vgl. Cass. v. 21.10.1980, n. 5659, Rep. Giur. It. 1980, „danni in mat. civ." Nr. 52.

dergeschlagen hat.[13] In der italienischen Kommentarliteratur findet sich der Hinweis, hierbei handele es sich um die stärker vertretene Ansicht.[14]

Allerdings verzichtet die jüngste dem Gutachter bekannte Entscheidung des Kassationshofs aus dem Jahre 2002 auf dieses Erfordernis.[15] Diese Abweichung von der bis dahin wohl überwiegend befürworteten Auffassung hat sich bereits in früheren Urteilen des Kassationshofs abgezeichnet. So wurde bereits vor dem fraglichen Urteil aus 2002 durch den Kassationshof vermehrt vertreten, der durch die Reparaturbedürftigkeit des Unfallwagens hervorgerufene Stillstandsschaden (*danno da fermo tecnico*) könne nach gerichtlichem Ermessen ersetzt werden, ohne dass ein konkreter Schadensnachweis zu erbringen sei, solange nicht vom Schuldner der Nachweis des *Fehlens* eines solchen Schadens erbracht würde.[16] Dieser Ansicht folgten zwar nicht alle Untergerichte,[17] doch kann dies auf die generell uneinheitliche Rechtsprechung zum Nutzungsausfallschaden in Italien zurückgeführt werden.

Unter Zugrundelegung der höchstrichterlichen Rechtsprechung kann daher nach Ansicht des Gutachters davon ausgegangen werden, dass ein Nutzungsausfall bereits aufgrund der Tatsache, dass das Fahrzeug beschädigt worden ist, erstattet werden kann.

Hieraus folgt gleichzeitig, dass es der Darlegung eines Nutzungswillens durch den Geschädigten nicht bedarf. Vielmehr genügt die fiktive Geltendmachung des Nutzungsausfalls.

b) Erstattung der Kosten für einen Mietwagen

Weiterhin ist fraglich, ob die Kosten für einen Mietwagen bereits aufgrund der Tatsache, dass das Fahrzeug beschädigt worden ist, erstattet werden können. Allerdings ist für die Erstattung von Mietwagenkosten generell Voraussetzung, dass ein Fahrzeug zur Berufsausübung benötigt wird bzw. dass es zur Abwendung eines weiteren größeren Vermögensschadens[18] unbedingt erforderlich ist.[19] Dies bedeutet, dass die Kosten für einen Mietwagen nicht bereits aufgrund der Tatsache erstattet werden, dass das Fahrzeug beschädigt worden ist.

---

13 Cass. v. 19.11.1999, n. 12820, Rep. Giur. It. 1999, „circolazione stradale" Nr. 62; Cass. v. 7.2.1996, n. 970, Rep. Giur. It. 1996, „danni in mat. civ. e pen." Nr. 299; weiter die dem Gutachter nicht vorliegenden Entscheidungen des Trib. Napoli v. 15.4.1998, des Giud. Pace Ancona v. 8.7.1996 und des Trib. Pisa v. 13.8.1990 zitiert von *Backu*, DAR 2003, 337, 345; App. Milano v. 4.12.1979, Rep. Giur. It. 1980, „danni in mat. civ." Nr. 203; ferner LG Köln v. 29.6.1993, IPRspr. 1993, Nr. 40, 108 f.

14 Cendon/*Gaudino*, Commentario al Codice Civile, Vol. II, artt. 1173-2059, Aggiornamento 1991–2001, Art. 1223 CC, Anm. 3.

15 Cass. v. 14.12.2002, n. 17963 zitiert und ausdrucksweise abgedruckt bei *Sella*, La Quantificazione dei Danni da Sinistri Stradali, 2005, 53.

16 Cass. v. 3.4.1987, n. 3234, Rep. Giur. It. 1987, „danni in mat. civ." Nr. 284; Cass. v. 28.8.1978, n. 4009, Rep. Giur. It. 1978, „danni in mat. civ." Nr. 70.

17 Befürwortend: Trib. Genova v. 22.9.2005, n. 4087, Rep. Giur. It. 2005, „circolazione stradale" Nr. 73. Weiterhin den Schadensnachweis fordernd: Giud. pace Napoli v. 10.1.2005, n. 428, Rep. Giur. It. 2005, „circolazione stradale" Nr. 90.

18 Z.B. Verdienstentgang.

19 Trib. Milano v. 4.12.1979 zitiert nach *Backu*, DAR 2003, 337, 345 und nach *Neidhart* (o. Fn. 8), Italien Rn. 71.

3. Zu Frage 4: Maximale Höhe des Nutzungsausfalls

Hinsichtlich der Bemessung des Nutzungsausfallschadens besteht nach Art. 2056 Abs. 1, 1226 CC die Möglichkeit, diese in Ermangelung des Nachweises einer konkreten Schadenshöhe nach Billigkeit zu bemessen.[20]

Art. 2056 Abs. 1 CC:

„Il risarcimento dovuto al danneggiato si deve determinare secondo le disposizioni degli articoli 1223, 1226 e 1227."

Deutsch:

Der dem Geschädigten geschuldete Ersatz ist nach den Art. 1223, 1226 und 1227 zu bestimmen.

Art. 1226 CC:

„Se il danno non può essere provato nel suo preciso ammontare, è liquidato dal giudice con valutazione equitativa."

Deutsch:

Kann die Höhe des Schadens nicht genau nachgewiesen werden, so setzt ihn der Richter nach billigem Ermessen fest.

Der Nutzungsausfallschaden kann jedoch grundsätzlich nur für den Zeitraum gewährt werden, den eine den Regeln der Kunst entsprechende Reparatur in Anspruch nimmt.[21] Die Bemessung erfolgt in der Regel durch das Ansetzen von Tagespauschalen, die sich *Neidhart* zufolge – in Abhängigkeit von der Größe des verunfallten Fahrzeugs – auf 15 bis 50 Euro belaufen.[22] *Sella* spricht – allerdings ohne diese Daten mit Nachweisen zu belegen – von pauschalen Tagessätzen in Höhe von 50 Euro.[23]

Daher kann der Aussage der Beklagten – unabhängig von der korrekten Höhe des pauschalen Tagessatzes, der u.a. von der Größe des Fahrzeugs und der Billigkeitsentscheidung des Richters abhängt –, nach italienischem Recht könnten maximal 16 Euro Nutzungsausfall pro Tag in Anspruch genommen werden, nicht gefolgt werden. Je nach Art des Unfallfahrzeuges sind nach richterlichem Ermessen bis zu 50 Euro Tagespauschalentschädigung zu leisten.

Daneben werden auch die durch den Geschädigten ohne Nutzungsmöglichkeit gezahlten Kfz-Steuern und Versicherungsbeiträge – auch ohne entsprechenden Nachweis – anteilig für die Zeit entgangenen Nutzung als entgangener Gewinn anerkannt.[24]

---

20 *Sella* (o. Fn. 15), 54; *Backu*, DAR 1999, 231, 235.
21 *Sella* (o. Fn. 15), 54 unter Hinweis auf Pret. Ivrea v. 29.2.1980, Rep. Giur. It. 1981, „danni in mat. civ." Nr. 49.
22 *Neidhart* (o. Fn. 8), Italien Rn. 73.
23 *Sella* (o. Fn. 15), 54.
24 Trib. Palermo v. 9.10.1984, Rep. Giur. It. 1985, „danni in mat. civ." Nr. 109; Trib. Palermo v. 30.11.1982, Rep. Giur. It. 1984, „danni in mat. civ." Nr. 162.

4. Zu Frage 5: Kriterien für die Erstattung
für beschädigte Kleidung/Gebrauchsgegenstände

Nach Art. 2043 CC sind dem Geschädigten, wie bereits dargelegt (o. bei Fn. 8), alle materiellen Schäden zu ersetzen, die durch einen Unfall eingetreten sind. Dies betrifft nicht nur die Schäden am Fahrzeug und am Fahrer, sondern gilt auch für hierbei entstandene Gepäck- und Kleiderschäden.[25] Wie auch nach deutschem Recht ist hierfür in Italien der Zeitwert (unter Abzug alt für neu) maßgeblich,[26] da ein Wiederbeschaffungswert für gebrauchte Kleidung nicht zu ermitteln ist.

5. Zu Frage 6: Die Tatbestandsvoraussetzungen für Schmerzensgeld

Weiterhin macht der Kläger einen Anspruch auf Schmerzensgeld geltend. Fraglich ist damit, welche Tatbestandsvoraussetzungen einen solchen Anspruch begründen und ob die Erstattung auch – unabhängig von der Frage der Beweiswürdigung – davon abhängt, ob im italienischen Polizeiprotokoll Verletzungen angegeben worden sind und Krankenhausunterlagen vorliegen, die in Italien erstellt worden sind.

a) Unterscheidung zwischen moralischem und biologischem Schaden

Beim Ersatz immaterieller Schäden unterscheidet das italienische Recht zwischen dem moralischen Schaden (*danno morale*) und dem biologischen Schaden (*danno biologico*).[27]

aa) Der biologische Schaden

(1) Tatbestandsvoraussetzungen des biologischen Schadens

Der *danno biologico* ist ein Schadensposten eigener Art, der aus Art. 2043 CC hergeleitet wird.[28] Dieser von der Rechtsprechung entwickelte und sowohl vom Verfassungsgerichtshof als auch vom Kassationsgerichtshof anerkannte besondere Schadensbegriff beruht auf der Überlegung, dass die körperliche Unversehrtheit verfassungsrechtlich garantiert ist,[29] weshalb die Körperverletzung als solche zu entschädigen sei.[30] Der *danno biologico* wird als der Verlust der Gesundheit und des Wohlbefindens definiert bzw. als der Schaden, der dem Verletzten nach Erstattung der Heilungskosten, des Verdienstausfalls und des moralischen Schadens noch verbleibt.[31] Dies sind beispielsweise eine Behinderung in der gesellschaftlichen Entfaltung der Persönlichkeit, blei-

25 *Neidhart* (o. Fn. 8), Italien Rn. 77.
26 *Neidhart* (o. Fn. 8), Italien Rn. 77.
27 *Winkler*, Jahrbuch f. ital. Recht, Bd. 9 (1996), 135, 137; *von Bar*, FS Deutsch, 1999, 27, 34.
28 Cian/Trabucchi/*De Giorgi/Thiene* (o. Fn. 5), Art. 2043, Anm. V.2; *Backu*, DAR 1999, 231, 235; *Bender*, Personenschaden und Schadensbegriff, 1993, 169 ff.; *Neidhart* (o. Fn. 8), Italien Rn. 83.
29 Vgl. Art. 32 der italienischen Verfassung. Dazu *Salvi*, Il danno extracontrattuale, 1985, 219 f.
30 Cass. v. 6.4.1983, n. 2396, Rep. Giur. it. 1983, „danni in mat. civ." Nr. 219; und v. 17.5.1985, n. 3025, Rep. Giur. it. 1985, „danni in mat. civ." Nr. 81.
31 Vgl. Auskunft des italienischen Justizministeriums v. 18.2.1993, Jahrbuch f. ital. Recht, Bd. 7 (1994), 303, 305.

bende Minderwertigkeitsgefühle sowie ein ästhetischer Schaden.[32] Ersatzfähig ist der biologische Schaden damit in allen Fällen unrechtmäßiger Beeinträchtigung der psychisch-physischen Integrität der Person, unabhängig vom Vorliegen einer Vermögenseinbuße oder eines erlittenen Schmerzes sowie unabhängig vom Vorliegen einer Straftat.[33]

Tatbestandsvoraussetzung des Art. 2043 CC ist somit eine vorsätzliche oder fahrlässige Handlung, durch die einem anderen ein widerrechtlicher Körperschaden zugefügt wird.

Die Handlung kann in einem Tun oder Unterlassen bestehen und muss für den widerrechtlichen Schaden kausal sein. Kausalität ist im italienischen Recht dann zu bejahen, wenn eine Handlung für einen Erfolg unmittelbar und direkt ursächlich geworden ist.[34] Widerrechtlich sind insbesondere Schäden an absoluten subjektiven Rechten,[35] am Besitz und an der Integrität des Vermögens.[36]

Weiterhin muss der Schädiger den Schaden auch verschuldet haben. Dies ist stets der Fall bei Fahrlässigkeit und Vorsatz im engeren Sinne. Da das Verschulden sich beim außervertraglichen Verkehr nach subjektiven Kriterien bestimmt, ist es möglich, dass abhängig von den konkreten Umständen des Einzelfalls auch leichte Fahrlässigkeit dem Verschuldenserfordernis genügt.[37]

(2) Berechnung des biologischen Schadens

Die Bemessung des biologischen Schadens erfolgt aufgrund von Berechnungstabellen, die verschiedene Gerichte für ihren Bezirk entwickelt haben.[38] Da die verschiedenen Gerichte unterschiedliche Berechnungsmethoden verwenden, hat der Kassationshof wiederholt betont, dass jede Berechnungsart den gesetzlichen Vorgaben entspricht, solange sie für die Ausmessung der Schadensersatzsumme auf einheitliche Basiswerte zurückgreift und freies richterliches Ermessen im Sinne der Art. 2056 und 1226 CC insoweit einfließen lässt, wie es erforderlich ist, um den Gegebenheiten des Einzelfalls gerecht zu werden.[39] Nicht zuletzt mag dies damit zusammenhängen, dass sich bis heute in der italienischen Judikatur keine Berechnungsmethode endgültig durchsetzen konnte; so werden beispielsweise am Gerichtshof von Rom je nach verhandelndem Senat die Berechungsmethode des Gerichtshofs von Genua oder die des Gerichtshofs von Pisa, die in dieser Frage wohl als führend anzusehen sind, genutzt.[40] Dies bedeutet für den deutschen Richter, der über einen Anspruch auf Ersatz des *danno biologico* zu

---

32 *Scarabello*, DAR 2001, 581, 582.
33 *Scarabello*, DAR 2001, 581.
34 Cass. v. 10.5.2000, n. 5962, Rep. Giur. It. 2000, „danni in mat. e pen." Nr. 381; Cass. v. 9.5.2000, n. 5913, Rep. Giur. It. 2000, „responsabilità civile" Nr. 203.
35 Etwa Eigentum, Ehre, körperliche Unversehrtheit.
36 *Cendon*, Il dolo nella responsabilità extracontrattuale, 1976, 142 ff. zitiert nach Grundmann/Zaccaria/ *Zaccaria*, Einführung in das italienische Recht, 2007, 256 Fn. 10.
37 Grundmann/Zaccaria/*Grundmann* (o. Fn. 36), 257.
38 Vgl. für die Mailänder Tabelle Jahrbuch f. ital. Recht, Bd. 13 (2000), 317.
39 Cass. v. 11.5.1989, n. 2150, NGCC 1989, I, 769 zitiert nach *Bajons*, ZfvglR 92 (1993), 76, 91 Fn. 30.
40 *Bajons*, ZfvglR 92 (1993), 76, 92 Fn. 32.

entscheiden hat, dass auch er frei wählen kann, welche gerichtliche Tabelle er seiner Entscheidung zugrundelegt.

Allgemeine Bemessungskriterien für den *danno biologico* sind der Invaliditätsgrad (*grado di invalidità*), der ärztlich festzulegen ist, und das Alter des Verletzten. Jedem Invaliditätsgrad entspricht eine bestimmte Erstattungssumme, die je nach Alter mit dem entsprechenden Koeffizienten (*coefficiente molitiplicativo*) multipliziert wird. Bei vorübergehender Invalidität (*invalidità temporanea*) wird ein bestimmter Fixbetrag pro Invaliditätstag festgelegt, der zum Grad der Verletzung ins Verhältnis gesetzt wird.

bb) Der moralische Schaden

(1) Tatbestandsvoraussetzungen des moralischen Schadens

Gemäß Art. 2059 CC i.V.m. 185 Codice Penale wird ein Anspruch auf Ersatz des schmerzensgeldähnlichen[41] moralischen Schadens zuerkannt, wenn die Schädigungshandlung eine Straftat, z.B. eine fahrlässige Körperverletzung nach Art 590 Codice Penale,[42] ist.[43]

Art. 2059 CC:
„Il danno non patrimoniale deve essere risarcito solo nei casi determinati dalla lege."
Deutsch:
Nicht vermögensrechtliche Schäden sind nur in den gesetzlich bestimmten Fällen zu ersetzen.

Art. 185 Codice Penale:
„Ogni reato obbliga alle restituzioni, a norma delle leggi civili.
Ogni reato, che abbia cagionato un danno patrimoniale o non patrimoniale, obbliga al risarcimento il colpevole e le persone che, a norma delle leggi civili, debbono rispondere per il fatto di lui."
Deutsch:[44]
Jede Straftat verpflichtet zu den zivilrechtlich vorgeschriebenen Erstattungen.
Aufgrund jeder Straftat, die zu einem Vermögens- oder Nichtvermögensschaden geführt hat, sind der Schuldner und die Personen, die zivilrechtlich für ihn haften, zum Ersatz verpflichtet.

Voraussetzung für den moralischen Schadensersatz ist damit, dass jemand vorsätzlich oder fahrlässig eine Straftat im Sinne des Codice Penale verwirklicht und dadurch einem anderen kausal Schmerz verursacht. Das zu zahlende Entgelt hat die Funktion einer moralischen Wiedergutmachung für erlittene Beeinträchtigungen, Schock oder seelische Belastung,[45] was bedeutet, dass Ersatz lediglich für den Schmerz als solchen

---

41 Zur Schmerzensgeldähnlichkeit vgl. *Salvi* (o. Fn. 29), 206; LG Köln v. 29.6.1993, IPRspr. 1993, Nr. 40, 109; *Backu*, DAR 2003, 337, 345; *Neidhart* (o. Fn. 8), Italien Rn. 81; *Scarabello*, DAR 2001, 581, 584.

42 Nach Art. 590 Codice Penale wird jeder, der bei einem anderen fahrlässig eine Körperverletzung verursacht, mit Freiheitsstrafe bis zu drei Monaten oder einer Geldstrafe bestraft.

43 Cian/Trabucchi/*De Giorgi/Thiene* (o. Fn. 5), Art. 2059, Anm. VI.1; *Salvi* (o. Fn. 29), 217; *Patti*, FS Stoll, 2001, 311, 314; *Scarabello*, DAR 2001, 581, 584.

44 Übersetzung bei *Scarabello*, DAR 2001, 581, 584.

45 Auskunft des italienischen Justizministeriums v. 18.10.1999 (o. Fn. 8), 311, 314.

geleistet wird, nicht aber für physische oder psychische Schmerzen, die zu pathologischen Störungen werden.[46]

(2) Berechnung des moralischen Schadens

Die Festsetzung des moralischen Schadens erfolgt nach Billigkeit unter Berücksichtung der Art und des Umfangs der seitens des Geschädigten erlittenen Nachteile, der Dauer der Heilbehandlung und des Grades des eventuellen körperlichen Dauerschadens sowie anhand des Schweregrads der Straftat und anderer besonderer Umstände des konkreten Sachverhalts.[47] Der *danno morale* wird bei Dauerinvalidität nach richterlicher Billigkeitsentscheidung in einer Höhe von 1/4 bis zu 1/2 des *danno biologico*, wie er bei dauernder Invalidität auf der Basis der Tabelle zur Regulierung des Personenschadens ermittelt wird, erstattet.

Beim zeitweiligen *danno morale* hingegen wird auf den Betrag Bezug genommen, der bei Ermittlung des biologischen Schadens bei vorübergehender Invalidität festgestellt wurde.[48]

b) Polizeiprotokoll und Krankenhausunterlagen

Weiterhin fragt das Gericht an, ob die Erstattung des Schmerzensgeldanspruchs auch davon abhängt, ob im italienischen Polizeiprotokoll Verletzungen angegeben worden sind und in Italien erstellte Krankenhausunterlagen vorliegen.

Mit Gesetz Nr. 273/2002 wurde in Italien die Verpflichtung zur Vorlage eines Unfallberichts beim Personenschaden eingeführt. Hierfür wurde ein entsprechendes Formular entwickelt und von der italienischen Versicherungsaufsicht ISVAP am 13.12.2002 genehmigt.[49] Angegeben werden müssen ausweislich dieses Formulars Personenschäden von Fahrer, Insassen und eventuellen Fußgängern sowie die Erforderlichkeit einer Krankenhausbehandlung bzw. von Erste Hilfe-Maßnahmen oder des Einsatzes eines Krankenwagens sowie eventuelle Zeugen mit deren vollständiger Adresse.

Dieser Bericht muss jedoch nicht im Polizeiprotokoll oder in den Krankenhausunterlagen zu finden sein, sondern ist nach dem Unfallgeschehen durch die Parteien auszufüllen und der Versicherung zuzusenden. Daher ist ein Schmerzensgeldanspruch nicht davon abhängig, dass im Protokoll der italienischen Polizei Verletzungen angegeben worden sind und Krankenhausunterlagen vorliegen, die in Italien erstellt worden sind. Davon unabhängig ist es, dass solche Unterlagen zur Beweisführung herangezogen werden können; sie unterliegen aber der freien Beweiswürdigung durch das Gericht.

---

46 *Scarabello*, DAR 2001, 581, 584.
47 Vgl. Auskunft des italienischen Justizministeriums (o. Fn. 31), 303, 306.
48 Auskunft des italienischen Justizministeriums v. 18.10.1999 (o. Fn. 8), 311, 316 f.
49 Vgl. hierzu *Backu*, DAR 2003, 337, 340.

D. Ergebnis

1. Nach dem Beklagtenvortrag werden nach italienischem Schadensrecht Sachverständigenkosten nur bis zur Höhe von 477,28 Euro ersetzt. Grundsätzlich werden die Kosten für ein Sachverständigengutachten im italienischen Recht überhaupt nicht erstattet. Jedenfalls ist ein höherer Betrag als der von der Beklagten angegebene nur zu erstatten, wenn dem Geschädigten nicht zugemutet werden kann, von sich aus zu entscheiden, ob ein reparabler oder bereits ein totaler Fahrzeugschaden vorliegt, letzterer aber wahrscheinlich ist. Für eine grundsätzliche Maximalbegrenzung des Erstattungsbetrags ist nichts ersichtlich.

2. Die Erstattung der Kosten für den Nutzungsausfall können bereits aufgrund der Tatsache, dass das Fahrzeug beschädigt worden ist, beansprucht werden. Die Erstattung der Kosten für einen Mietwagen hängen davon ab, ob das Fahrzeug zur Berufsausübung benötigt wurde bzw. ob es zur Abwendung eines weiteren größeren Vermögensschadens unbedingt erforderlich war.

3. Nach italienischem Recht bedarf es zur Geltendmachung des Nutzungsausfallschadens nach der neueren Rechtsprechung des Kassationshofs nicht mehr der Darlegung eines Nutzungswillens. Vielmehr ist eine fiktive Geltendmachung des Nutzungsausfalls möglich.

4. Nach italienischem Recht können nicht nur maximal 16 Euro Nutzungsausfall in Anspruch genommen werden. Vielmehr erfolgt die Bemessung durch das Ansetzen von Tagespauschalen, die abhängig von der Größe des Fahrzeugs und der richterlichen Billigkeitsentscheidung sind. Es werden Tagespauschalen von bis zu 50 Euro in der dem Gutachter vorliegenden Literatur zum italienischen Recht angeführt.

5. Die Erstattung für beschädigte Kleidung/Gebrauchsgegenstände richtet sich nach dem Zeitwert (unter Abzug alt für neu).

6. Im italienischen Recht ist hinsichtlich des Schmerzensgelds zwischen dem moralischen und dem biologischen Schaden zu unterscheiden. Voraussetzung für den moralischen Schadensersatz ist, dass jemand einem anderen durch die Begehung einer Straftat kausal Schmerzen zugefügt hat. Der biologische Schaden wird erstattet, wenn jemandem durch eine vorsätzliche oder fahrlässige Handlung kausal ein widerrechtlicher Körperschaden zugefügt wird, der dem Verletzten nach Erstattung der Heilungskosten, des Verdienstausfalls und des moralischen Schadens noch verbleibt. Die Erstattung des Schmerzensgeldanspruchs hängt nicht davon ab, ob im italienischen Polizeiprotokoll Verletzungen angegeben worden sind und Krankenhausunterlagen vorliegen, die in Italien erstellt worden sind.

Rodolfo Dolce

Immobilienerwerb in Italien[*]

1. Rechtshistorische vergleichende Hinweise

1.1 Italien (Römer)

Der Erwerb von Grundeigentum auf italienischem Staatsgebiet hat seine Ursprünge im alten Rom. Am Anfang steht der *„ager publicus"* das öffentliche Grundeigentum, das sich mit den Eroberungen des römischen Heeres stets vergrößerte. Mit formellen Investiturakten wurden Grundstücke entweder Gemeinschaften zur Gründung von Städten *(Colonia)* oder auch einzelnen Familienvorständen übertragen. In der Gründerzeit Roms war ein freies Eigentum mit einer vollen Dispositionsfreiheit nicht bekannt. Der Staat konnte die Fläche wieder an sich nehmen und erhielt eine Miete (üblicherweise 10 % der Bodenernte oder 20 % der Obsternte). Die übertragenen Flächen waren sehr klein (zwei Jugeri pro Person, die etwa einem halben Hektar entsprachen). Es sollte eben nur das Nötigste für jede Familie übertragen werden.

Die Größe nahm dann zu (erst fünf, dann acht Juger) bis zu dem Gesetz des Licinius (*Legge Licinia* 367 v. Chr.), nach der kein Bürger mehr als 500 Jugeri Grund und Boden besitzen durfte.

Es entwickelte sich dann mit dem römischen Recht das volle Eigentum (*dominium ex iure Quiritium)*; die Umwandlung von *ager publicus* in Privateigentum erfolgte in einem sakralen Ritus und wurde in der Gegenwart eines *Magistratus* und *Agrimensor* vollzogen. Um jedes private Eigentum war eine 30 cm breiter Grenzstreifen freizuhalten (limes), der auch nicht ersessen werden konnte. Bis zum 3. Jahrhundert n. Chr. war das *dominium ex iure Quiritium* frei von Abgaben.

1.2 Deutschland (Germanen)

Die Germanen kannten kein unbeschränktes Eigentum. Ob und wie sich ein solches gebildet hat, ist noch Gegenstand der Forschung. Unstreitig gab es ursprünglich nur ein Eigentum der Sippschaft. Während die fränkischen und longobardischen Rechtsquellen unklar sind, gibt es im burgundischen Recht (Lex Burgundionum Nr. 24.5) die Vorschrift, dass ein Burgunder, der Söhne hat, nach einer Aufteilung des Vermögens mit seinen Söhnen, die jeweils ihren Anteil erhalten, über den ihm verbliebenen Anteil

---

[*] Schriftfassung eines Vortrags, den der Verfasser am 16.5.2009 auf der Arbeitstagung der Deutsch-Italienischen Juristenvereinigung in Regensburg gehalten hat.

volle Verfügungsmacht habe und ihn verschenken und verkaufen dürfe. Dies ist vielleicht die erste deutsche Vorschrift zu dem Thema Eigentumserwerb.[1]

2. Erwerb durch Kauf

2.1 Grundlagen

2.1.1 Rechtliche Ausgangslage

2.1.1.1 Allgemeine und kaufrechtliche Gewährleistungsansprüche

Soweit die Vertragsanbahnung zwischen Privatpersonen erfolgt, gleich durch welches Medium, ergeben sich zum deutschen Recht keine Besonderheiten. Auch der private Verkäufer haftet nach den allgemeinen Regeln des Vertragsrechtes für die Mangelhaftigkeit der Sache, die Rechtsbehelfe des Erwerbers sind ähnlich strukturiert wie in Deutschland; die allgemeinen Rechtsbehelfe sind

– die *risoluzione del contratto* (Vertragsaufhebung Art. 1453 ff. Cc.),
– die *rescissione* (Rückgängigmachung des Vertrages Art. 1447 ff. Cc.) und
– die *azione di annullamento* (Klage auf Nichtigerklärung des Vertrags, Art. 1441 ff. Cc.).

Hinzu kommen zwei besondere kaufrechtliche Institute, die Gewährleistung für Mängel der verkauften Sache nach Art. 1490 ff. Cc. und der Schadensersatzanspruch im Falle der ganzen oder teilweisen Entziehung der Sache (Art. 1483 Cc.).

Nach Art. 1492 Abs. 1 Cc. kann im Falle des Vorhandenseins eines Mangels der Käufer nach seiner Wahl die Aufhebung des Vertrages oder eine Kaufpreisminderung verlangen. Der Käufer verliert das Wahlrecht, sobald er klagt und sich für eine der beiden Alternativen entscheidet; ein Schadensersatzrecht gemäß Art. 1494 Cc. geht ihm durch die Ausübung des Wahlrechts nicht verloren.

Gemäß Art. 1490 Cc. trägt der Verkäufer die Gewährleistung dafür, dass die verkaufte Sache frei von Mängeln ist,

– die sie zum bestimmungsgemäßen Gebrauch ungeeignet machen oder
– ihren Wert in nennenswerter Weise vermindern.

Auch nach italienischem Recht ist der mangelbehaftete Gegenstand vom *aliud pro alio* zu unterscheiden.[2] Praktische Relevanz hat die Unterscheidung vor allen Dingen im Verwirkung- bzw. Verjährungsrecht. Bei einer mangelbehafteten Sache verwirkt der Käufer das Recht auf Gewährleistung, wenn er innerhalb von acht Tagen nach Ent-

---

1 Vgl. hierzu *Peter Landau*, Rechtsübertragung an Grund und Boden in den Volksrechten, in: Dilcher/Distler (Hrsg.), Leges Gentes Regna, 2006, S. 487 ff. Dort wird auch der Fall eines gewissen Athila beschrieben, der erfolgreich die Vorschrift ignoriert hat und sein gesamtes Vermögen anderen Personen zugewendet hat.

2 In der Praxis bereitet die Unterscheidung zwischen mangelbehafteter und „anderer" Sache Kopfzerbrechen. Die Rechtsprechung stellt in der Regel auf das Merkmal der „*funzione*" der Sache ab. Hierzu *Crisafi Tronfio*, La Vendita Immobiliare, 2008, S. 137; *Cass.* 25.9.2002, n. 13925.

deckung nicht den Mangel anzeigt (es sei denn, es handelt sich um einen Mangel, den der Verkäufer anerkannt oder verheimlicht hat); sein Anspruch verjährt in jedem Fall in einem Jahr ab Übergabe. Bei einem *aliud* gilt immer die zehnjährige Verjährungsfrist des Art. 2946 Cc.

Der italienische Kassationshof hat das Nichtvorliegen der Voraussetzungen für den Erlass einer Baugenehmigung – die vom Verkäufer aufgrund entgegenstehender öffentlich rechtlicher Rahmenbedingungen auch nicht nachträglich hätten geschaffen werden können – als eine Übergabe *aliud pro alio* gesehen, mit der Folge, dass hieraus Schadensersatzansprüche gemäß Art. 1453 ff. Cc. geltend gemacht werden können.[3]

Die Mängel dürfen dem Käufer gemäß Art. 1491 Cc. nicht vor Übergabe bekannt gewesen sein, spiegelbildlich haftet der Verkäufer für versteckte Mängel auch im Falle eines vertraglich vereinbarten Gewährleistungsausschlusses, wenn er diese gekannt und dem Verkäufer verschwiegen hatte (Art. 1490 Abs. 2 Cc.).

Gemäß Art. 1482 Cc. kann der Käufer die Zahlung des Preises „aussetzen", wenn *„die verkaufte Sache mit dinglichen Sicherheiten oder mit Beschränkungen, die aus einer Pfändung oder Beschlagnahme stammen, belastet ist, die vom Verkäufer nicht angezeigt wurde und dem Käufer selbst nicht bekannt waren"*. Nach ständiger herrschender Rechtsprechung gilt Art. 1482 auch für Kaufvorverträge.[4]

2.1.1.2 Erwerb durch Makler

In Italien ist der Maklerberuf Personen vorbehalten, die in die entsprechenden *„Albo Agenti Immobiliari*[5] eingetragen sind. Diese Maklerrolle wird von der Industrie- und Handelskammer geführt. Eintragungsvoraussetzung ist der Nachweis einer entsprechenden Ausbildung und einer Prüfung. Aus diesen Gründen kann – anders als in Deutschland – bei einem italienischen Makler grundsätzlich davon ausgegangen werden, dass er über die entsprechenden Kenntnisse im Immobilienrecht verfügt. Er genießt in der Regel auch eine höhere gesellschaftliche Wertschätzung; er soll die Interessen beider Parteien achten und wird dementsprechend von beiden Parteien zu gleichen Teilen vergütet (Art. 1755 Cc.).

Gemäß Art. 1759 Cc. hat der Makler den Parteien alle ihm bekannten die Beurteilung und die Sicherheit des Geschäfts betreffenden Umstände, die dessen Abschluss beeinflussen können, mitzuteilen; er haftet für die Echtheit der Unterschriften.

Kommt der Makler dieser Informationspflicht nicht nach, können Käufer oder Verkäufer sich weigern, die Provision zu zahlen, bzw. die Rückerstattung bereits gezahlter Provisionen fordern. Weiterhin hat die Partei, die aus der Verletzung der Informationspflicht durch den Makler einen Schaden erlitten hat, gegen den Makler einen Scha-

---

3 *Cass.* 11.2.1998 n. 1391.
4 *Cass.* 3565/2002, 2091/1999, 1839/1997.
5 Namentlich *„Ruolo degli Agenti di Affari in Mediazione"*, geregelt durch legge n. 39/1989 nebst den nachfolgenden Ergänzungen und Änderungen. Dieses Verzeichnis wird durch eine eigens eingerichtete Kommission mit einem 4-jährigen Turnus überprüft. Jeder Makler hat in dieser Frist schriftlich nachzuweisen, dass er noch die Voraussetzungen für den Verbleib im Verzeichnis erfüllt.

densersatzanspruch. Auch wenn das Geschäft – in der Regel der Kaufvorvertrag – dennoch abgeschlossen wird, haftet der Makler auf positives Interesse und muss dem Käufer, dem er das Vorhandensein bestimmter Mängel nicht mitgeteilt hat, auch die Kosten für die Behebung der Mängel ersetzen.

Das Gesetz 296/06, das Haushaltsgesetz 2007,[6] hat zu einer weiteren Regulierung des Maklerberufes geführt. Art. 48 dieses Gesetzes sieht vor, dass in dem Kaufvertrag neben den Angaben zu den beteiligten Maklern auch alle Angaben zur Zahlung der Maklerprovisionen und die Eintragungsnummer der Maklerrolle angeben werden müssen. Der Notar ist in diesem Falle auch verpflichtet, dem für den Makler zuständigen Finanzamt den Kaufvertrag anzuzeigen.

Art. 46 des Haushaltsgesetzes führt für Makler die Verpflichtung ein, alle privatschriftlichen Verträge, die durch ihr Mitwirken entstanden und nicht beglaubigt worden sind, registrieren zu lassen.[7] Andernfalls haftet der Makler gesamtschuldnerisch mit den Parteien aus den sich aus diesen Verträgen ergebenen Steuerverpflichtungen. Da das Gesetz von *„privatschriftlichen Verträgen … mit rechtsgeschäftlichen Charakter"* spricht, die zu registrieren seien, ist auszulegen, welche Vereinbarungen hierunter fallen können. Ob dies neben dem klassischen *compromesso*, der hiervon in jedem Fall betroffen ist, auch für andere Institute gilt, denen sich der Makler üblicherweise bedient, wie die *„proposta"* oder eine *„opzione"*, ist durch die Rechtsprechung noch nicht geklärt.

Ein Beschluss der A*genzia delle Entrate*[8] (einem Rundschreiben einer Oberfinanzdirektion vergleichbar) hat bestätigt, dass die Makler nicht nur zur Registrierung der Vorverträge verpflichtet sind, sondern auch der Kaufangebote ab dem Zeitpunkt, an dem der Verkäufer von der Annahme seines Angebotes Kenntnis hat; in diesem Fall gilt der Vertrag mit Annahme als geschlossen und führt daher zur Registrierungspflicht.

Vorsicht ist auch bei Zahlung der Maklerprovisionen ohne Rechnung geboten. Die Vertragsparteien sind verpflichtet, in dem notariellen Kaufvertrag eidesstattlich zu versichern, ob ein Makler eingeschaltet wurde. Bei falscher Aussage drohen strafrechtliche Folgen.[9]

---

6   *Gazzetta Ufficiale* Nr. 299 vom 27.12.2006, in Kraft getreten am 1.1.2007.

7   Zu den technischen Einzelheiten der Registrierung: Zunächst sind die Registrierungsgebühren bei einer Bank oder bei der Post durch das Formular F23 (dreifach) einzuzahlen. Die einzuzahlende Gebühr ist als „109T" zu bezeichnen. Auf einem weiteren Formular (69) sind die Daten der Parteien und die Steuernummern der Parteien einzutragen. Beide Formulare „F23" und „69" können mit dem Vertrag, der eingetragen werden muss, jedem beliebigen Finanzamt vorgelegt werden. Das Finanzamt wird ein Original des Vertrages dem Antragssteller zurückgeben.

8   Agenzia delle Entrate, Risoluzione Nr. 63 vom 25.2.2008 (Istanza d'interpello – Obbligo di registrazione a carico dei mediatori).

9   Art. 483 cp (italienisches Strafgesetzbuch) lautet: *„Falsità ideologica commessa da privato in atto pubblico: Chiunque attesta falsamente al pubblico ufficiale, in un atto pubblico, fatti dei quali l'atto è destinato a provare la verità, è punito con la reclusione fino a due anni. Se si tratta di false attestazioni in atti dello stato civile, la reclusione non può essere inferiore a tre mesi."*

2.1.1.3 Erwerb einer noch zu bauenden Immobilie vom Bauträger [10]

Nach Jahren der Diskussion ist das Gesetzesdekret Nr. 122 vom 20.6.2005 zu dem Schutz von Käufern noch zu bauender Immobilien gemäß Gesetz vom 2. August 2004 Nr. 210 in Kraft getreten. Der Gesetzgeber hielt es für notwendig, diejenigen, die Immobilien von dem „Reißbrett" kaufen, zu schützen. Die Vorschriften haben eine erhebliche gesellschaftliche Relevanz in Italien, da 200.000 italienische Familien seit 1995 von Bauträgerinsolvenzen betroffen waren.

Das Dekret gilt auf Käuferseite nur für natürliche Personen, auf Verkäuferseite für alle Subjekte, die noch zu bauende Immobilien verkaufen, gleichgültig, ob der Verkäufer selbst die Immobilien bauen wird oder ein Dritter (Art. 1 Abs. 1 Ziffer b.).

Als „noch zu bauende Immobilien" (*immobili da costruire*) gelten grundsätzlich alle Immobilien, für die die Baugenehmigung erst nach Inkrafttreten des Dekretes (21.7. 2005) erlassen worden sind und die noch nicht fertig gestellt wurden, d.h. bei denen die Bewohnbarkeit (*agibilità*) noch nicht erklärt wurde.

Um welche Art der Immobilie es sich dabei handelt, ist unerheblich, es kann sich um ein Büro, um eine Wohnung oder auch um eine Halle handeln, das Gesetz geht nicht von einer bestimmten Art von Immobilie aus.

Anwendbar ist das Gesetz auf jede Art des Rechtsgeschäfts, das eine Immobilie – die noch zu bauen ist – zum Gegenstand haben kann, d.h. auch auf Vorverträge, Zuteilungen in Genossenschaften, Tauschgeschäfte etc.

Das Gesetz führt die Verpflichtung des Verkäufers ein, eine Bürgschaft zu stellen (Bank oder Versicherungsbürgschaft) über sämtliche Beträge, die der Käufer als Anzahlung leistet. Soweit eine solche Bürgschaft nicht hingegeben wird, sind sämtliche Rechtsgeschäfte, die den Erwerb der Immobilie zum Inhalt haben, nichtig. Der Käufer kann darüber hinaus Schadensersatz verlangen (Art. 2 und 3 des Dekrets). Die Nichtigkeit des Vertrages wegen Fehlens der Bürgschaft darf ausschließlich vom Käufer geltend gemacht werden.

Der Erbauer ist auch verpflichtet, bei einem schriftlichen Kaufvorvertrag (*compromesso*) über die Bürgschaft hinaus eine Reihe von Informationen offen zu legen und unter anderem die Vergabeordnung beizulegen.

Eine weitere Sicherheit für den Käufer besteht in der Pflicht des Verkäufers, eine Versicherungspolice abzuschließen, die für einen Zeitraum von zehn Jahren dem Käufer für eventuelle Mängelschäden einsteht (Art. 4 des Dekrets).

Der Käuferschutz wird schließlich auch dadurch ausgedehnt, dass schon der Inhaber des Vorkaufsrechts berechtigt ist, die Teilung der Hypothek und des Darlehens zu verlangen, so dass dieser ausschließlich eine Hypothek in Höhe des gewährten Darlehens gewähren muss (Art. 7 und 8 des Dekrets).

---

10 Zu diesem Thema wird folgende weiterführende Literatur empfohlen: *Lorenzo Mezzasoma*, Il „consumatore" acquirente di immobili da costruire fra diritto al risparmio e diritto all'abitazione, 2008; *Ferrucci/Ferrentino/Amoresano*, La tutela dei diritti patrimoniali degli acquirenti di immobili da costruire ed istituti collegati, 2008.

2.1.2 Notwendige Ermittlungen vor Abschluss

2.1.2.1 Legitimation des Verkäufers

In Italien existiert mit Ausnahme der ehemals österreichischen Provinzen Bozen, Trient, Gorizia (Görz) und Triest[11] kein Grundbuch. Der Verkäufer kann sein Eigentumsrecht durch Vorlage eines Immobiliarregisterauszuges und seines notariellen Kaufvertrages nachweisen. Das öffentliche Immobiliarregister (*Conservatoria dei Registri Immobiliari*) ist kein Realregister wie das deutsche Grundbuch, sondern wird nach den Namen der Eigentümer geführt. Die dingliche Rechtslage eines Grundstückes wird dadurch ermittelt, dass in der Urkundensammlung sämtliche Rechtsakte und darin enthaltene Erwerbsvorgänge der letzten 20 Jahre, die sich auf das Grundstück beziehen, zurückverfolgt werden, um die Berechtigung des Eigentümers und die Lastenfreiheit des Grundstückes mit Sicherheit feststellen zu können. Art. 1158 Cc. sieht eine Ersitzung von 20 Jahren vor, d.h. wenn der Besitz 20 Jahre lang nachgewiesen wird, folgt hieraus das Eigentumsrecht.

Die Einsicht in die Immobilienregister, in das Katasteramt und in das Hypothekenregister, ist seit einigen Jahren online möglich. Auf der Homepage www.agenziaterritorio. it unter dem Titel *„servizi per il cittadino"* sind sämtliche Informationen, auch über Kosten, die zur Einsichtnahme nötig sind, enthalten.

Die Einsicht in das Immobiliarregister aus dem sich alle Kaufverträge, Hypotheken und andere das Grundstück betreffende Rechtsgeschäfte ergeben, ist die *„visura ipotecaria"* (auch *„ispezione ipotecaria"*). Diese kann bei den *„uffici provinciali dell'agenzia territorio"* auch persönlich täglich vorgenommen werden. Zur Einsichtnahme benötigt man das Formular 310.

Der Antrag auf Einsicht kann einerseits durch Angabe des Namens des Eigentümers oder der Immobilie oder beides (sog. *ricerca incrociata*) oder andererseits durch direkte katastermäßige Bezeichnung des Grundstückes erfolgen. Im ersten Fall ist ein Gebührenvorschuss zu zahlen, im zweiten Fall nicht.

Soweit alle nötigen Angaben schon elektronisch vereinbart worden sind, kann die Auskunft sofort erfolgen (*ricerca informatizzata;* soweit eine *„ricerca manuale"* notwendig ist, kann dies einige Tage dauern. Evtl. dann anfallende zusätzliche Gebühren sind nachzuzahlen.

Aus dem Hypothekenregister ergeben sich auch die Hypothekenbelastungen des Grundstückes. Wie allgemein bekannt, kennt das italienische Recht keine dingliche Besicherung, die nicht akzessorisch zu einer Hauptforderung ist, so dass das Institut der Grundschuld in Italien nicht existent ist.

Auch die Einsicht in das Kataster ist online möglich. Hier können die Ertragswerte ermittelt werden, die für die steuerliche Behandlung des Kaufvertrages von erheblicher Bedeutung sind (siehe weiter unten). Auch im Katasteramt ist der Eigentümer des Grundstücks wiedergegeben, wobei diese Angabe nicht aktuell sein muss.

---

11 Wo das Grundbuchsystem (*regime tavolare*) gilt, erfolgen gem. decreto 28 marzo 1929 n. 499 (heute Art. 230 ff. Disp. Att. al Codice civile) die Eintragungen in das Grundbuch.

Jedermann ist zugangsberechtigt und kann die allgemeinen Katasterwerte einsehen; die Eigentümer können darüber hinaus die *„planimetrie delle unità immobiliare urbane"* (Übersichtspläne der städtischen Liegenschaften) einsehen.

Auch für die Einsicht in das Katasterbuch sind die *Uffici provinciali dell'agenzia del territorio* zuständig. Auch hier kann die Suche nach Eigentümer oder nach Grundstück erfolgen. Darüber hinaus kann neben dem aktuellen Auszug *„attuale"* eine *„ricerca ampliata"* erfolgen, die alle Vorgänge der letzten zehn oder zwanzig Jahre wiedergibt.

Inhalte des Katasterauszuges können sein:

– die Vermögens- oder grafische Lage – aktuell oder historisch – der einzelnen Immobilien (*la situazione censuaria o grafica – attuale o storica – di singoli immobili*),
– die Aktualisierungsunterlagen des Grundkatasters (*gli atti d'aggiornamento del catasto terreni*),
– die Katastermappen (*le mappe catastali*),
– die Übersichtspläne (*gli elaborati planimetrici*),
– die Katastergrundrisse der städtischen Liegenschaftseinheiten (*le planimetrie catastali di unità immobiliari urbane*) – dieser Antrag darf lediglich von den zu den Immobilien Berechtigten oder dessen Bevollmächtigte eingereicht werden.[12]

2.1.2.2 Bonitätsprüfung des Verkäufers – Insolvenzrisiko

Neben der allgemeinen Prüfung, ob die Verkaufspartei überhaupt zur Übertragung von Eigentum legitimiert ist, empfiehlt sich auch eine Bonitätsprüfung. Ist der Verkäufer ein konkursfähiger Unternehmer und fällt dieser kurz nach Abschluss des Kaufvorvertrages oder des Kaufvertrages in Konkurs, steht dem Insolvenzverwalter noch für einen Zeitraum von einem Jahr nach Abschluss der Vereinbarung das Recht zur Anfechtung zu.[13] Dies hat zur Folge, dass der insolvente Unternehmer wieder Eigentümer des Grundstückes wird und der Käufer nur einen schuldrechtlichen Anspruch auf Rückerstattung des Kaufpreises hat, der gegenüber dem Insolvenzverwalter geltend zu machen ist.

Der Insolvenzverwalter kann unter folgenden Bedingungen anfechten:

– Der Kaufvertrag ist nicht länger als ein Jahr vor Insolvenzeröffnung abgeschlossen worden.
– Es ist kein angemessener Preis gezahlt worden.
– Der Erwerber ist nicht in der Lage, seine Nichtkenntnis der Insolvenz nachzuweisen.

---

12 Hinweise zur Ferneinsicht in die Immobilienregister: (1) telefonisch: Die italienische Post hat ein Call-Center mit der Telefonnummer 800.000.186 eingeführt (leider nur über Italien erreichbar). Die Anfrage auf Einsicht in das Kataster-/Immobilienregister kann dann durch das Datenverarbeitungssystem *„Sister"* erfolgen. Die Dokumente werden ausgedruckt und dem Anrufer zugesandt. (2) Internet: Der Anfrager muss sich zunächst registrieren (www.agenziaterritorio.it) und es wird ihm ID-Identifikationsnummer via Mail zugewiesen. Nach Wahl des Nutzers erhält er dann die bestellten Auszüge elektronisch (sie verbleiben 30 Tage im elektronischen Postfach, dann werden sie kostenpflichtig gelöscht) oder per Einschreiben/Rückschein.

13 Die Anfechtungsklage im Konkurs (*azione revocatoria fallimentare*) ist durch Art. 64-70 del r.d. 16. März 1942, n. 267 (sogenannte *legge fallimentare*) geregelt, nebst allen nachfolgenden Änderungen und Ergänzungen, zuletzt mit D. L.vo vom 12. September 2007, n. 169, am 1. Januar 2008 in Kraft getreten.

Insolvenzfest sind Kaufverträge und Kaufvorverträge, die in das öffentliche Register ordnungsgemäß eingetragen wurden und die Immobilien zum Gegenstand haben, die der unmittelbaren Nutzung des Erwerbers und/oder seiner Verwandten bis zum dritten Grad dienen.

Um das Risiko zu minimieren, insbesondere beim häufigen Erwerb von einem Bauträger, ist dem Käufer zu empfehlen, schon die Eintragung des Kaufvortrages zu veranlassen und auf eine Bankbürgschaft für geleistete Anzahlungen zu bestehen. Wesentlich ist dabei, dass der Kaufvorvertrag den tatsächlich gezahlten Preis (und nicht etwa aus „steuerlichen Gründen" einen niedrigeren Preis) wiedergibt.

2.1.2.3 Haftung für Außenstände des Verkäufers

Es empfiehlt sich in Zusammenhang mit der Bonität des Verkäufers in jedem Fall zu prüfen, ob dieser Steuern, Gebühren oder Nebenkosten, die das Grundstück betreffen, entrichtet hat. Die italienische Steuergesetzgebung sieht vor, dass das Finanzamt den Erwerber hinsichtlich der von dem Veräußerer nicht gezahlten Steuern und Abgaben in Regress nehmen kann. Forderungen des Staates für Steuern und Einkünfte auf Liegenschaften (Art. 2771, 2772 Cc.) haben ein Vorzugsrecht gegenüber sämtlichen Liegenschaften der Steuerpflichtigen, die im Gebiet der Gemeinde gelegen sind, in der die Steuer erhoben wird. Das Finanzamt kann also einen dinglichen Anspruch auch gegenüber anderen Grundstücken des Käufers geltend machen.

2.1.2.4 Erwerb von Gründstücken innerhalb einer Gemeinde

Bei Erwerb von „städtischen" Baugrundstücken ist grundsätzlich ratsam, Baugelände nur in dem Fall zu erwerben, in dem bereits eine Baugenehmigung der Baubehörde (*concessione edilizia*) für das Grundstück besteht. Die allgemeine Bebauungsmöglichkeit, die sich aus den städtischen Regelungen ergibt (die Bauleitplanung), ohne dass eine konkrete entsprechende Baugenehmigung vorliegt, schützt nämlich nicht vor dem häufig eintretenden Risiko, dass die Stadt bei einem politischen Wandel die Bauleitplanung ändert oder die Verstaatlichung des Grundbesitzes für das öffentliche Wohl beschließt.

Darüber hinaus muss im Falle einer Baugenehmigung berücksichtigt werden, dass

– die Baugenehmigung lediglich für ein Jahr gilt. Sollte die vom Verkäufer vorgelegte Baugenehmigung ein älteres Datum besitzen, ist sie wirkungslos;
– um den Fristablauf zu hemmen häufig mit Scheinarbeiten begonnen wird, die nicht als fristhemmend anerkannt werden können;
– die Baugenehmigung auch eine Frist für die Vollendung der Arbeiten enthält.

2.1.2.5 Vermietete Immobilien

Im Falle eines Erwerbs bereits vermieteter Immobilien, ist es notwendig, die einzelnen Mietverträge der Mieter dahingehend zu prüfen, ob

– sämtliche Verträge bei der Stadt registriert worden sind, auch hinsichtlich der Miethöhe, wie es das Gesetz vorschreibt,

- die Mieten im Einzelfall nicht die gesetzlich vorgeschriebenen Höchstgrenzen überschreiten, da ansonsten die Mieter die Änderung des Mietvertrages verlangen können, sowie
- die Kautionen gezahlt worden sind. Es geschieht häufig, dass Vermieter aus steuerlichen Gründen die aufgrund des Mietvertrages erhaltene Kaution nicht erwähnen.

2.1.2.6 Überprüfung der Immobilie vor Ort – der „*condono*"

Schließlich nutzt die Überprüfung der vorgelegten Urkunden und die Einsicht in öffentliche Register nicht unbedingt, wenn dann faktisch die Immobilie eine andere ist, d.h. nicht der Baugenehmigung entspricht oder katastermäßig anders verzeichnet ist.

In den 60er und 70er Jahren des vorigen Jahrhunderts konnten Italiener, die schwarz gebaut oder schwarz angebaut hatten, mit regelmäßigen *condoni* (*condono* = Heilung durch nachträgliche Baugenehmigung) rechnen. Gegen Zahlung einer nicht übermäßigen Strafgebühr konnte die schwarz errichtete Immobilie bzw. der schwarz errichtete Anbau noch eingetragen werden.

Die letzte Bauamnestie (*condono edilizio*) ist von der Regierung mit Gesetzesdekret 269/03 verfügt worden, die dann in Gesetz 326/03 konvertiert wurde.

Dieses nationale Gesetz ermöglichte, baurechtswidrige Gebäude bis zu 750 Kubikmeter für jeden Antragssteller nachträglich zu genehmigen, soweit die Größe der gesamten Immobilie nicht über 3000 Kubikmeter hinausgeht (dies entsprechen etwa 7 bis 8 Wohnungen von 100 bis 100 qm Wohnfläche). Bei Erweiterungsbauten können nachträglich bis zu 30 % des bestehenden Kubikvolumens genehmigt werden, bis zu einer absoluten Grenze von 750 Kubikmetern.

Das Gesetz sieht weiterhin das Verbot vor, innerhalb von fünf Jahren nach der nachträglichen Genehmigung (*sanatoria*) keine Immobilien verkaufen zu dürfen, die sich auf ehemals öffentlichen Flächen befanden.

Das Verfassungsgericht (*Corte Costituzionale*) hat die Verfassungsgemäßheit des Gesetzes über den „*condono edilizio*", die von vielen Regionen bezweifelt wurde, mit den Urteilen Nr. 196, 198 und 199 und den Beschluss Nr. 197 bestätigt, die am 28.7.2004 veröffentlicht wurden.

Folge der Rechtsmäßigkeitserklärung des Gesetzes ist, dass die widersprechenden Regionen eine neue Frist festsetzen mussten, um den Bürgern ihres Gebietes einen Heilungsantrag zu ermöglichen. Die der Heilung entgegenstehenden Regionalgesetze von Friaul Julisch-Venetien, Toskana, Emilia Romagna, und Marken sind dagegen für verfassungswidrig erklärt worden.

Bei nicht ganz einfachen Sachverhalten empfiehlt es sich sicher, am Ort einen „*geometra*" zu beauftragen, der die Übereinstimmung der Immobilie mit den vorliegenden Katasterplänen und Genehmigungen prüft.

2.1.2.7 Prüfung möglicher Vorkaufsrechte

Das italienische Recht kennt eine Vielzahl gesetzlicher Vorkaufsrechte, die noch nach Protokollierung des Kaufvertrages geltend gemacht werden können. Auch diese sind oft erst nach persönlicher Inaugenscheinnahme des Kaufobjekts festzustellen, wenn z.B. sich ergeben sollte, dass einer der Grundstücksnachbarn eines Landhauses einen landwirtschaftlichen Betrieb unterhält und damit als *coltivatore diretto* einen Zugriff beim Verkauf Kaufobjektes hat (s.u.).

Ein Vorkaufsrecht kann auf Vertrag oder auf Gesetz zurückgehen. Vertragliche Vorkaufsrechte finden sich häufig in Wohnungseigentümergemeinschaften: die Wohnungseigentümer versprechen sich gegenseitig ein solches Vorkaufsrecht und regeln dabei Informationspflichten und Fristen für dessen Wahrnehmung.

Gesetzliche Vorkaufsrechte gibt es insbesondere im landwirtschaftlichen Bereich, im Bereich des Denkmal- und Landschaftsschutzes (*prelazione artistica in caso di alienazione di beni culturali*) und im Mietrecht.

2.1.2.7.1 Vorkaufsrecht des Landwirts

Das stärkste Vorkaufsrecht genießt nach wie vor der Landwirt, der als Pächter oder Mieter das Grundstück selbst seit mindestens zwei Jahren führt und bewirtschaftet.[14] Nur wenn das Grundstück nicht von einem Landwirt – der nicht Eigentümer ist – bewirtschaftet wird, haben die angrenzenden Landwirte ein Vorkaufsrecht. *Ratio legis* ist es, den Eigentumserwerb derjenigen zu fördern, die das Land auch tatsächlich bearbeiten.

Das Gesetzesdekret Nr. 99/2004 hat dieses besondere Vorkaufsrecht auch auf landwirtschaftliche Gesellschaften erstreckt; bis dahin stand es nur den einzelnen Landwirten zu. Voraussetzung für eine Inanspruchnahme durch Agrargesellschaften ist aber weiterhin, dass über die Hälfte der Gesellschafter die Qualifikationen des „*coltivatore diretto*", d.h. des direkt anbauenden Landwirtes, erfüllen. Das Vorkaufsrecht gilt nur für Personengesellschaften: Kapitalgesellschaften bleiben ausgeschlossen.

Um die Rechte des Vorkaufsberechtigten zu wahren, muss der verkaufswillige Eigentümer das Kaufangebot per Einschreiben dem Pächter oder dem angrenzenden Landwirten zustellen, in dem er ihnen den Vorvertrag und alle wesentlichen Inhalte der Vereinbarungen mitteilt. Der Empfänger hat eine Frist von 30 Tagen seit Erhalt der Information, das Vorkaufsrecht auszuüben. Soweit er mitteilt, dass er das Recht ausüben möchte, gilt der Vertrag als geschlossen und der Kaufpreis muss innerhalb von drei Monaten gezahlt werden.

Wenn das Grundstück ohne die Zustellung an den Vorkaufsberechtigten verkauft wird – gleiches gilt für den Fall, dass der Preis, der dem Vorkaufsberechtigten angezeigt worden ist, höher ist als der tatsächliche Preis – kann der Vorkaufsberechtigte innerhalb eines Jahres seit Eintragung in das Immobilienregister auf Übereignung des Grundstückes an sich klagen.

Der Vorkaufsberechtigte kann mit Verzichtserklärung auf sein Vorkaufsrecht verzichten, soweit er von allen wesentlichen Umständen des Kaufpreises informiert wurde.

---

14 Art. 8 des Gesetzes 590/1965.

Der Landwirt, der das Grundstück bewirtschaftet (sei als Pächter, sei es als Mieter) kann nur mit Genehmigung des landwirtschaftlichen Verbandes, dem er angehört, auf sein Vorkaufsrecht verzichten.

2.1.2.7.2 Vorkaufsrecht des Mieters

Der Mieter kann ein Vorkaufsrecht geltend machen, wenn bei dem Ablauf der ersten Vertragslaufzeit (vier oder drei Jahre, je nachdem, um welche Art des Vertrages es sich handelt), der Vermieter eine Verlängerung verweigert. Dieses Recht steht ihm in drei Fällen zu:

- wenn der Vermieter die Immobilie an Dritte veräußert und ihm selbst keine anderen Immobilien gehören, als jene, die er als eigene Wohnung genutzt hat;
- die Immobilie sich in einem Gebäude befindet, das erheblich beschädigt ist und das erneuert werden muss, da sonst die Statik gefährdet ist (*stabilità*) und dass die Fortdauer des Mietvertrages diese Wiederherstellung hindern würde;
- die Immobilie sich in einem Gebäude befindet, das vollständig renoviert werden muss, um für ein neues Gebäude Platz zu machen; alternativ, soweit sich eine Wohnung im letzten Stock befindet und der Eigentümer aufstocken möchte und soweit die Beendigung des Mietvertrages technische Voraussetzung hierfür ist.

Im ersten Fall hat der Mieter das Recht, bei gleichen Bedingungen anderen Erwerbern vorgezogen zu werden, während in den weiteren Fällen das Vorkaufsrecht dann anfällt, wenn der Eigentümer, nach Beendigung der Arbeiten, die Immobilie wieder anbietet.

2.1.2.7.3 Vorkaufsrecht aus Denkmal- und Landschaftsschutz

Der sog. *Codice dei Beni Culturali del Paesaggio*[15] sieht ein Vorkaufsrecht des Staates, der Regionen und der anderen öffentlichen Gebietskörperschaften vor, soweit es sich um Güter handelt, die mit Ministerialdekret zu „*Beni di interesse culturale*" (Güter von kulturellem Interesse) erklärt wurden.

Der Staat hat auch ein Vorkaufsrecht, soweit eine gesamte Gebäudeeinheit verkauft wird, in der nur einzelne Teile unter Denkmalschutz gestellt wurden. So hat der Eigentümer einer Wohnung, die sich in einem Haus befindet, das unter Denkmalschutz steht, die Verkaufsabsicht dem Ministerium für die kulturellen Güter und Aktivitäten anzuzeigen, in dem er die Vertragsbedingungen des beabsichtigten Verkaufes mitteilt.

Die Anzeige muss innerhalb von 30 Tagen vor dem Kaufvertrag erfolgen, das Vorkaufsrecht kann innerhalb von 60 Tagen nach Erhalt der Anzeige über die Verkaufsabsicht ausgeübt werden. Solange die Frist zur Ausübung des Vorkaufsrechts läuft, gilt der Kaufvertrag als auflösend bedingt geschlossen. Übt der Staat sein Vorkaufsrecht nicht aus – das ist der Regelfall – werden die Parteien eine Urkunde über den Nichteintritt der auflösenden Bedingung erstellen; sie müssen diese im Immobilienregister eintragen lassen.

---

15 Gesetzesdekret vom 22. Januar 2004, Nr. 42.

2.1.2.7.4 Vorkaufsrecht für Erwerber von zu errichtenden Immobilien

Das Gesetzesdekret Nr. 122/05, das die Rechte der Erwerber schützt, die noch zu errichtende Immobilien kaufen (siehe oben 2.1.1.3), hat in Art. 9 Abs. 1 ein neues Vorkaufsrecht eingeführt, das nach Übergabe der Immobilie dem selbst nutzenden Erwerber oder einem Verwandten ersten Grades zusteht. Es gilt für den Fall, dass der insolvente Veräußerer das Eigentum an der Immobilie nicht übertragen konnte und gilt selbst dann, wenn der Erwerber eine hierfür erhaltene Bürgschaft gezogen hat. Im Falle der Versteigerung hat er vor dem Zuschlag das Recht, die Immobilie zu dem besten Gebot zu kaufen.

Dieses Vorkaufsrecht hat aber keine dingliche Wirkung. Ist der Zuschlag an einen Dritten erfolgt, kann der übergangene Vorkaufsberechtigte nicht die Übertragung des Eigentums an sich verlangen. Er kann möglicherweise Amtshaftungsansprüche gegen das zuteilende Gericht geltend machen, das sein Vorkaufsrecht übersehen hat.

2.1.2.7.5 Vorkaufsrecht des Mieters von Gewerberaum

Ist das Mietobjekt eine Immobilie, die im Wesentlichen für wirtschaftliche Tätigkeiten mit Publikumsverkehr vorgesehen ist (*attività commerciali che prevedano stretti contratto con il pubblico*) – der klassische Fall sind Ladenlokale – hat der Mieter gemäß Art. 41 des Gesetzes Nr. 392/78 ein Vorkaufsrecht. Ausdrücklich ausgenommen ist die Ausübung freiberuflicher Tätigkeiten (Anwaltskanzlei, Notare, Architekten).

Eine Vertragsklausel, die die Aufhebung des Vertrages im Falle einer Veräußerung der Immobilie vorsieht, ist gemäß Art. 7 des Gesetzes nichtig. Die Nichtigkeit betrifft dann nur diese Klausel und lässt im Übrigen den Vertrag unberührt. Dem Mieter steht bei Verkauf der Immobilie in jedem Fall ein Vorkaufsrecht zu, das vertraglich nicht abgedungen werden kann.

Gemäß Art. 38 des Gesetzes muss der verkaufswillige Eigentümer dem Mieter die Verkaufsabsicht in einer Urkunde, die durch Gerichtsvollzieher zugestellt wird, mitteilen; in dieser Urkunde müssen alle Essentialia des Kaufvertrages enthalten sein, insbesondere der Preis und die Aufforderung, sich zur Ausübung des Vorkaufsrechts zu äußern. Das Vorkaufsrecht muss innerhalb von 60 Tagen nach Erhalt dieser Mitteilung ausgeübt werden. Ist die Mitteilung nicht erfolgt, kann der Vorkaufsberechtigte das Vorkaufsrecht vom Käufer bis zu sechs Monaten nach Eintragung des Vertrags geltend machen (Art. 39 des Gesetzes).

2.2 Der Compromesso *(Kaufvorvertrag)*

2.2.1 Wirksamkeit des *Compromesso*

Der Grundsatz der *lex rei sitae* für den Immobilienerwerb in Italien ist in Art. 51 des italienischen IPR Gesetzes Nr. 218/1995 festgehalten. Da in Italien eine der § 311 b Abs. 1 Satz 1 BGB entsprechende Formvorschrift nicht existiert, ist grundsätzlich jeder schriftliche Vertrag bindend; Art. 1350 sieht auch die einfache Schriftform vor.

So ist an der Wirksamkeit eines in München von zwei Deutschen unterzeichneten schriftlichen Vorvertrages über ein Haus am Gardasee nicht zu zweifeln. Der an deutsche Mandanten gerichtete Dauerbrenner der anwaltlichen Beratung lautet daher: Nichts unterzeichnen! Jedes Schriftstück ist grundsätzlich geeignet, einen Titel zum Eigentumserwerb herzustellen. Insbesondere ist davon abzuraten, „unwiderrufliche Kaufversprechen" (*proposte irrevocabili d'acquisto*) abzugeben, die provisionsbewusste Makler deutschen Käufern oft vorlegen. Es versteht sich von selbst, dass diese den Käufer einseitig benachteiligen.

2.2.2 Inhalt eines *Compromesso*

Da der Eigentumserwerb mit Wirkung *erga omnes* nur nach Eintragung in das Immobiliarregister erfolgen kann – dies erfolgt üblicherweise nach Abschluss eines notariellen Kaufvertrages – handelt es sich beim *compromesso* bzw. *contratto preliminare* eben nur um einen *Vor*vertrag.[16] Seine wesentliche Funktion ist es, die Parteien zu dem Abschluss des notariellen Kaufvertrages zu verpflichten. Die Sicherung dieser Verpflichtung erfolgt durch Anzahlungen, die sich im Falle der Nichtunterzeichnung des Hauptvertrages in Vertragsstrafen wandeln (sog. *caparra confirmatoria*).

Üblicherweise leistet der Käufer bei Unterzeichnung des *compromesso* eine Anzahlung in Höhe von bis zu 30% des Kaufpreises; die Parteien vereinbaren eine Frist, in der der Hauptvertrag abgeschlossen werden soll. Versäumt es der Käufer, diese Frist wahrzunehmen, kann der Verkäufer die Anzahlung als Vertragsstrafe behalten, versäumt es der Verkäufer, die Frist einzuhalten, verpflichtet er sich zur Rückzahlung der Anzahlung und zusätzlich zu einer Vertragsstrafe in gleicher Höhe.

Da die Zahlung nicht dinglich gesichert ist, ist die Stellung einer Bankbürgschaft durch den Veräußerer sicher naheliegend. Erfolgt die Veräußerung zwischen Privaten und ist der Veräußerer nicht in der Lage oder willens, eine Bankbürgschaft zu stellen, ist die sorgfältige Prüfung seiner Bonität und der oben unter 2.1.2 dargelegten Sachverhalte zu empfehlen.

Neben der *caparra confirmatoria* im Sinne des Art. 1385 Cc. gibt es noch die selten genutzte Möglichkeit der Vereinbarung einer einfachen Vertragsstrafe (Art. 1386 Cc., „*caparra penitenziale*"). Sie kann insbesondere für die erwerbende Partei eine Alternative darstellen, wenn sie sich ihrerseits des Erwerbes sicher ist und andererseits keine erhebliche ungesicherte Vorzahlung leisten möchte.

Aus einem *compromesso* kann gerichtlich auf Übertragung des Eigentums geklagt werden.[17]

---

16 Titel von Art. 1351 Cc. ist „contratto preliminare" (= Kaufvorvertrag), die Vorschrift enthält aber keine Legaldefinition, sie ist eine reine Formvorschrift: „Il contratto preliminare è nullo se non è fatto nella stessa forma che la legge prescrive per il contratto definitivo." (Der Kaufvorvertrag ist nichtig, wenn er nicht in der gleichen Form abgeschlossen wird, die das Gesetz für den Hauptvertrag vorschreibt.).

17 Im Falle der Nichterfüllung einer Partei kann die andere Partei, nach ihrer Wahl, die Aufhebung des Vertrages und Schadensersatz gemäß den allgemeinen Regeln des Art. 1453 Cc. geltend machen, oder alternativ, soweit es sich um eine vertretbare Handlung handelt, die Erfüllung des Vertrages gemäß Art. 2392 Cc. geltend machen. Art. 2392 Abs. 1 Cc. regelt: „Se colui che è obbligato a concludere un contratto non adempie l'bbligazione, l'altra parte, qualora sia possibile e non sia escluso dal titolo, può ottenere una sentenza che produca gli effetti del contratto non concluso." (Wenn derjenige, der zu einem Vertragsschluss verpflichtet ist, diese Verpflichtung nicht erfüllt, kann, wenn sich aus dem Rechtstitel nichts Gegenteiliges ergibt, ein Urteil erwirken, dass die Rechtsfolgen des nicht abgeschlossenen Vertrages erstellt.).

Die Notwendigkeit eines *compromesso* ist im Einzelfall nicht immer gegeben. Wenn sich beide Parteien einig sind und die Finanzierung unproblematisch ist, liegt es näher, gleich einen notariellen Kaufvertrag abzuschließen. Oft sind es die Makler, die schon beim Abschluss des *compromesso* ihre Provisionen verdienen, auf einen *compromesso* zu bestehen.

2.2.3 Eintragung des *Compromesso*

Seit 1997 besteht die Möglichkeit den *compromesso* in Form einer öffentlichen Urkunde oder als Privaturkunde mit beglaubigten Unterschriften im Immobilienregister eintragen zu lassen.[18] Die Eintragung wirkt *erga omnes* und hindert den Verkäufer daran, dass Grundstück erneut an einen Dritten zu veräußern. Im Insolvenzfall wird der Käufer eines eingetragenen *compromesso* privilegierter Gläubiger und hat daher eine gute Chance, die bereits geleistete Anzahlung zurück zu erhalten.

Der *compromesso* gilt mit der Eintragung im Immobilienregister als befristete Reservierung für den Eigentumsübergang (ähnlich der Auflassungsvormerkung), und zwar für einen Frist von einem Jahr ab dem Datum, das von den Parteien für den Abschluss des Hauptvertrages vorgesehen worden ist und jedenfalls nicht länger als bis drei Jahre nach der Eintragung des Vorvertrages (Art. 2645 bis Abs. 3 Cc.).[19]

2.3 Der Kaufvertrag

2.3.1 Konsensualprinzip

Beim Abschluss von Verträgen, die die Übertragung des Eigentums an einer bestimmten Sache oder die Begründung oder Übertragung eines dinglichen Rechts zum Gegenstand haben, herrscht in Italien das Konsensualprinzip (*principio consensualistico*). Bei diesen Verträgen mit dinglicher Wirkung wird das Eigentum aufgrund der rechtmäßig geäußerten Einwilligung der Parteien übertragen und erworben (Art. 1376 Cc.). Anders als im deutschen Recht hat so die Eintragung einer Grundstücksveräußerung in ein Immobilienregister keine konstitutive, sondern nur deklaratorische Wirkung:

Bereits durch den Kaufvertrag geht das Eigentum über. Die Ausnahme gilt, wie oben schon dargelegt, für die ehemals österreichischen Provinzen, bei denen die sog. „Interpolation" im Grundbuch für alle Rechtsänderungen konstitutiv ist.

2.3.2 Der Notar

2.3.2.1 Funktion und Haftung

Der italienische Notar haftet den Parteien grundsätzlich für die Richtigkeit der von ihm getroffenen Feststellungen; er hat sich selbst über die Rechtsfähigkeit und die

---

18 Decreto legge n. 669 vom 31.12.1996 mit Änderungen im Gesetz Nr. 30 vom 28.2.1997.
19 Siehe dazu: *Paola Fasciani*, Verbesserter Käuferschutz beim Erwerb von Immobilien in Italien – Reform des Vorvertragsrecht, Jahrbuch für italienisches Recht, Band 11 (1998), S. 205 ff. und *Ferrucci/Ferrentino/Amoresano* (oben N. 10), S. 53 ff.

Parteifähigkeit der Parteien, über die Verkaufsfähigkeit der Immobilie, über ihre Lastenfreiheit und über alle *Essentialia* des Kaufvertrages zu vergewissern.

Nach herrschender Rechtsprechung ist der Notar auch ohne entsprechenden ausdrücklichen Auftrag verpflichtet, bei der Vorbereitung des Kaufvertrages die Lastenfreiheit und Verfügbarkeit des Grundstücks durch Einsicht in die entsprechenden Register festzustellen. Ist er dazu nicht willens oder in der Lage, benötigt er einen übereinstimmenden und ausdrücklichen Dispens der Vertragsparteien.[20] Diese Verpflichtung ergibt sich auch aus Art. 47 der Notarordnung, der die Aufgaben des Notars beschreibt.[21]

Die Pflicht, die Identität der Parteien festzustellen, ergibt sich aus Art. 49 des Gesetzes Nr. 89 vom 16.2.1913 (Notarordnung), in der Fassung, die durch Art. 1 des Gesetzes Nr. 333 vom 10.5.1976 wiedergeben worden ist.

Gemäß Art. 2671 Cc. hat der Notar, der den Kaufvertrag beurkundet hat, dafür zu sorgen, dass die Eintragung in der kürzest möglichen Zeit vollzogen wird; lässt er über 30 Tage verstreichen, so ist er unmittelbar aus Abs. 1 schadensersatzpflichtig.[22]

2.3.2.2 Kosten des Notars

Die Notarkosten ergeben sich aus dem Ministerialdekret vom 27.11.2001 zu der Festlegung der Tarife der Honorare, der Gebühren, der Entschädigungen und der Vergütungen (onorari, diritti, indennità e compensi) für die Notare.[23] Damit sind alle Tabellen vereinheitlicht worden; die Gebührenordnung ist von der nationalen Notarkammer am 1.2.2009[24] angenommen worden.

In den letzten Jahren haben die Notare eine große Medienoffensive (vor allen Dingen im Internet) gestartet, um dem Vorurteil zu begegnen, dass italienische Notare besonders teuer seien. Einige Notarkammern geben Internetnutzern die Möglichkeit, mittels eines Gebührenrechners die Kosten der Urkunde zu errechnen.[25]

---

20 Siehe Cass. 11.1.2006 Nr. 264 und vom 13.6.2002 Nr. 8470.
21 Hiezu *Casu*, Trasferimenti immobiliari e obbligo notarile di visure ipocatastali, Rivista Notarile, 2000, 140, 145, *ders.*, Ancora in tema di obbligo di visure ipotecarie da parte del notaio, Rivista Notarile, 2003, 473.
22 Diese Vorschrift verpflichtet den Notar, die Umschreibung in der kürzest möglichen Zeit vorzunehmen. Der Kassationshof hat hierzu entschieden, dass zur Fristbestimmung auf alle Umstände des Einzelfalles abzustellen ist, so auch wenn die Parteien den Notar ausdrücklich anweisen, die Umschreibung sofort vorzunehmen (Cass. 19.1.2000, Nr. 566).
23 G.U. Nr. 292 v. 17.11.2001 Serie generale.
24 Nr. 1/1516.
25 Es folgt ein Beispiel der Notarkammer der vereinigten Bezirke von Como und Lecco aus der Internetseite http://www.notaicomolecco.it/jumpCh.asp?idUser=0&idChannel=68&idLang=IT: Für einen Gegenstandswert von € 200.000,– fällt eine Gebühr in Höhe von € 2405,40 an. Ohne Schriftgebühren sind folgende Positionen enthalten (da die Titel der einzelnen Positionen in der Übersetzung kaum differenzierbar sind, werden sie in italienischer Sprache wiedergegeben, sie sind Zeugnis für die Formlastigkeit des Rechtsgeschäfts): – onorario dell'atto (comprensivo di Cassa Notariato); – onorario di otto copie; – diritto di redazione di richiesta di registrazione (per due: Entrate e Territorio); – diritto di redazione della nota di voltura; – diritto di redazione delle note di trascrizione; – tre diritti di presentazione (formalità) (Entrate, Territorio); – diritto di iscrizione a repertorio; – diritto di liquidazione delle imposte in relazione a ciascuna imposta applicata; – diritto di redazione per la compilazione di moduli per registrazione di atti e per l'assolvimento di oneri fiscali (nel numero di 2); – diritto di presentazione di

Zu den Notargebühren kommen Fremdkosten, die der Notar ebenfalls einzieht, wie die Registersteuer, die Archivsteuer und die Katastergebühren hinzukommen; schließlich sind noch 20 % Mehrwertsteuer auf die Notarkosten zu berücksichtigen. Um einen konkreten Eindruck der Notarkosten bereits an dieser Stelle zu vermitteln, wird eine Tabelle wiedergegeben, die von der nationalen Notarkammer erstellt wurde, die einen „normaler" Erwerb zum Gegenstand hat. Als „normal" wird angenommen:

- dass die Immobilie einem einzelnen Eigentümer gehört und, sollte es sich um mehrere Immobilien handeln, diese in derselben Gemeinde gelegen sind;
- keine besonderen Schwierigkeiten bei der Registereinsicht auftreten;
- vier Abschriften erlassen werden, mit jeweils acht Seiten;
- rechtliche, steuerliche und städteplanerische Fragen sich nur in der üblichen Art stellen;
- der Notar in seiner Kanzlei beurkunden kann;

Dem Notar wird ein Ermessensspielraum zwischen einer Mindest- und Höchstvergütung überlassen:

Immobilienwert		Mindestvergütung	Höchstvergütung
bis	93.000,00	1.681,30	2.428,80
	139.500,00	1.805,50	2.617,40
	186.000,00	1.933,15	2.830,15
	232.400,00	2.029,75	2.991,15
	280.000,00	2.157,40	3.203,90
	370.000,00	2.254,00	3.364,90
	465.000,00	2.478,25	3.738,65

Es handelt sich jeweils um Euro-Beträge; auch hier sind Mehrwertsteuer und Fremdkosten zu berücksichtigen.

2.3.3 Vorbereitende Angaben der Beteiligten

Soweit es sich um eine Gesellschaft handelt, muss sich der gesetzliche Vertreter ausweisen können und er muss die Beschlüsse der Gesellschafterversammlungen vorlegen, aus denen sich seine Vollmacht ergibt. Die aktuelle Satzung und der aktuelle Handelsregisterauszug sind ebenfalls vorzulegen, wie auch das Original der Vollmacht. Schließlich auch eine Bestätigung des Insolvenzregisters, dass das Unternehmen sich nicht in Insolvenz befindet.

Soweit es sich bei den Parteien um natürliche Personen handelt, muss ein Ausweis vorgelegt werden und die Bescheinigung der Steuernummer (*codice fiscale*). Handelt

---

documenti contabili e fiscali (nel numero di 4: 2 per le Entrate, Territorio e banca per il modello F23); – diritti di collazione per copie; – indennità di accesso (agli Uffici); – rimborso spese generali 15 % (art. 26 della tariffa). Bei der Berechnung der Kosten unterstellt die Notarkammer eine Urkunde mit acht Seiten und 25 Zeilen.

es sich um eine ausländische Partei ohne *codice*, ist eigens ein *codice fiscale* zu beantragen – je nach Notariatsbüro erledigt das der Notar in der Vorbereitung mit. Ist die Partei ledig, geschieden oder verwitwet, muss sie eine entsprechende Bescheinigung der Heimatgemeinde oder des Scheidungsurteils vorlegen. Bei Verheirateten ist der Auszug aus dem Eheregister vorzulegen – im Falle der gesetzlichen Gütergemeinschaft kann in der Regel der Ehegatte alleine nicht Eigentum erwerben. Soll der Erwerb durch einen Bevollmächtigten erfolgen, ist die Originalvollmacht (bzw. notariell beglaubigte Abschrift) und der Ausweis des Vertreters erforderlich. Für EU-Ausländer ist die Kopie der Aufenthaltserlaubnis vorzulegen. Ist die natürliche Person unternehmerisch tätig, ist eine Bestätigung des Insolvenzgerichts vorzulegen, dass ein Insolvenzverfahren nicht anhängig ist.

Der Verkäufer muss darüber hinaus dem Notar seinen Erwerbstitel vorlegen (Kaufvertrag, Schenkungsurkunde, etc.). Hat er die Immobilie in der Zwangsversteigerung erworben, ist der Zuweisungsbeschluss vorzulegen.

Während der Notar aber selbst für das Nichtvorhandensein von Hypotheken haftet, kann er in Bezug auf Baugenehmigungen und sonstige öffentliche rechtlichen Umstände nicht dafür einstehen, ob die Immobilie baulich diesen auch tatsächlich entspricht. Eine vorherige Überprüfung durch einen *Geometra* (siehe oben) empfiehlt sich daher in jedem Fall.

Wenn die Immobilie durch den Veräußerer selbst gebaut worden ist, müssen weitere Unterlagen zum Grundstück vorgelegt werden (Nachweis des Grundstückserwerbs und Anzeige der Nutzungsänderung Modell 3 SPC).

Weiterhin sind vorzulegen:
– die betreffenden Auszüge aus dem Katasteramt (*schede catastali*)
– die baurechtliche Rechtsmäßigkeit der Immobilie, d.h. die Baugenehmigung[26]
– Nachweis über die Zahlung des Kaufpreises (siehe nachfolgender Abschnitt)

Im Falle eines Erwerbs einer Wohnung ist für den Käufer – nicht unbedingt für den Notar – eine Bestätigung des Hausverwalters von Bedeutung, dass das Hausgeld und die Kosten für die ordentliche und außerordentliche Verwaltung der Wohnungseigentümergemeinschaft vom Veräußerer gezahlt worden sind, gleichfalls ist die Vorlage der Satzung der Hausverwaltung empfehlenswert.

Zu den weiteren Aufgaben des Notars gehört beim finanzierten Immobilienkauf auch die Erstellung der sogenannten *relazione notarile (preliminare)*, in der der finanzierenden Bank über das Ergebnis der Registereinsicht berichtet wird. Auch hier werden die Eigentumsübergänge und die anderen dinglichen Verträge der letzten zwanzig Jahre, die das Gründstück betreffen, dargelegt. Bei einer Erneuerung des Darlehensvertrages über dasselbe Grundstück stellte sich bislang die Frage, ob dieser Bericht wieder zwanzig Jahre umfassen soll oder sich auf die Jahre, die dem letzten Bericht folgten, beschränken kann. Nach einer Vereinbarung zwischen der Bankenvereinigung ABI und der nationalen Notarkammer (*ABI-Consiglio nazionale del notariato*) hat man sich für die einfachere Lösung entschieden.

---

26 Früher *licenza edilizia*, seit Inkrafttreten des Art. 1, L. 10/77 (sogenannte legge Bucalossi) *concessione edilizia*.

2.3.4 Zahlung des Kaufpreises

In Italien zahlen die Parteien üblicherweise beim Notartermin auch den Kaufpreis. Der Erwerber wird zwar mit Abschluss des Kaufvertrages Eigentümer (*principio consensualistico*), da die dingliche Sicherung aber erst durch die anschließende Eintragung des Notars im Immobilienregister erfolgt, liegt es an der Schnelligkeit des Notars, den Erwerb auch dinglich zu sichern. Hat ein Notar eine Verzögerung zu vertreten und entsteht dem Erwerber dadurch ein Schaden, haftet der Notar hierfür.

Mit Unterzeichnung des Notarvertrages quittiert der Verkäufer auch den Kaufpreis. Üblicherweise erfolgt die Zahlung durch bankbestätigte Schecks (*assegni circolari*). Zur Vermeidung von Fälschungen oder anderen unliebsamen Überraschungen kann der Verkäufer mit der Bank des Erwerbers vereinbaren, dass diese die Echtheit der vorgelegten Schecks (deren Kopien ihr via Fax vom Notarbüros aus übersendet werden können) bestätigt.

2.4 Nachvertragliche Verpflichtungen

2.4.1 Zahlung ICI

Die Parteien müssen der Gemeinde den Eigentumsübergang melden, damit von dem Monat des Erwerbs an der Käufer als Steuerschuldner der kommunalen Immobiliensteuer (ICI) eingetragen wird.

Das Gesetzesdekret Nr. 93 vom 27.5.2008, das in Gesetz Nr. 126 am 24.7.2008 konvertiert wurde, hat zur Abschaffung des ICI für Immobilien geführt, die als Hauptwohnsitz genutzt werden. Mit Stichtag 16. Juni 2008 schulden Eigentümer selbst genutzter Immobilien keine kommunale Immobiliensteuer mehr. Ausgenommen hiervon sind Luxusimmobilien der Katasterkategorie A1 (Herrenhäuser), A8 (Villen) und A9 (Burgen und Paläste von künstlerischem und historischem Wert). Eine Meldepflicht besteht nicht mehr. Der Begriff Hauptwohnsitz verweist gemäß Gesetzesdekret 404/92 Art. 8 Absatz 2 auf den gewöhnlichen Wohnsitz. Es besteht die gesetzliche Vermutung, dass die Immobilie, die im Eigentum eines Bürgers steht, der in der Gemeinde gemeldet ist, auch seiner Wohnanschrift entspricht.

2.4.2 Polizeiliche Meldung des Verkäufers

Der Verkäufer muss nach einem Gesetz, das noch im Zuge der Antiterrorismusgesetzgebung erlassen wurde, der Polizeibehörde (*questura*) gemäß Art. 12 des Gesetzesdekrets 59/1978 die Veräußerung melden. Diese Vorschrift ist bußgeldbewehrt und wird häufig vergessen – auch die Notare versäumen es gelegentlich, darauf hinzuweisen, vor allem bei ausländischen Verkäufern. Die Mitteilung muss persönlich oder durch Einschreiben innerhalb von 48 Stunden nach Schlüsselübergabe erfolgen. Sonn- und Feiertage unterbrechen die Frist nicht.

Der Veräußerer, der die Mitteilung nicht rechtzeitig vornimmt, wird mit einem Bußgeld von € 103,00 bis 1.549,00 belegt. Wenn die Zahlung innerhalb von 60 Tagen erfolgt, wird das Bußgeld auf € 206,00 ermäßigt. Die Verletzungen werden von der „Polizia Giudiziaria" festgestellt, zuständig ist aber auch die Gemeindepolizei des Ortes, in dem sich die Immobilie befindet. Das Bußgeld wird vom Bürgermeister verfügt und von der Gemeinde eingenommen.

2.4.3 Mitteilung an die Gemeinde bezüglich der Müllabfuhrgebühren

Hier muss der selbstnutzende Erwerber eine so genannte *„denuncia originaria"* (= originärer Antrag) stellen, der so genannt wird, weil er eben erstmalig von denjenigen zu stellen ist, die erstmalig in das Gemeindegebiet gezogen sind. Die *Tassa smaltimento rifiuti (TARSU)* (Abfallsteuer) wird von den Rechtssubjekten geschuldet (juristische Personen, natürliche Personen), die im Gemeindegebiet Immobilien in Besitz haben, gleich zu welchem Zweck. Die Familienmitglieder für die zu Wohnzwecken von einer Familie gehaltene Immobilie haften für die Steuer gesamtschuldnerisch, gleiches gilt für alle, die eine Immobilie gemeinsam nutzen. Die Steuer wird am ersten Tag des Kalenderhalbjahres fällig, der dem Tag der Inbesitznahme der Immobilie folgt.

2.4.4 Mitteilung an Hausverwalter

Im Falle von Wohnungseigentum ist der Verkäufer verpflichtet, die Daten des neuen Käufers dem Hausverwalter mitzuteilen.

2.5 Besondere Immobilien

2.5.1 Wohnungseigentum

Der *condominio* (Wohnungseigentümergemeinschaft) bildet sich faktisch immer dann, wenn in einem Gebäude mehr als eine Wohnung in Alleineigentum verkauft wurde. Die Rechte der Wohnungseigentümergemeinschaft werden von Art. 1117-1139 Cc. und Art. 66 und 67 der Durchführungsvorschriften geregelt. In Art. 10 des Gesetzes 392/78 hat auch der Mieter ein Recht, bei der Wohnungseigentümerversammlung teilzunehmen und mitzustimmen, soweit es um allgemeine Dienste geht.

Bei der Satzung des *condominio* unterscheidet man zwischen *„regolamento contrattuale"*, die von dem Bauträger vorgegeben wurde, und dem *„regolamento assembleare"*, die die Eigentümer gemäß Art. 1138 Cc. verabschiedet haben.

Der condominio ist verpflichtet, einen Verwalter (*amministratore*) zu benennen, wenn mehr als vier Eigentümer vorhanden sind. Die Vergütung ist frei vereinbar. Die Absetzung des Verwalters kann aus wichtigem Grund erfolgen, insbesondere wenn er zwei Jahre lang keinen Rechenschaftsbericht erstellt hat. Die Aufgaben des Verwalters bestehen darin, die Beschlüsse der Wohnungseigentümergemeinschaft umzusetzen.

Nach der anstehenden Reform des Wohnungseigentumsrechts soll die Wohnungseigentümergemeinschaft eine eigene partielle Rechtsfähigkeit erhalten, ohne zur juristischen Person zu werden. Im zuständigen Immobilienregister sollen zugunsten und zulasten der Wohnungseigentümergemeinschaft Eintragungen vorgenommen werden können.

Die Stellung des Verwalters (*amministratore)* soll durch die Reform verstärkt werden. Dennoch muss er Obergrenzen für die Entnahmen von Mitteln aus dem Gemeinschaftsvermögen beachten. Er hat die Beschlüsse der Wohnungseigentümergemeinschaft umzusetzen und ist für die Einhaltung der von der Gemeinschaft aufgestellten Regeln verantwortlich. Er regelt den Gebrauch des Gemeineigentums und verwaltet auch die gemeinsamen Dienstleistungen – so, dass jeder Wohnungseigentümer sie bestmöglich nutzen kann. Er ist verpflichtet, die Beiträge zur Wohnungseigentümergemeinschaft einzuziehen: Wenn er dies unterlässt, haftet er persönlich hierfür.

Der Verwalter muss die für das Gemeineigentum entstehenden Steuern und Abgaben zahlen, er muss das Register der Wohnungseigentümergemeinschaft führen, in dem die Namen der einzelnen Eigentümer, die Katasterdaten der Wohnungseinheiten aufgeführt sind. Er muss schließlich auch die Protokolle der Wohnungseigentümersitzungen führen.

Sollten Eigentümer ihr Wohngeld nicht zahlen können, kann der Verwalter die Nutzung der gemeinsamen Einrichtungen untersagen (wie z.B. Garten, Waschraum etc.).

Mit der Reform soll auch das Prinzip der Einstimmigkeit bei Veränderung des Gemeinschaftseigentums aufgehoben werden; weiterhin soll eine primäre Kostentragungspflicht der Mieter eingeführt werden, d.h. der Verwalter muss sich, z.B. bei Stromkosten für das Treppenhaus, zunächst an die Mieter halten. Erst wenn diese nicht zahlen, wird er auf die Eigentümer der Wohnungen zurückgreifen können.

Leider ist die Reform des Wohnungseigentümergesetzes seit Jahren im Umlauf und noch nicht verabschiedet worden. Der Senat hatte diese bereits angenommen. Zurzeit befindet sie sich wieder im Gesetzgebungsverfahren.

Eine wichtige Entscheidung zur Haftung von Wohnungseigentümern haben die Vereinigten Senate des Kassationshofs mit Urteil Nr. 9148 vom 10.4.2008 getroffen Es ist klargestellt worden, dass die Gesamtschuldner gegenüber Lieferanten der Wohnungseigentümergemeinschaft nur als Teilschuldner und nicht als Gesamtschuldner haften. Die bislang herrschende anderslautende Rechtsprechung wurde damit aufgehoben. Die Gesamtschuldnerschaft würde die Nichtteilbarkeit der Schuld voraussetzen, die in diesem Fall nicht gegeben sei.

Die Entscheidung begünstigt natürlich den einzelnen Wohnungseigentümer, erschwert aber den Abschluss von Lieferverträgen mit der Wohnungseigentümergemeinschaft, da die Lieferanten jetzt nur gegen entsprechende Sicherheiten liefern.

2.5.2 „Prima casa"

Der italienische Gesetzgeber fördert den Erwerb der ersten selbst genutzten Immobilie (Eigenheimförderung) durch erhebliche Steuernachlässe. Dazu unten unter 2.6.3.

2.5.3 Time-Sharing

Mit dem sog. „codice del consumo", der auf die Richtlinie EWG vom 26.10.1994, Nr. 97 zurückgeht, hat der italienische Gesetzgeber auch das Time-Sharing geregelt. Die gemeinschaftsrechtlichen Vorgaben sind erfüllt worden, indem dem Verkäufer eine weitreichende Informationspflicht auferlegt worden ist (Art. 70 des Gesetzesdekret Nr. 206/05), dem Käufer ein jederzeitiges Rücktrittsrecht gewährt worden ist (Art. 37) und dem Verkäufer untersagt wird, Anzahlungen bis zum Ablauf des Rücktrittsrechts entgegenzunehmen.

Art. 76 gewährt dem Erwerber einen Anspruch auf eine Bürgschaft. Verträge ohne Bürgschaftsstellung sind nichtig. Art. 80 regelt das Verbot, ein anderes Recht als das italienische Recht zu vereinbaren, soweit die Immobilie in einem EU-Mitgliedsstaat gelegen ist.

2.5.4 Andere Immobilien

Zu dem Erwerb von Grundstücken innerhalb einer Gemeinde wurde oben unter 2.1.2.4 ausgeführt; ebenso in Bezug auf im Bau befindliche Immobilien untere 2.1.1.3.

Es gibt eine Vielzahl anderer Immobilientypen, die steuerlich gefördert werden, sei es aus Gesichtspunkten des Denkmal- oder Landschaftsschutzes, sei es aus Förderung der Landwirtschaft und des Tourismus (sog. *agriturismi*). Der Erwerb dieser Immobilien unterscheidet sich grundsätzlich nicht von anderen, sie sind in der Besteuerung begünstigt.

2.6 Steuerliche Behandlung des Immobilienerwerbs

In Italien unterlag die Übereignung von Immobilien sowohl für den Käufer als auch für den Verkäufer der Besteuerung. Letzter musste eine Wertzuwachssteuer (I.N.V.I.M.) zahlen, die erst im Jahre 2002 entfallen ist.

2.6.1 Steuersätze

Anders als in Deutschland ist die Besteuerung in Italien nicht mit einer einheitlichen Grunderwerbssteuer verbunden.[27] Beim Erwerb italienischer Immobilien können vier verschiedene Steuern fällig werden. Entweder die Register-, Hypothekar- und Katastersteuer (sie werden zusammen veranlagt) oder die Mehrwertsteuer. Die Registersteuer ist die eigentliche Grunderwerbssteuer, die Hypothekar- und Katastersteuer sind Abgaben, die bei Überschreibung, Einschreibung und den folgenden Eintragungen in das öffentliche Immobilienregister und für die katastermäßigen Umschreibungen anfallen. Die Höhe der Besteuerung und die Frage, ob nun die drei genannten Steuern oder die Mehrwertsteuer anfallen, hängt von der Beschaffenheit der zu erwerbenden Immobilie und der Rechtsnatur der Parteien ab. Im Folgenden zeigen wir kurz einige Beispiele der Besteuerung des Kaufvertrages zu Lasten des Käufers hinsichtlich des angegebenen Immobilienwertes auf:

Die folgenden Tabellen enthalten die üblichen Steuersätze:

---

27 Für eine ausführliche Betrachtung der komplexen Steuerproblematik: *Maurangelo Rana*, La tassazione degli immobili, 2008.

1. Erwerb von Wohngebäuden von Privatperson

	Imposta di registro	Imposta ipotecaria	Imposta catastale	I.V.A.
	7 %	2 %	1 %	

(Imposta di registro/Registersteuer; Imposta ipotecaria/Hypothekarsteuer; Imposta catastale/Katastarsteuer; IVA/MwSt) Imposta di registro über 3% auch beim Erwerb von denkmalgeschützten Gebäuden

2. Erwerb von Wohngebäuden von Bauunternehmen

	Imposta di registro	Imposta ipotecaria	Imposta catastale	I.V.A.
168,00 €	168,00 €	168,00 €	10 %*	

(Die IVA/MwSt wird direkt an die Firma gezahlt;*20 % bei Luxuswohnungen)

3. Erwerb von Grundstück/terreno

	Imposta di registro	Imposta ipotecaria	Imposta catastale	I.V.A.
Landwirt/agricolo (ohne Vergünstigungen) „prima casa"	15 %	2 %	1 %	
Kein Landwirt/ non agricolo (ohne Vergünstigungen)	8 %	2 %	1 %	

2.6.2 Bemessungsgrundlage

Die in Italien erhebliche Steuerbelastung in Höhe von insgesamt 10 % führte in der Vergangenheit dazu, dass sich die Praxis eines „deklarierten" Kaufpreises und eines echten Kaufpreises entwickelte. Um Steuern zu sparen, nahm der Käufer viele Risiken in Kauf – unter anderem auch, dass sich ein Vorkaufsberechtigter zu dem wesentlich niedrigeren „deklarierten" Kaufpreis meldete und die Immobilie kaufte. Der Käufer verlor so die Differenz zum tatsächlich gezahlten Marktpreis.

Ein weiteres Risiko bestand für beide Parteien darin, dass eine Steuerüberprüfung, die noch zwei Jahre nach dem Erwerb erfolgen konnte, die Immobilie anders bewertete mit der Folge, dass der Käufer nicht nur eine höhere Steuer zahlen musste, sondern dass beide Parteien auch erhebliche Strafgelder abführen mussten.

Um die Steuerehrlichkeit zu begünstigen, schaffte der italienische Gesetzgeber mit Haushaltsgesetz von 2006 – dann weiter fortgeführt mit dem Haushaltsgesetz 2007 – die Möglichkeit, dass die Parteien in dem Kaufvertrag eine Besteuerung nach dem Katasterwert wählen konnten. Zunächst sollte die Vergünstigung nur für Kaufverträge gelten, bei denen beide Parteien Privatleute sind. Nunmehr reicht es auch aus, dass nur der Erwerber Privatmann ist. Die Vergünstigung gilt auch nur für den Fall, dass die Parteien den echten Kaufpreis im Vertrag deklariert haben. Dieser gilt dann auch für die anderen steuerlichen Zwecke, etwa der Einkommenssteuer. Die Parteien müssen, falls sie von dieser Möglichkeit Gebrauch machen, jedenfalls keine Steuerüberprüfung mit Nachfestsetzung und Bußgeldern fürchten.

Wenn das Finanzamt die Auffassung vertritt, dass der Wert der Immobilie den im Kaufvertrag erklärten Wert übersteigt, wird der Wert von Amts wegen berichtigt, die neue Steuer errechnet (sowie Bußgelder und Zinsen) und dies dem Steuerpflichtigen mitgeteilt. Die Überprüfung kann bis zu zwei Jahre nach Zahlung der auf dem erklärten Wert basierten ursprünglichen Steuer erfolgen. Das Bußgeld kann von 200 % bis 400 % der Steuer auf den Differenzbetrag betragen.[28]

2.6.3 Steuervergünstigungen für die *„prima casa"*

Der italienische Gesetzgeber hat sich wiederholt Steuererleichterungen für den Ersterwerber eines selbst genutztes Hauses gewidmet.[29] Die *„agenzia delle entrate"* hat hierzu auch mehrere Rundschreiben verfasst.[30] Die Steuerförderung besteht im Wesentlichen darin, dass die Steuersätze der Register-, Hypotheken- und Katastersteuer bzw. der Mehrwertsteuer gesenkt werden. Es folgt eine Tabelle, die die Ermäßigungen darstellt:

Tabelle für den Erwerb einer ersten selbst genutzten Immobilie			
	Steuer	„prima casa"	Sonst
Erwerb von privat	Register	3 %	7 %
	Hypotheken	168 Euro	2 %
	Kataster	168 Euro	1 %
Erwerb von Bauunternehmen oder Renovierungsunternehmen innerhalb von 4 Jahren nach Abschluss der Arbeiten	MwSt	4 %	10 %
	Register	168 Euro	168 Euro
	Hypothek	168 Euro	168 Euro
	Kataster	168 Euro	168 Euro
Erwerb von Unternehmen, das kein Bauunternehmen ist oder eines Bauunternehmens nach Ablauf der 4 Jahresfrist nach Beendigung der Arbeiten	Register	3 %	7 %
	Hypothek	168 Euro	2 %
	Kataster	168 Euro	1 %

Die Steuererleichterung gilt nur für Immobilien, die nicht als Luxusimmobilien definiert sind; die Definition der Luxusimmobilie ergibt sich aus dem Ministerialdekret vom 2/8/1969.

---

28 Hingewiesen wird auf ein Rundschreiben der „Guardia di Finanzia" angelegt, in dem alle Sanktionen aufgeführt werden. Es schließt mit der originellen Empfehlung, denjenigen mit Misstrauen zu begegnen, die Steuerzahlungen umgehen möchten.
29 Erstmals Gesetz vom 22. April 1982, Nr. 168, Gesetz vom 5. April 1985, Nr. 118, Gesetz vom 24. März 1993, Nr. 75, Gesetz vom 19. Juli 1993, Nr. 243, Gesetz Nr. 549/95, Gesetz 342/2000 und Gesetz 388/2000.
30 Bspw. Nr. 38 vom 12. August 2005, Nr. 19/E vom 1. März 2001 und Nr. 1/E vom 2. März 1994.

Weitere Voraussetzungen:

– Die Immobilie muss im Gebiet der Gemeinde gelegen sein, in der der Käufer seinen Wohnsitz hat oder diesen innerhalb von 18 Monaten nach dem Erwerb verlegt. Alternativ kann der Käufer dort seiner beruflichen Tätigkeit nachgehen. Für den Fall, dass der Erwerber italienischer Staatsbürger ist, der ins Ausland emigriert ist, ist es ausreichend, dass die Immobilie das erste Haus ist, das dieser auf italienischem Staatsgebiet erwirbt.

– Die Erklärung, dass der Wohnsitz in die Gemeinde verlegt wird, in der sich die zu erwerbende Immobilie befindet, muss im Kaufvertrag enthalten sein.

– Im Kaufvertrag muss weiter enthalten sein, dass der Erwerber nicht alleiniger Eigentümer oder in Gütergemeinschaft mit seiner Ehefrau steht – von Eigentumsrechten, Nießbrauchrechten, Gebrauchs- oder Wohnrechten eines anderen Wohnhauses im Gebiet der Gemeinde, in der die zu erwerbende Immobilie gelegen ist.

– Gleichfalls muss der Erwerber erklären, dass er nicht Inhaber (auch nicht anteilsmäßig, noch in Gütergemeinschaft mit seinem Ehegatten) von irgendwelchen dinglichen Rechten auf Immobilien im gesamten Staatsgebiet ist, die bereits die Steuerförderung in Anspruch nehmen.

Soweit die Erwerbsverträge Mehrwertsteuer (IVA) unterliegen, können diese Erklärungen auch im Vorvertrag enthalten sein.

Im Falle einer falschen Erklärung, die zu einer unberechtigten Gewährung der Steuererleichterung geführt hat, müssten diese nachversteuert und eine Zusatzsteuer in Höhe von 30 % der Gesamtsteuer gezahlt werden, nebst Zinsen.

Das örtlich zuständige Finanzamt kann die Voraussetzungen der Steuererleichterung innerhalb einer Frist von drei Jahren nach Erwerb überprüfen. Fristbeginn ist der letzte Zeitpunkt, an dem die Voraussetzungen für die Steuererleichterung angeblich erfüllt worden sind; so beispielsweise bei einem Einzug in die Immobilie 18 Monate nach Erwerb, beginnt die Frist mit diesem Zeitpunkt.

Der Erwerber, der die steuerliche Vergünstigung für das erste Haus zur Selbstnutzung in Anspruch genommen hat und der noch nicht in der Gemeinde wohnt, in der die erworbene Immobilie liegt, muss also innerhalb von 18 Monaten seit Erwerb die Wohnung/das Haus beziehen und sich bei der Gemeinde anmelden. Bei Fristüberschreitung droht ihm nicht nur die Steuernachzahlung, sondern auch eine Strafe in Höhe von 30 % der Steuernachzahlung.

2.7 Erwerb im Erbfall

Erwirbt ein deutscher Staatsbürger eine italienische Immobilie durch Erbfall (nach materiellem deutschen Erbrecht), hat er die „dichiarazione di successione" und den Nachweis der Zahlung der Abgaben und Gebühren (Hypothek- und Katastersteuer, 2 % bzw. 1 %) sowie die Unterlagen, die sein Erbrecht belegen, vorzulegen. Gegebenenfalls kann er die Eintragung der Annahme der Erbschaft in das Immobilienregister, die nach italienischem Recht ausdrücklich vorgesehen ist, veranlassen.

Eine Durchbrechung des Prinzips der absoluten Testierfreiheit hat der italienische Gesetzgeber mit Gesetz vom 14.2.2006[31] eingeführt, mit dem *„patto di famiglia"*, das schon Gegenstand eines Vortrages in diesem Kreise war, und mit dem ein Unternehmer die Übergabe des Unternehmens an einen Abkömmling unentgeltlich vereinbaren kann, unter Ausschluss diesbezüglich von Kürzungsrechten und Kollationsrechten der anderen Pflichtteilsberechtigten, die in Italien sich ansonsten in die Erbenstellung einklagen könnten.

Nachdem die Erbschaftssteuer, die der Schenkungssteuer entspricht, zwischenzeitlich ganz abgeschafft wurde, wurde sie im Jahre 2006 wieder eingeführt und beträgt nunmehr

– 4 % für Abkömmlinge und Ehegatten (mit Freibetrag von 1.000.000 Euro für jeden Bedachten),
– 6 % für Geschwister (mit Freibetrag von 100.000 Euro für jeden Bedachten),
– 6 % für Verwandte bis zu 4. Ordnung, Verschwägerte in Gradelinie, Verschwägerte in Seitenlinie bis zur 3. Ordnung (ohne Freibetrag), sowie
– 8 % alle anderen Bedachten.

2.8 Erwerb in der Zwangsversteigerung

Der Versteigerungsbeschluss gemäß Art. 576 cpc (italienische Zivilprozessordnung) legt das Verfahren für jede einzelne Zwangsversteigerung fest. Insbesondere bestimmt der Richter, ob die Sicherheitsstellung, die nicht unterhalb von 10 % des angebotenen Kaufpreises liegen darf, durch bankbestätigten Scheck oder durch Überweisung auf ein Konto des Gerichts erfolgen soll. Die Versteigerungen können entweder mit *incanto* (Versteigerungstermin) oder ohne *incanto* erfolgen.

Das Gesetz vom 28.12.2005 Nr. 263 und das darauffolgende Gesetz vom 24.2.2006 Nr. 52 sieht vor, dass man ohne Versteigerungstermin vorgehen kann, wenn die Beteiligten einverstanden sind. Soweit die Versteigerung ohne *incanto* nicht zum Erfolg geführt hat, kann dann eine neue Versteigerung mit *incanto* verfügt werden.

2.8.1 Zwangsversteigerung ohne öffentlichen Versteigerungstermin

Bei dem Verkauf ohne *incanto* gemäß Art. 570 ff. cpc bieten die Beteiligten durch Angebote in geschlossenen Umschlägen, die der Geschäftsstelle eingereicht werden und die den Preis, den Zahlungszeitpunkt, die Zahlungsart und jede weitere nützliche Information enthalten, die zur Bewertung des Angebotes notwendig sind. Diese Umschläge werden dann im Termin, den der Richter zur Prüfung der Angebote verfügt, in Gegenwart der Bieter geöffnet.

Der Vollstreckungsrichter hat nach Öffnung der Umschläge die Parteien und die Gläubiger, die nicht beteiligt sind, anzuhören. Wenn ein Angebot den Wert der Immobilie um ein Fünftel übersteigt, wird dieses ohne weiteres angenommen. Soweit dieser Wert nicht erreicht wird, kann der Richter nur mit Zustimmung des betreibenden Gläubigers

---

31 Nr. 55, vgl. Art. 768-*bis* ff. Cc.

einen Zuschlag erteilen; selbst im Falle der Zustimmung kann er aber zu einer Versteigerung mit *incanto* übergehen, wenn er der Auffassung ist, dass konkrete Möglichkeiten bestehen, einen besseren Preis zu erzielen.

2.8.2 Zwangsversteigerung mit öffentlichem Versteigerungstermin

In der Versteigerung mit *incanto* (Art. 576 ff. cpc) erfolgt der Zuschlag nach einer Versteigerung, an der die verschiedenen Bieter teilnehmen. Der Richter verfügt mit Beschluss das Verfahren im Einzelnen, und zwar den Grundpreis, der aufgerufen wird, den Zeitpunkt der Versteigerung, die Mindesterhöhung, die von Angebot zu Angebot zugesetzt werden soll, die Höhe der Sicherheitsleistung und das Verfahren und die Frist, in der der Preis gezahlt werden soll.

Der Zuschlag, mit dem der erfolgreiche Bieter die Immobilie erhält, führt auch zur Löschung aller Belastungen, die auf der Immobilie lasten (sog. *„effetto purgativo o liberatorio della vendita forzata immobiliare"* – Art. 586 cpc). Die Reform des Zivilprozessrechts hat in Bezug auf die Zwangsversteigerung gemäß Art. 490 cpc die Verpflichtung zur Veröffentlichung der Verkaufsabsicht und des Versteigerungsbeschlusses, sowie des Gutachtens auf bestimmte Internetseiten eingeführt und zwar mindestens 45 Tage vor dem Termin, an dem die Angebote eingehen sollen, bzw. dem Versteigerungstermin. So soll eine größere Teilnahme an den Zwangsversteigerungen ermöglicht werden, die bislang nur wenigen Immobilienfachleuten vorbehalten war.

Internetportale, die die Zwangsversteigerung aufnehmen, müssen die Voraussetzungen des Ministerialdekrets vom 31.10.2006[32] erfüllen.[33] In der Regel sind aus den veröffentlichten Informationen, insbesondere aus den Gutachten, alle Angaben erhältlich, die zur Wertbestimmung der Immobilie nötig sind.

Preislich interessant können insbesondere diejenigen Versteigerungen sein, die sich bereits im zweiten oder dritten Termin befinden, wenn zuvor niemand erschienen ist; in diesem Fall wird das Mindestangebot bis zu 20 % im Vergleich zum letzten Mindestangebot reduziert. Für den Fall der verspäteten Kenntnisnahme einer Immobiliarversteigerung besteht immer die Möglichkeit, sich auf Art. 584 cpc zu berufen. Diese bestimmt, dass jedermann innerhalb von 10 Tagen nach Erteilung des Zuschlages aufgrund Meistgebot noch ein Angebot abgeben kann, das den Zuschlagspreis um mindestens 1/6 übersteigt: In diesem Fall muss das Gericht einen neuen Versteigerungstermin anberaumen.

2.9 *Erwerb durch Baugenossenschaften (*cooperativa edilizia*)*

Die Baugenossenschaft ist in Italien ein übliches Instrument zum Eigentumserwerb. Grundsätzlich wird diese als GmbH des italienischen Rechts, sog. Srl (Società a responsabilità limitata) durch notarielle Urkunde gegründet. Die Gründungsurkunde wird

---

32 G.U. Nr. 297 vom 22.12.2006.
33 Vgl. hierzu beispielsweise die Internetseiten www.astelegaligiudiziarie.it; www.astegiudiziarie.it oder www.asteannunci.it.

beim zuständigen Landgericht hinterlegt und im Amtsblatt für Genossenschaften, dem *Bollettino ufficiale delle società cooperative*, veröffentlicht. Die Gründung setzt mindestens neun Gründungsgesellschafter voraus, die die Gründungsurkunde unterzeichnen, wobei noch weitere Gesellschafter hinzukommen können. Mit der Unterzeichnung erhalten die Gesellschafter das Recht an der Einheit gemäß der Reihenfolge der Eintragung im Gesellschafterbuch. Als Gründe für den Eigentumserwerb durch Baugenossenschaften wird die Möglichkeit des Erhalts von Grundstücksflächen durch öffentliche Einrichtungen und von Finanzierungen und Darlehen zu günstigen Zinssätzen genannt. Die Baugenossenschaften müssen, um die beabsichtigten öffentlichen Förderungen zu erhalten, im Nationalen Register für Genossenschaften, dem *Albo nazionale delle società cooperative e dei loro consorzi*,[34] eingetragen sein.

3. Ausblick auf neue Gesetzesvorhaben

Der amtierende italienische Regierungschef hatte Anfangs des Jahres angekündigt, ein neues Gesetz zur Förderung der Bauwirtschaft und des Immobilienmarktes als Gesetzesdekret zu erlassen (sog. *piano casa*). Nach der Veröffentlichung der „Intesa" (= Vereinbarung in der Gazzetta Ufficiale n. 98 vom 29 April 2009, die am 31. März 2009 von der Regierung, den Regionen und den Gemeinden unterzeichnet wurde und anschließend ratifiziert wurde, müssen die Regierungen nun Landesgesetze erlassen die die Ziele des „Piano Casa" umsetzen, und zwar:

– Hauseigentümer sollen ihre Kubikmeterzahl umbauten Raums um 20 % vergrößern können; 35 % für den Fall, dass sie alte Gebäude abreißen und neue Gebäude nach Regeln des energiesparenden Bauens wiederaufbauen. Die Höchstgrenze soll bei 300 Kubikmetern liegen, für jede einzelne Wohneinheit.

– Nutzungsänderungen sollen vereinfacht werden.

– Das Recht der Baugenehmigung soll wesentlich vereinfacht werden, für die Bauerweiterungen soll eine eidesstattliche Versicherung eines Architekten oder Bauingenieurs genügen. Sollten Genehmigungen erforderlich sein, können die Gemeinden diese in Abweichungen zu den Bauflächennutzungsplänen erlassen, wobei sie die Grenzen des Landschafts- und Denkmalschutz beachten müssen.

Die Region Toscana hat als erste Region ein entsprechendes Regionalgesetz erlassen Legge attuativa del Piano Casa, L.R. n. 24/09.[35] Das Gesetz gilt bis zum 31.12.2010, bis zu diesem Zeitpunkt muss der Gemeinde die Anzeige über den Beginn der Bautätigkeiten eingegangen sein („Denuncia di Inizio Attività", D.I.A.). Die Anzeige kann entweder den Beginn von Erweiterung von Wohngebäuden oder den Abbruch und Wiederaufbau von Immobilien, die einen Anteil zu Wohnzwecken von mindestens 75 % aufweisen müssen.

---

34 Gesetz Nr. 59/1992.
35 Bollettino Ufficiale della Regione B.U.R. n. 17 vom 13. Mai 2009 und am 28. Mai 2009 in Kraft getreten. Mittlerweile liegen entsprechende Gesetz auch von den Regionen Umbria, Emilia Romagna, Veneto, Autonome Provinz Südtirol, Lombardia e Piemonte vor.

Die Erweiterungsbauten von Wohnimmobilien können über die Erweiterung von Ein- und Zweifamilienhäuser hinausgehen. Das Regionalgesetz geht damit über die Vereinbarungen in der „Intesa" hinaus: So können sie z.B. auch Reihenhäuser zum Gegenstand haben, soweit die Bruttofläche des gesamten Baus nicht 350 qm übersteigt. Die Erweiterungen sind bis zu 20 % der Fläche für jede einzelne Wohneinheit und bis zu einer Höchstgrenze von 70 qm für die gesamte Immobilie zulässig.

Bei dem Abbruch und Wiederaufbau von Immobilien mit einer Wohnnutzung von mindestens 75 % ist die Erweiterung zulässig, wenn der Anteil der Immobilie, der nicht Wohnzwecken dient, mit der Wohneinheit kompatibel ist und selbst nicht erweitert wird.

Bei Abbruch und Wiederaufbau entspricht die „Zusatzflächenprämie" 35 % der ursprünglichen Fläche, soweit es sich bei den ursprünglichen Immobilien um ordnungsgemäß genehmigte Immobilien handelte. Immobilien, die nachträglich durch „condono" genehmigt wurden, sind von der Erweiterungsmöglichkeit ausgenommen.

Die Region Toscana hat damit den Gestaltungsraum, der ihr die „Intesa" bewusst eingeräumt hat, um den regionalen Besonderheiten Rechnung zu tragen, genutzt.

Vitulia Ivone

Kurze Anmerkungen zu den neuesten Entwicklungen der italienischen Rechtsprechung zum Thema des *danno esistenziale*

1. Prämisse

Der Schaden als ein zentrales Thema im System der zivilrechtlichen Haftung wurde lange ausschließlich als Vermögensschaden eingestuft, wobei die zivilrechtlichen Institute nur hinsichtlich der Vermögensinteressen beachtet und die persönliche und seelische Sphäre der Person nicht berücksichtigt worden sind.

Das Fehlen einer schriftlichen Norm, die den immateriellen Schadensersatz ausdrücklich verneint, hat zu starken Unschlüssigkeiten und damit zu einer umfassenden Debatte in der Lehre und Rechtsprechung geführt.[1]

Die grundlegende Frage ist bei der Qualifizierung stehen geblieben, die dem *danno esistenziale* zuzuordnen ist, das heißt, ob er auf Art. 2043 Cc. zurückzuführen ist, oder ob es sich um einen nicht vermögensrechtlichen Schaden gemäß Art. 2059 Cc. handle, der damit nur in den vom Gesetz vorgesehenen Fällen ersatzfähig ist.

Mit der Einführung des *danno biologico* wurde im Personalisierungsprozess der außervertraglichen Haftung ein großer Sprung nach vorn erreicht: Vor den Augen des Juristen haben sich unbekannte Lücken aufgetan und bei den Rechtsanwendern ist eine neue Sensibilität für konkrete Fälle zu den unterschiedlichsten Auswirkungen des menschlichen Handelns entstanden.

So setzte sich langsam eine neue Auslegung durch, die dafür stimmte, die verschiedenen Schadensfiguren in den Bereich einer neuen Kategorie, nämlich in die des *„danno*

---

1 Sehr bedeutend ist in diesem Zusammenhang die Position von *P. Cendon*, laut dem „die Belange über eine mutmaßliche ‚juristische Nicht-Deckung' der betreffenden Kategorie vom gesetzgeberischen Standpunkt aus jeder Grundlage entbehren". Es genügt, Gesetzbücher oder spezielle Gesetzessammlungen durchzublättern, um festzustellen, dass die entsprechenden Materialien, die in diesem Zusammenhang heranzuziehen sind, sehr unterschiedlich. Eine erste Gruppe betrifft die Verfügungen, in denen auf dem Gebiet des Zivil-, Straf- und Verwaltungsrechts diejenigen „Tätigkeiten" vom Gesetzgeber sanktioniert werden, die (gemäß der allgemeinen Ordnung der Dinge) zu mehr oder weniger ernsthaften Verschlimmerungen in der Lebensqualität der Leidträger führen – auch wenn sie die psychophysische Unversehrtheit der Betroffenen nicht bedrohen. Eine zweite Bezugsgruppe – die sowohl für die Fälle bedeutend ist, in denen sich das rechtswidrige Verhalten auf die psychophysische Unversehrtheit auswirkt, als auch für die Fälle, in denen das verletzte Vorrecht biologischer Kennzeichnung entbehrt – ist die, in der der Gesetzgeber zeigt, dass er (die Durchführung von) übergreifenden „Tätigkeiten" in existenzieller Hinsicht schützt […]. Es bleibt schließlich die Bezugsgruppe – die die Existenz der Person betrifft – in der der Gesetzgeber mehr oder weniger gleichermaßen sowohl die (Verbote von bestimmten) „Tätigkeiten" betont, die sich für die Lebensqualität Dritter als gefährlich erweisen, als auch die Wahrung einer Reihe von „Tätigkeiten", die auch hinsichtlich der Vermögensebene bedeutend sind".

esistenziale", einzugliedern. Dieser ist in der zivilrechtlichen Haftung als *tertium genus* zu verstehen, als Gesamtheit, die sich sowohl vom Stamm des *danno patrimoniale*, als auch von dem des *danno morale* unterscheidet. Es handelte sich um eine Realität, in deren Mittelpunkt die nicht einkommensproduktiven Tätigkeiten der Personen standen, und die, unter dem disziplinarischen Gesichtspunkt, dem Diktat von Art. 2043 Cc. und anderen ordentlichen Normen zum rechtswidrigen Verhalten, neben denen zur Nichteinhaltung des Vertrags, übertragen wurde.

Zusammenfassend beinhaltet der Begriff „*danno esistenziale*" jeden Schaden, den das Individuum in den Tätigkeiten erfährt, die dessen Persönlichkeitsentfaltung betreffen und dessen juristisch relevantem Interesse entsprechen, das in seinen nicht vermögens-rechtlichen Konsequenzen ersatzfähig ist.

Die Rechtsprechung hat sich mit dieser „Kategorie" eingehend beschäftigt: Es kann daher festgehalten werden, dass sich diese Figur hinsichtlich ihrer neuen Aspekte als „Behälter" erweist, der die zwei grundlegenden Unterkategorien umfassen kann, die des „*danno biologico esistenziale*" (auf den die konkreten Fälle der Gesundheitsbeein-trächtigungen zurückzuführen sind) und die des „*danno esistenziale non biologico*" (für Beeinträchtigungen von Gütern, die sich von der psychophysischen Unversehrtheit unterscheiden).[2]

Im Folgenden wird versucht, die Debatte der letzten Jahre über die Figur des *danno esistenziale*, der zwischen ergiebigen und feinkörnigen Gebieten, zwischen starken Ge-fühlsregungen und ebenso bedeutenden Ängsten schwankt, kurz zu analysieren.

2. Entstehung und Entwicklung des Begriffs des *danno esistenziale*. Die Krise des traditionellen Schadenersatzmodells. Die vom *danno biologico* erwirkte Revolution und die Gefahr einer übermäßigen Ausweitung seiner Grenzen. Die neue Auslegung von Art. 2059 Cc. Das neue Schadensersatzmodell – Die Debatte in der Lehre

Wie bekannt ist, hat das Thema des *danno esistenziale* zu einer umfassenden Debatte in der Lehre geführt.[3]

Die Problematik erscheint sofort von großer Bedeutung, weil sie eine besondere Di-mension der unverletzbaren Rechte betrifft. Die Theorie der unverletzbaren Rechte

---

2 Vgl. *P. Cendon*, Gli interessi protetti risarcibili nella responsabilità civile, I-IV, 2005.
3 Gemeint sind hier die theoretischen Schulen, die im Laufe der letzten zwanzig Jahre außerordentliche Beiträge geleistet haben. Zum einen gibt es Theoretiker (*F. D. Busnelli, G. Ponzanelli*), die den Sachver-halt des *danno esistenziale* rekonstruiert haben, und dessen Ersatzfähigkeit auf Art. 2059 Cc. zurückfüh-ren, mit der Einschränkung, dass der Schaden einen gewissen Umfang aufweisen muss. Die Einführung eines derartigen Kriteriums, das als „willkürlich und rechtswidrig" definiert wird, ist aufgrund der Verlet-zung des Grundsatzes der Rechtssicherheit auf starke Kritik gestoßen. Ein klarer Bezug auf Art. 2043 Cc. i.V.m. Art. 42 der italienischen Verfassung kommt von einem anderen Ansatz, der den *danno esisten-ziale* als Erläuterung des *danno biologico* betrachtet (*P. Cendon*). Anderer Meinung sind diejenigen, die die Eigenständigkeit des juristischen Begriffs des *danno esistenziale* behaupten und dessen Ersatzfähig-keit, abgesehen von konkreten Auswirkungen, sanktionieren (*P. G. Monateri*).

entwickelt sich auf einer „anderen" Ebene, das heißt auf derjenigen Ebene, die dem Gesetzgeber der Grundnorm Verfügungsbeschränkungen auferlegt. Mit anderen Worten, die Unverletzbarkeit des Rechts bedeutet, dass es dem Gesetzgeber nicht erlaubt ist, dieses zu unterdrücken oder es über eine bestimmte Schwelle hinausgehend einzuschränken. Das unverletzbare Recht ist damit als rhetorisches Mittel entstanden, das die gesetzgeberische Tätigkeit im Interesse des Bürgers einschränkt.

Zwischen den siebziger und den neunziger Jahren hat sich vor allem in der Rechtsprechung eine übermäßige Ausweitung des Begriffs des *danno alla salute* (Gesundheitsschadens) gezeigt:[4] Die Lehre hatte somit die Gelegenheit, zu behaupten, dass auf diese Weise „weit über die veranschlagten Mechanismen, die gewöhnlich auf dem Gebiet der Gesundheitsverletzung wirken, hinausgegangen wird. Das, was als vorausgesetzt gilt, ist nicht das Bestehen einer Reihe von Schadensfolgen zu Lasten des Opfers einer bestimmten Verletzung der psychophysischen Unversehrtheit, sondern die Verletzung selbst".[5] Infolge dieser Entwicklung in der Rechtsprechung hat die Lehre versucht, die Interpretationsmodelle des traditionellen Entschädigungssystems zu bestimmen, mit denen die Maschen der zivilrechtlichen Haftung ausgeweitet werden konnten. Eines dieser Modelle betonte die Notwendigkeit der „*patrimonialità*" (der wirtschaftlichen Bewertbarkeit), da es diese für die passendste Antwort hielt,[6] das heißt, es lenkte die Aufmerksamkeit vom *danno patrimoniale* auf den *danno alla persona*, und in diesem wiederum von einem hinsichtlich der Ertragsfähigkeit bewerteten Schaden zu einem Schaden, der auf den „Wert Mensch" in seiner konkreten Dimension bezogen ist. Daraus ergab sich eine Erweiterung des Vermögensbegriffs, der nicht mehr nur im Tauschwert von Gütern besteht, die einen vermögensrechtlich bewertbaren Schaden erlitten haben, sondern auch in der Gesamtheit der das Subjekt betreffenden Nutzen, deren Minderung eine konkrete wirtschaftliche und zu entschädigende Beeinträchtigung bedingt. Gegen diesen Ansatz wurde eingewandt, dass eine solche Weite des Begriffs nur dazu führen konnte, dass seine Grenzen unbestimmt werden und dass dieser dadurch nutzlos wird.[7] Eine andere Auslegung hat dagegen wieder die Formel des Schadens als Verletzung eines Interesses vorgeschlagen: Man denke an die Lektion von Carnelutti (und seine Theorie der Personenschäden), für den das Interesse die Beziehung *quae inter est* dem Menschen und dem Gut. Laut dieser Theorie haben Art. 2043 Cc. und die dort enthaltene Klausel der Rechtswidrigkeit des Schadens allgemeine Tragweite. Art. 2059 Cc. ist dagegen restriktiv zu interpretieren, das heißt er gilt nur für die *danni morali,* die auch nur vorübergehende seelische Störungen zum Gegenstand haben.

Dieser Ansatz ist durch zahlreiche Überlegungen erweitert worden, die schließlich zu einer möglichen Überwindung der Entschädigungseinschränkungen von Art. 2059 Cc. führten, welcher nur für die *danni morali* als anwendbar betrachtet wurde. Trotz der zahlreichen Anwendungen (dieses Modell ist auch angesichts einer Verletzung der

---

4 Appello Milano, 9. Mai 1986, FI, 1987, I, S. 2870; Trib. Milano, 7. Januar 1988, FI, 1989, I, S. 903; Appello Milano, 29. November 1991, Nuova Giurispr. civile commentata, 1992, I, S. 844; Appello Milano, 17. Juli 1992, G.I., 1994, I, S. 717.

5 So *P. Cendon/P. Ziviz*, Il danno esistenziale, 2000, S. 31.

6 So *F. D. Busnelli*, a.a.O., S. 41.

7 *P. Ziviz* (oben N. 5), S. 38.

verfassungsrechtlich garantierten Interessen erwähnt worden, wie im Fall der Verletzung der Persönlichkeitsrechte[8] oder im Fall der Verletzung der familiären Beziehungen[9]) und der Zustimmung des Verfassungsgerichtshofs (der mit dem Urteil vom 14. Juli 1986, Nr. 184 einen Schadensbegriff bestätigt hat, der die Ersatzfähigkeit in der Verletzung des verfassungsrechtlich geschützten Interesses ermittelte), stieß dieses Modell auf heftige Kritik. Grund dieser Kritiken war, dass ein Schadensersatzmodell, das nicht an die negativen, zu Lasten des Opfers entstehenden Folgen gebunden ist, weder zwischen rechtswidrigem Verhalten und Schaden zu unterscheiden, noch die Grundsätze des Schadensersatzes zu berücksichtigen weiß.[10]

Die Tendenz zu einer allmählichen Erweiterung des Begriffs der zivilrechtlichen Haftung spiegelt sich auch im Auftauchen von neuen Schadensfiguren wieder. Im Bewusstsein der Schwierigkeit, in den Bereich des *danno biologico* oder des reinen *danno morale soggettivo* alle Fälle der negativen Auswirkungen für die Existenz einer Person einzugliedern, die aus einer verletzenden und rechtswidrigen Handlung hervorgehen, hat die Lehre darüber gewacht, dass die Schadenstypen nicht weiter zunehmen. Demzufolge ist die Notwendigkeit hervorgehoben worden, alle aus den Gerichtsurteilen hervorgehenden Schadenstypen auf einen gemeinsamen Kern zurückzuführen. Aus diesen Überlegungen ist der *danno esistenziale* hervorgegangen, eine Kategorie, die geeignet ist, den gesamten Bereich der Nichtvermögensschäden zu umfassen, die sich vom „körperlichen und seelischen Schmerz" unterscheiden.[11] Mit der Konstruktion dieser Kategorie soll das traditionelle Modell überwunden und ein System geschaffen werden, das in der Lage ist, den traditionellen Schadensfiguren des *danno patrimoniale* und *morale* einen neuen nichtvermögensrechtlichen, aber laut Art. 2043 Cc. ersatzfähigen Schadensersatztyp zur Seite zu stellen. Art. 2043 Cc. gilt dabei als Norm, die den Fällen gerecht zu werden vermag, in denen die Tätigkeiten der Person beeinträchtigt sind. Wie schon hervorgehoben worden ist, gilt der *danno esistenziale* als jüngster Zielpunkt einer geschichtlichen Entwicklung, aufgrund der die Interpreten die strenge traditionelle Aufteilung zu überwinden versuchen, die die zwei Typologien des *danno patrimoniale* und des *danno non patrimoniale* im Sinne des *danno morale* umfasst.[12] Dieser Ansatz geht von der folgenden Betrachtung aus: Entschädigt man den *danno biologico,* der von Mal zu Mal in der Beschwernis, in der psychologischen Störung und in der Verletzung eines vermeintlichen „Rechtes, gut zu leben" ermittelt wird, so würde man bei Abwesenheit von tatsächlichen psychophysischen Pathologien den Begriff des Gesundheitsrechts entarten. Dieses Recht behielte dagegen seine Identität und seinen Umfang unversehrt bei, wenn man auf den *danno esistenziale* als Begriff zurückgreifen würde, der eine Entschädigung garantiert, wenn die Persönlichkeitssphäre des Opfers beeinträchtigt ist.[13]

---

8 Cass. 23. März 1996, Nr. 2576, D.Resp., 1996, S. 320.

9 Cass. 11. November 1986, Nr. 6607, Foro it., 1987, I, S. 833.

10 Vgl. *P. Ziviz* (oben N. 5), S. 36.

11 *P. Ziviz* (oben N. 5), S. 867.

12 Vgl. *B. Lasagno*, in: Trattato breve di nuovi danni, 2001, S. 2765.

13 Laut *P. Ziviz* darf das verletzende Ereignis nicht nur Vermögensschäden verursachen, „bensì una compromissione delle esplicazioni esistenziali afferenti all'agire non reddituale del soggetto danneggiato, prospettandosi per la vittima la necessità di adottare nella vita di ogni giorno comportamenti diversi dal passato".

Diese neue Figur des *danno esistenziale* hat die Aufmerksamkeit der Juristen auf sich gelenkt, womit sie in vielen Urteilen der Rechtsprechung Zuspruch fand, aber auch auf Kritik stieß.

Es ist schon bemerkt worden, dass der *danno biologico* auf diese Weise die Voraussetzung einer allgemeinen Kategorie von existenziellen Beeinträchtigungen bilden kann, die bei jeder Art der Verletzung von nichtvermögensrechtlichen Interessen der Person relevant ist.[14] Folglich können die *danni esistenziali* nicht mit den *danni alla salute* gleichgesetzt werden, da letztere anhand gerichtsmedizinischer Kriterien „gemessen" werden können.

Darauf ist entgegnet worden, dass eine solche Perspektive „durch das Vorurteil, dass der *danno alla salute* einzig und unwiederholbar sei, verfälscht zu werden scheint".[15]

Eine andere Theorie begründete ihre Kritik gegenüber der neuen Schadensfigur des *danno esistenziale* auf die Betrachtung seiner wesentlichen praktischen Nutzlosigkeit. Es ist festgestellt worden, dass durch das zweipolige System bereits die Möglichkeit gegeben ist, den nichtvermögensrechtlichen Interessen, die sich in ihrer verfassungsrechtlichen Bedeutung von der Gesundheit unterscheiden, gerecht zu werden; und zwar durch eine evolutive Interpretation von Art. 2059 Cc.[16]

3. Die Maßnahmen der Rechtsprechung: Vom „statischen" *danno esistenziale* zu den Urteilen Cass. civ. Sez. I, Nr. 7713 vom 7. Juni 2000 und Cass. civ. Sez. lav Nr. 9009 vom 3. Juli 2001. Die Rolle der Urteile Nr. 8827 und Nr. 8828 vom 31. Mai 2003: Der *danno non patrimoniale* (Nichtvermögensschaden) ist in seiner weit gefassten Bedeutung als Schaden zu verstehen, der durch die Verletzung von einer in der Person wohnenden, nicht wirtschaftlich bewertbaren Interessen verursacht wird. Die Maßnahmen von 2005 und 2006

Die neue Figur des *danno esistenziale* hat schon seit 1996 bei den zur Sache entscheidenden Gerichtshöfen Zusage gefunden, bei denen – in Bezug auf einen Fall der Verletzung der persönlichen Identität aufgrund der nicht wahrheitsgemäßen Zuordnung zu einer politischen Bewegung – ein statischer *danno esistenziale* dargestellt worden ist. Dieser Schaden gründet auf der „Ermittelbarkeit einer Beeinträchtigung in jeder Verletzung eines beliebigen Persönlichkeitsrechts, absehend vom verletzten Subjekt nur aufgrund der Tatsache, dass es sich um eine menschliche Person handelt".[17]

---

14 Vgl. *E. Navarretta*, *Il futuro del danno alla persona tra progetti di legge e diritto vivente*, Danno e responsabilità, 2000, 11, 1141, laut dem „il danno morale da lesione della salute così come il danno non patrimoniale da lesione di altri interessi della persona non hanno le caratteristiche proprie di un pregiudizio misurabile e compensabile a differenza del diritto alla salute. A parità di rango costituzionale del principio coinvolto, può mutare la regola di risarcibilità dei pregiudizi pur sempre aredittuali in rapporto alla loro diversità funzionale, a seconda cioè che risultino compensabili o, viceversa, suscettibili solo di una risposta di tipo satisfattivo ed, in via integrativa, di tipo deterrente".

15 *P. Ziviz*, Equivoci da sfatare sul danno esistenziale, Resp. civ. prev., 2001, S. 817.

16 *M. Rossetti*, Danno esistenziale: adesione, iconoclastia o...?, Danno e resp., 2003, S. 213.

17 Trib. Verona, 26. Februar 1996, GI, S. 576.

Dieser Erklärung sind viele andere gefolgt, in denen das Bestehen des *danno esistenziale* in Bezug auf eine Reihe von Schadensfällen anerkannt worden ist.[18]

Sehr wichtig waren in diesem Zusammenhang auch die Entscheidungen des höchsten Gerichts,[19] die im Wesentlichen hervorheben wollten, dass der *danno esistenziale* ein Schadensfall ist, der nicht nur in Bezug auf die reinen Vermögensschäden, sondern auch in Bezug auf die Schäden, die die „selbstverwirklichenden Tätigkeiten der menschlichen Person verhindern, zu ersetzen ist".[20]

Im Besonderen wird hier das Urteil erwähnt, das für die Schadensersatzpflicht vorsieht: „L'obbligo del risarcimento del danno quale sanzione per una condotta che si qualifica come illecita, sia perché contrassegnata dalla colpa del suo autore, sia perché lesiva di una posizione giuridica della vittima tutelata erga omnes da altra norma primaria; l'ingiustizia menzionata dall'art. 2043 Cc. è male riferita al danno, dovendo piuttosto essere considerata attributo della condotta ed identificata con l'illiceità, da intendersi nel duplice senso suindicato; la responsabilità aquiliana postula quindi che il danno inferto presenti la duplice caratteristica di essere *contra jus* e cioè lesivo di un diritto soggettivo (assoluto) e *non jure* e cioè derivante da un comportamento non giustificato da altra norma".

Die von der Rechtsprechung vorgenommene Rekonstruktion für die juristische Kategorie des *danno esistenziale* findet in den Urteilen Cass. civ. Sez. I, Nr. 7713 vom 7. Juni 2000[21] und Cass. civ. Sez. lav Nr. 9009 vom 3. Juli 2001[22] die Einleitung der Diskussion über die Möglichkeit, eine Entschädigung des sich vom *danno biologico* abgrenzenden Schadens zuzuerkennen, in Verbindung von Art. 2043 Cc. mit den verfassungsrechtlichen Bestimmungen. Diese Urteile haben den *danno esistenziale* auf diejenigen Fälle zurückgeführt, in denen die Tätigkeiten der Persönlichkeitsentfaltung beeinträchtigt werden können: Das gilt für solche Fälle, in denen die familiäre Privatsphäre, die Nutznießung einer gesunden Umwelt und einer Situation des allgemeinen Wohlergehens und die friedvolle Ausführung der Arbeitstätigkeit verhindert werden.

Im Besonderen hatte der oberste Gerichtshof erklärt, dass „Beeinträchtigungen der existenziellen Dimension, die auch Unannehmlichkeiten und Störungen subjektiver Art umfassen, ähnlich wie Beeinträchtigungen der Gesundheit" nicht außerhalb des

---

18 Vgl. die Urteile Giudice di pace Casamassima, 10. Juni 1999, Diritto e resp., 2000, S. 89; Trib. Milano, 21. Oktober 1999, GI, 2000, S. 554; Trib. Locri, 6. Oktober 2000, Nr. 462, Diritto e resp., 2001, S. 393.

19 Corte Cass. SS.UU., 8. Juni 2000, Nr. 7713, GI, 2000, S. 1352; 2. Februar 2001, Nr. 1516, GI, 2001, S. 282; 2. April 2001, Resp. civile e previdenza, 2001, S. 555.

20 Cass. 7. Juni 2000, Nr. 7713, GI, 2000, S. 1352.

21 Der Kassationsgerichtshof führt dazu aus: „Die Verletzung der Grundrechte der menschlichen Person, die an der Spitze der Hierarchie der verfassungsrechtlich garantierten Rechte stehen, ist, da es sich um eine Verletzung an sich handelt, unabhängig von ihren vermögensrechtlichen Hintergründen nicht als *danno morale*, sondern als *danno esistenziale* und gemäß der in Art. 2043 enthaltenen Bestimmung der Verfügbarkeit i.V.m. Art. 2 Cost. zu entschädigen".

22 Der Kassationsgerichtshof erklärt: „Der Ausfall der Nutznießung der Wochenruhe verletzt nicht nur die wirtschaftlichen Rechte, sondern auch die Grundrechte des Arbeiters, wobei ein *danno biologico* beziehungsweise *danno esistenziale* verursacht wird: Dieser letzte kann – gemäß Art. 2043 Cc. – entschädigt werden, wenn der Beweis der Verletzung eines unverletzbaren Grundrechts der Person eingegangen ist".

Schadensersatzrechts eingeordnet werden konnten, und das aufgrund einer verfassungsrechtlich orientierten Interpretation des zivilrechtlichen Haftungssystems.

Von großem Interesse sind auch die Urteile Nr. 8827 und Nr. 8828 vom 31. Mai 2003,[23] laut denen in unserer Rechtsordnung – in der die Verfassung als primäre Quelle eine Vorrangstellung einnimmt – der Nichtvermögensschaden in seiner weit gefassten Bedeutung zu verstehen ist, nämlich als Schaden, der durch die Verletzung von nicht wirtschaftlich relevanten Interessen der Person verursacht wird.

Besonders die Rechtsinstanzen hielten es für „zweckmäßig", zwischen dem zu unterscheiden, was als subjektiver immaterieller Schaden und was als Entschädigung anderer, nicht das bloße seelische Leid betreffende Beeinträchtigungen zuzuerkennen ist, das heißt, was als Entschädigung des *danno biologico* im engen Sinn abzugelten sei.

Diese Urteile sprechen zwar deutlich von *danno esistenziale*, vermeiden jedoch tatsächlich eine derartige spezifische Terminologie, da „es nicht von Vorteil zu sein scheint, aus dieser allgemeinen Kategorie spezifische Schadensfiguren herauszunehmen und sie auf verschiedene Art zu etikettieren: Das, was für die Billigung des Schadensersatzes ausschlaggebend ist, ist die rechtswidrige Verletzung eines der Person innewohnenden Interesses, aus der sich Beeinträchtigungen ergeben, die wirtschaftlich nicht bewertbar sind".

Mit diesem Widerstreben entwickelt sich in Wirklichkeit ein Schutz des Nichtvermögensschadens in seiner weit gefassten Bedeutung als Schaden, der durch die Verletzung von der Person innewohnenden Interessen bestimmt wird, die wirtschaftlich nicht relevant sind.

In den Urteilen von 2003 hat sich schließlich bestätigt, dass in der geltenden Rechtsordnung, in der die Verfassung (die in Art. 2 unantastbaren Menschenrechte anerkennt und gewährleistet) eine Vorrangstellung einnimmt, der Nichtvermögensschaden in seiner weit gefassten Bedeutung zu verstehen ist, nämlich als Schaden, der durch die Verletzung von der Person innewohnenden Interessen bestimmt wird, die wirtschaftlich nicht relevant sind.

Ein Gleichgewicht zwischen den verschiedenen Positionen ist schließlich vom Urteil des Kassationsgerichtshofs Nr. 6732 von 2005[24] erzielt worden, gemäß dem die Verletzung von unantastbaren oder grundlegenden Rechten und von juristisch geschützten Interessen, die Lebensgüter oder wesentliche Güter für die Gemeinschaft betreffen, eine Verschiedenartigkeit von Situationen mit sich bringt, die eine allgemeine Klassifizierung schwierig machen. Die Verletzung des Rufes des Unternehmers durch rechtswidrigen Protest – insofern dieser sich auf die grundlegenden Werte der Person auswirkt – verursacht, wie im Urteil erklärt wird, einen nichtvermögensrechtlichen Schaden, der sich gemäß Art. 2059 Cc. als ersatzfähig erweist, auch in Abwesenheit der Feststellung einer als Straftat betrachteten Handlung. Eine bedeutende Neuauslegung der Reorganisation des Systems der zivilrechtlichen Haftung wird in den Urteilen von

---

23 Mit diesen Urteilen hat der Kassationsgerichtshof die Nichtqualifizierung des *danno esistenziale* als neuen Typus des ersatzfähigen Schadens sanktioniert.
24 Cass. civ., 30. März 2005, Nr. 6732, Corriere giur., 2005, S. 12 mit Anmerkung von *De Marzo*.

2006[25] geliefert, die die ontologische Existenz des *danno esistenziale* wieder in Frage gestellt haben.

Darin wird betont, dass „ai fini dell'art. 2059 Cc. non può farsi riferimento ad una generica categoria di danno esistenziale, poiché attraverso questa via si finisce per portare anche il danno non patrimoniale nell'atipicità, sia pur attraverso l'individuazione dell'apparente tipica figura categoriale del danno esistenziale".

4. Die vier von den Vereinigten Senaten des Kassationsgerichtshofs verkündeten Urteile vom 11. November 2008: die Arzthaftung (Nr. 26972/2008), die Verkehrsunfallhaftung (Nr. 26973/08 und 26974/08) und die Immissionshaftung (Nr. 26975/08)

In dieser kurz dargestellten Situation erscheint nun der oberste Gerichtshof, der bei Vereinigten Senaten am 11. November 2008 vier wichtige Urteile zu verschiedenen Bereichen der zivilrechtlichen Haftung ins Leben gerufen hat, nämlich zu dem der Arzthaftung, der Unfallhaftung und der Immissionshaftung.[26] Die allen Urteilen gemeinsame Grundvoraussetzung ist, dass die Entschädigung des Nichtvermögensschadens das Prinzip des „Vollersatzes" und die Berücksichtigung der „relationalen Aspekte" der Person zugrunde legt.

Die Urteile analysieren die morphologischen und funktionalen Aspekte des Nichtvermögensschadens und antworten, zumindest auf den ersten Blick, negativ auf die Frage, ob es berechtigt und zeitgemäß ist, neben dem subjektiven ideellen Nichtvermögensschaden und dem *danno morale,* über einen *danno esistenziale* zu diskutieren. Es zeigt sich somit eine Orientierung, gemäß der die „existentiellen Beeinträchtigungen ersatzfähig sind, vorausgesetzt, dass sie von der Verletzung eines unantastbaren Rechts der Person herrühren": Diese Position nimmt eine Orientierung der Rechtsprechung wieder auf, die die Einführung der Kategorie des *danno esistenziale* für nicht notwendig hält. Gerade aufgrund einer Interpretation von Art. 2059 Cc., der nicht als ein eigenständiger Schadensfall mit eigenen Merkmalen zu verstehen ist. Dieser stellt sich als Ergänzung des Schadensersatzrechts des Geschädigten dar, während Art. 2043 Cc. die Elemente zusammenfasst und beschreibt, die durch das Erfordernis der Rechtswidrigkeit gekennzeichnet und notwendig sind, damit sich ein ersatzfähiger Schaden ergibt. In den letzten Jahren haben die Fälle von mikroexistentiellen Schäden zugenommen, das heißt die Fälle, in denen jegliche Art der Verletzung einen Schadensersatz zur Folge hatte.[27] In Wirklichkeit ist jedoch die Orientierung vorzuziehen, die die ersatzfähigen Schäden in der erschöpfenden Aufzählung von Art. 2059 Cc. in Verbindung mit den verfassungsrechtlichen Normen wählt.

---

25 Cass. 17. Juli 2006, Nr. 15760 und Cass. 9. November 2006, Nr. 23918.

26 Der Bezug gilt folgenden Urteilen: Cass. 26972/08; Cass. 26973/08 und 26974/08; Cass. 26975/08.

27 Friedensrichter Bari, 22. Dezember 2003: Schaden durch Verstopfung des Briefkastens; Friedensrichter Rom, 11. Juli 2009: Schaden durch verspäteten Fernsprechanschluss; Friedensrichter Neapel, 29. Mai 2005: Schaden durch Telefon-Spamming; Friedensrichter Caserta, 10. Mai 2005: Schaden durch *elektrischen Blackout*; Friedensrichter Castania, 25. April 2003, Schaden durch schlechten Haarschnitt; Friedensrichter Massa, 17. November 2003: Schaden durch Gepäckverlust.

Daher ist nicht jede Verletzung einer subjektiven Rechtslage – als Ereignis in sich – ersatzfähig: Es sind nur diejenigen Verletzungen ersatzfähig, die einen Schaden verursachen, der als rechtswidrig qualifizierbar beziehungsweise *contra jus* ist, und der damit ein subjektives (absolutes) Recht ist, das nicht aus einer von anderer Norm gerechtfertigten Handlung hervorgeht. Diese Verletzungen müssen im Verfahren einen angemessenen und rigorosen Beweis in Bezug auf die möglichen Qualifizierungen finden, um den Rückgriff auf Schadensliquidationen nach automatischen Kriterien zu vermeiden. Mit diesen in den Urteilen ausgesprochenen Belangen lässt sich gewiss nicht – im Vergleich zu den anhängigen Rechtsverfahren – die Folgeerscheinung verbinden, dass alle vor diesen Urteilen durchgeführten Liquidationen des *danno morale* als *danni morali soggettivi* im Sinne von vorübergehendem Leid anzusehen sind. Außerdem kann nicht angenommen werden, dass diese im Lichte der neuen Grundsätze zu erneuern sind. Es ist dagegen eine objektive Tatsache, dass das Gericht bei der Liquidation des *danno morale* fast immer sowohl die Dauer der Beeinträchtigung, als auch das, was diesen verursacht, berücksichtigt hat. In den Fällen der Liquidation des *danno morale* an Hinterbliebene von Familienangehörigen ist bei der Feststellung, ob die vorher gefällten Urteile den im Urteil der SS.UU. Nr. 26972 von 2008 dargelegten Grundsätzen entsprechen, zu beachten, ob die erfolgte Liquidation des Nichtvermögensschaden auch einen aus der Verletzung des Verwandtschaftsrechts hervorgehenden Schaden umfasst oder nicht.

Mit anderen Worten: Es wird der Ansatz der Rechtsprechung bevorzugt, gemäß dem kein Schadensersatz zuerkannt werden kann, wenn dieser auf der reinen Beschreibung einer existentiellen Beeinträchtigung gründet: Dieser muss nicht von der notwendigen Ermittlung des durch rechtswidrige Handlung[28] verletzten und juristisch relevanten Interesses begleitet werden, die, was den verfassensrechtlichen Aspekt betrifft, die Beweislast erfüllt. Tatsächlich haben die Vereinigten Senate die These kritisiert, die „den Anspruch erhebt, die verfassungsrechtliche Bedeutung mit Bezug auf die Art der Beeinträchtigung und nicht mit Bezug auf das verletzte Recht, das den Schadensfall verursacht hat, zu prüfen".

Ein Aspekt, der jedoch nicht klar zu sein scheint, betrifft die Frage, welche die verfassungsrechtlich qualifizierten Rechte sind: Das Kassationsgericht begrenzt diesen Begriff nicht, offensichtlich um den von Fall zu Fall erzielten Interpretationen Raum zu lassen, unter Beibehaltung der Zulässigkeit von nicht so rigorosen Interpretationen dank der allgemeinen Klausel des von Art. 2 Cost. erklärten Schutzes der menschlichen Person.

Unter dem Gesichtspunkt der Beweisfähigkeit ist dargelegt worden, dass das Vorhandensein von existentiellen Beeinträchtigungen, die die relationalen Aspekte betreffen und sich durch Verletzung der psychophysischen Unversehrtheit ergeben, nur Formen des *danno biologico* in seinem dynamischen Aspekt sein können. Genau diese Stellungnahme scheint einer der neuralgischen Aspekte der Urteile der Vereinigten Senate zu sein.

---

28 Dieser Ansatz sieht in Wirklichkeit das Überwiegen der Orientierung in der Rechtsprechung, die die Einführung der Figur des *danno esistenziale* für nicht notwendig hält. Man erinnere sich an die Bedeutung der Erklärung der Cass. civ., 6. November 2006, Nr. 23918 (FI, 2007, I, c.71 mit Anmerkung von *A. Palmieri*).

Aufgrund der Feststellung, dass die vorhergehenden Ansätze eine Ausbreitung der sogenannten Bagatellstreits zur Folge hatte, stigmatisieren die Urteile schließlich die Verbreitung dieser Handhabung.[29]

Ein neues Urteil des Kassationsgerichts[30] hat jedoch im Februar 2009 die Erklärungen der Vereinigten Senate widerrufen, indem es bestimmt, dass der Friedensrichter den *danno morale* „außerhalb der vom Gesetz festgelegten Fälle" entschädigen kann.

Der konkrete Fall dreht sich um die Klageabweisung einer Tierklinik, die für den Tod einer Katze infolge unzureichender Gesundheitsleistungen verantwortlich war: Das Kassationsgericht hat erklärt, dass auch der Verlust eines Tieres Anlass zur Entschädigung des *danno morale*, als Form des Nichtvermögensschadens sein kann.

Genauer gesagt, der Friedensrichter kann die Schadensersatzleistung des nichtvermögensrechtlichen Schadens auch außerhalb der „Fälle, die vom Gesetz festgelegten werden, und die die Verletzung der verfassungsrechtlich geschützten Werte der menschlichen Person betreffen, bestimmen", wenn der Geschädigte den erlittenen Schaden beweist.

Der Widerspruch zwischen den beiden Urteilen ist deutlich: Die Vereinigten Senate haben die allgemeinen Bestimmungen des nichtvermögensrechtlichen Schadensersatzrechtes gemäß Art. 2059 Cc. auch auf die Billigkeitsentscheidungen ausgedehnt, die das Hauptproblem darstellen.

Der Beschluss 4493/2009 scheint nun jedoch – vielleicht mit willkürlicher Modalität – alle „nicht ersatzfähigen Schäden" in den Urteilen nach Recht mit den Urteilen nach Billigkeit gleichsetzen zu wollen.

Nach der erfolgten Arbeit der Rechtsprechung zu diesen Themen, hat der Gesetzgeber das D.P.R. Nr. 37[31] am 3. März 2009 erlassen. Dieser hat den Unterschied zwischen *danno biologico* und *danno morale* sanktioniert, indem er festgelegt hat, dass der zweite nicht in die engen Beschränkungen gemäß Art. 138-139 des Versicherungskodex[32] eingeordnet werden kann.

---

29 Die Vereinigten Senate erklären, dass eine Entschädigung auch in den Rechtsstreitigkeiten nicht gerechtfertigt werden kann, „in cui il danno consequenziale è futile o irrisorio, ovvero, pur essendo oggettivamente serio, è tuttavia, secondo la coscienza sociale, insignificante o irrilevante per il risultato raggiunto".

30 Cass. civ., sez. III, 25. Februar 2009, Nr. 4493.

31 In G.U. 22.4.2009.

32 Gemeint ist hier das d.lgs. 209 von 2005. Auch den *danno morale* in den Bereich der Art. 138 und 139 einzugliedern, ist aus folgenden Gründen nicht möglich: 1) Der *danno morale* schützt die menschliche Würde (gemäß Art. 2, 3 Cost.), im Vergleich zum *danno biologico* gemäß Art. 32 Cost. (wenn mehrere Interessen verletzt werden, müssen wegen der Vollständigkeit des Schadensersatzes alle entschädigt werden). 2) Der *danno morale* betrifft das „Empfinden" und nicht das beziehungsdynamische Profil, auf das der Versicherungskodex gemäß Art. 138 und 139 Bezug nimmt; der Begriff der „Relationalität" selbst schließt aus, dass eine intime Verletzung der Person erfasst werden kann. 3) Der *danno biologico* ist tendenziell allumfassend: Werden neben der Gesundheit keine anderen Interessen verletzt, so genügt allein der Schadensersatz des *danno biologico*, das schließt jedoch nicht aus, dass andere nachgewiesene Verletzungen bei der Liquidation zu berücksichtigen sind; der *danno biologico* ist nur *tendenziell* und nicht absolut allumfassend. 4) Als der Versicherungskodex geschrieben wurde, war der *danno morale* vom *danno biologico* getrennt, mit der Folge, dass man nicht annehmen darf, dass sich der Gesetzgeber von 2005 auf einen normativen Zusammenhang der Rechtsprechung bezieht, in dem der

Diese Bestimmung betrifft die Anerkennung von besonderen Krankheiten, die durch dienstbedingte Ursachen für das Personal von Militärmissionen im Ausland entstehen: Diese Regelung bekräftigt, dass der *danno morale* nicht aus der Architektur der zivilrechtlichen Haftung entfernt worden ist. Außerdem darf der *danno morale* nicht als in dem sogenannten allumfassenden *danno biologico* inbegriffen gesehen werden.

Aus dieser kurzen Untersuchung geht hervor, dass im privatrechtlichen Sektor das Thema des Personenschadens große Beachtung gefunden hat. Die sowohl durch die tatrichterliche und höchstrichterliche Rechtsprechung, als auch durch die Überlegungen der Lehre, eine heftige Entwicklung in den verschiedenen Orientierungen mit sich gebracht hat.

Die Urteile der Vereinigten Senate haben keine *deminutio* des Schutzes bewirkt, sondern eine perspektivische Sicht desselben, der sich in gewissen Aspekten von dem bereits bekannten unterscheidet. Die letzten Urteile erweitern die Debatte und zeigen wieder einmal die Aktualität des Themas.

---

danno biologico den *danno morale* einverleibt; glaubt man an diese Tatsache, so bedeutet das, dass man nicht nur das Gesetzeswort, sondern auch seine eingebende *ratio* verletzen würde.

Esther Happacher
Der italienische Verfassungsgerichtshof und das Vorabentscheidungsverfahren gemäß Art. 234 EGV: neue Entwicklungen

I. Einleitung

Mit dem Beschluss Nr. 103/2008[1] hat sich der italienische Verfassungsgerichtshof (im Folgenden: italVerfGH) zum ersten Mal auf der Grundlage von Art. 234 EGV an den Europäischen Gerichtshof EuGH gewandt, um im Wege des Vorabentscheidungsverfahrens Interpretationszweifel hinsichtlich gemeinschaftsrechtlicher Normen zu klären, die für die Entscheidung über die Verfassungsmäßigkeit regionalgesetzlicher Bestimmungen im Rahmen einer direkten Verfassungsbeschwerde von Bedeutung sind. Diese erstmalige Nutzung des Instruments zur Zusammenarbeit zwischen dem EuGH und den Gerichten der Mitgliedstaaten, das die einheitliche Anwendung des Gemeinschaftsrecht sicherstellen soll, wurde prompt als Überschreiten des Rubikon[2] auf dem gemeinschaftsrechtlichen Weg[3] des italVerfGH bezeichnet.

II. Zur Rechtsprechung des italVerfGH bis zu den Entscheidungen Nr. 102/2008 und Nr. 103/2008

1. *Das Verhältnis zwischen italienischer Rechtsordnung und Gemeinschaftsrechtsordnung*

a) Dualismus und Vorrang des Gemeinschaftsrechts

Der Hintergrund, vor dem der Richtungswechsel in der Judikatur des italVerfGH stattfand, wäre ohne eine Skizzierung des Verhältnisses zwischen italienischer Rechtsordnung und Gemeinschaftsrechtsordnung aus der Sicht des italVerfGH unvollständig beschrieben.[4] Diese gilt allgemein als dualistisch.[5]

---

1 Giurisprudenza costituzionale 2008, 1292.
2 *Sorrentino*, Svolta della Corte sul rinvio pregiudiziale: le decisioni 102 e 103 del 2008, Giurisprudenza costituzionale 2008, 1288, 1289.
3 Der Ausdruck des „gemeinschaftsrechtlichen Weges" („*cammino comunitario*") des italVerfGH wurde von *Barile* in seinen Ausführungen zum Urteil Nr. 183/1973 geprägt, in dem der italVerfGH grundlegende Aussagen zum Verhältnis zwischen der italienischen Rechtsordnung und der Gemeinschaftsrechtsordnung tätigte: *Barile*, Il cammino comunitario della Corte, Giurisprudenza costituzionale 1973, 2406.
4 Vgl. die grundlegenden Urteile Nr. 183/1973 (Giurisprudenza costituzionale 1973, 2401), Nr. 170/1984 (Giurisprudenza costituzionale 1984, 1098) sowie Nr. 389/1989 (Giurisprudenza costituzionale 1989, 1757) und Nr. 94/1995 (Giurisprudenza costituzionale 1995, 788).
5 Vgl. etwa *Salmoni*, La Corte costituzionale e la Corte di Giustizia delle Comunità europee, Diritto Pubblico 2002, 491; *Guastini*, Diritto internazionale, diritto comunitario, diritto interno: monismo o

Bis zum Verfassungsreformgesetz Nr. 3 vom 18. Oktober 2001[6] (im Folgenden VerfG Nr. 3/2001) bot Art. 11 italVerf die verfassungsrechtliche Deckung der Teilnahme der italienischen Republik am europäischen Integrationsprozess.[7] Der italVerfGH betrachtete die Rechtsordnung der Europäischen Gemeinschaften als eine autonome und von der staatlichen Rechtsordnung getrennte Rechtsordnung, mit welcher sie jedoch koordiniert werden müsse und mit der sie kommuniziere.[8] Er ging davon aus, dass die italienische Rechtsordnung grundsätzlich den Verpflichtungen aus dem Gemeinschaftsrecht entsprach. War dies in einem konkreten Sachverhalt nicht der Fall und auch nicht im Wege einer gemeinschaftsrechtskonformen Interpretation zu erreichen[9], entfalteten unmittelbar anwendbare Gemeinschaftsrechtsnormen ihre Wirkungen direkt in der italienischen Rechtsordnung, um ihre umfassende verbindliche Wirksamkeit und einheitliche Anwendung im Wege des Vorrangs des Gemeinschaftsrechts sicherzustellen.[10] Soweit sich der durch die Gemeinschaftsrechtsordnung geregelte Bereich erstreckte, zog sich die italienische Rechtsordnung in den Augen des italVerfGH zurück.[11]

Aus verfassungsrechtlicher Sicht nahmen der Grundsatz der Rechtssicherheit und das Prinzip der Vorherrschaft des Gemeinschaftsrechts[12] die Gerichte und die Verwaltungsbehörden in die Pflicht, dem unmittelbar anwendbaren Gemeinschaftsrecht widersprechende innerstaatliche Normen unangewendet zu lassen,[13] ebenso den Gesetzgeber, die für eine gemeinschaftsrechtskonforme Rechtsordnung notwendigen Änderungen auch in Form von Aufhebungen von Bestimmungen vorzunehmen.[14]

---

dualismo?, in: Scritti in onore di Livio Paladin, III, 2004, 1195, 1208 f. Die Haltung des EuGH wird in der italienischen Literatur im Allgemeinen als Ausdruck für eine monistische Sichtweise aufgefasst, was sich auf die Position des EuGH zurückführen lässt, das Gemeinschaftsrecht lege aufgrund seiner Autonomie und Eigenständigkeit seine Wirkungen selbst fest: Rs. 26/62, *Van Gend&Loos*, Slg 1963, 1, Rdnr. 10; Rs. 6/64, *Costa/ENEL*, Slg 1964, 1251, Rdnr. 3. Vgl. dazu *Guastini*, Diritto internazionale, 1206.

6 GA Nr. 248 vom 24.10.2001.

7 Siehe Urteil Nr. 14/1964 (GA 1. Sonderserie Nr. 67 vom 14.3.1964). Art. 11 italVerf bestimmt: „... *unter der Bedingung der Gleichstellung mit den übrigen Staaten stimmt es* [Italien] *den Beschränkungen der staatlichen Souveränität zu, sofern sie für eine Rechtsordnung nötig sind, die den Frieden und die Gerechtigkeit unter den Nationen gewährleistet; es fördert und begünstigt die auf diesen Zweck ausgerichteten internationalen Organisationen.*"

8 Urteil Nr. 170/1984: „*Vi è un punto fermo nella costruzione giurisprudenziale dei rapporti fra diritto comunitario e diritto interno: i due sistemi sono configurati come autonomi e distinti, ancorché coordinati, secondo la ripartizione di competenza stabilita e garantita dal Trattato.*" Urteil Nr. 389/1989: „... *il riconoscimento dell'ordinamento comunitario e di quello nazionale come ordinamenti reciprocamente autonomi, ma tra loro coordinati e comunicanti ....*".

9 Vgl. *Paterniti*, La riforma dell'art.117 comma 1, Cost. e le nuove prospettive nei rapporti tra ordinamento giuridico nazionale e Unione europea, Giurisprudenza costituzionale 2004, 2101, 2111 f.

10 Vgl. Urteil Nr. 94/1995.

11 Urteile Nr. 285/1990 (GA 1. Sonderserie Nr. 25 vom 20.6.1990); Nr. 41/2000 (Giurisprudenza costituzionale 2000, 324).

12 Urteil Nr. 389/1989.

13 Urteile Nr. 170/1984 bzw. Nr. 389/1989; vgl. dazu *La Pergola*, Costituzione ed integrazione europea: il contributo della giurisprudenza costituzionale, Quaderni regionali 2001, 847, 860 ff.

14 VfGH Urteil Nr. 389/1989.

b) Die „Schranken-Schranken"

Der italVerfGH schloss den Vorrang des Gemeinschaftsrechts auch für Verfassungs-normen nicht aus.[15] Die nationale Rechtsordnung öffnete sich der Gemeinschafts-rechtsordnung in den Augen des italVerfGH jedoch nicht schrankenlos: in den Berei-chen der grundlegenden Prinzipien der Verfassungsordnung und der unverletzlichen Menschenrechte fand der Vorrang keine Anwendung.[16] Diese Bereiche erhielten in der Literatur die Bezeichnung „Schranken-Schranken".[17]

Die Gründe für diese restriktive Haltung des italVerfGH sind einerseits im anfängli-chen Fehlen der Berücksichtigung von Grundrechten im Rahmen der Gemeinschafts-rechtsordnung zu suchen.[18] Andererseits erkannte der italVerfGH, dass von der fort-schreitenden Entwicklung der Gemeinschaftsrechtsordnung durchaus Auswirkungen auf die italienische Verfassungsordnung im Allgemeinen ausgingen.

Der italVerfGH hat das Instrument der Schranken-Schranken bisher nicht angewen-det. Abgesehen vom Recht auf Klage gemäß Art. 24 Verf.[19] hat er die Schranken-Schranken nicht näher definiert. Die Frage, welche Grundsätze zu den grundlegenden Prinzipien der Verfassungsordnung zählen, ist bisher unbeantwortet geblieben. Es muss sich jedoch um den Kernbereich der Verfassungsordnung handeln. In der Literatur wird deshalb ein Zusammenhang zu den obersten Verfassungsprinzipien hergestellt, die einer Änderung der Verfassung entgegenstehen.[20]

2. Gemeinschaftsrechtliche Fragestellungen in den indirekten Verfahren vor dem italVerfGH

Ergaben sich im Rahmen von Verfahren vor einem Gericht Fragen der Verfassungs-mäßigkeit eines Gesetzes oder eines Aktes mit Gesetzeskraft,[21] die durch einen Verstoß

---

15 VfGH Urteil Nr. 399/1987 (Giurisprudenza costituzionale 1987, 2807).
16 Grundlegend im Urteil Nr. 183/1973; des Weiteren in den Urteilen Nr. 170/1984; Nr. 232/1989 (Giuris-prudenza costituzionale 1989, 1001); Nr. 168/1991 (Giurisprudenza costituzionale 1991, 1408); Nr. 117/1994 (Giurisprudenza costituzionale 1994, 997).
17 Der italienische Begriff lautet „*controlimiti*". In der Literatur wird vielfach auf die ähnliche Judikatur des deutschen Bundesverfassungsgerichts hingewiesen, siehe etwa *Cartabia*, Principi inviolabili e inte-grazione europea (1995), 120 ff., 213 ff. Eine eventuelle Überschreitung der Schranken-Schranken – vom italVerfGH als höchst unwahrscheinlich, aber dennoch möglich bezeichnet (Urteile Nr. 183/1973, Nr. 170/1984; Nr. 232/1989) – durch das primäre, aber auch das sekundäre Gemeinschaftsrecht (Urteile Nr. 509/1995 in Giurisprudenza costituzionale 1995, 4306; Nr. 232/1989; vgl. dazu *Cartabia*, Nuovi svi-luppi nelle „competenze comunitarie" della Corte costituzionale, Giurisprudenza costituzionale 1989, 1012, 1015 f.) – würde die Überprüfung der Verfassungsmäßigkeit der mit Gesetz erteilten Zustimmung der Republik Italien zur Mitgliedschaft bei den Europäischen Gemeinschaften durch den italVerfGH nach sich ziehen.
18 Vgl. dazu *Cartabia*, Principi inviolabili, 100 ff.
19 VfGH Urteil Nr. 232/1989.
20 Diese werden unterschiedlich definiert, u.a. werden die republikanische Staatsform gemäß Art. 139 italVerf und das demokratische Prinzip dazu gezählt, vgl. dazu *Cartabia*, Principi inviolabili, 165 ff.
21 Es handelt sich um gesetzesvertretende Dekrete gemäß Art. 76 italVerf und um Gesetzesdekrete ge-mäß Art. 77 italVerf; diese werden von der Regierung beschlossen (aufgrund einer gesetzlichen Er-mächtigung durch das Parlament bzw. in Fällen außerordentlicher Dringlichkeit und Notwendigkeit) und vom Präsidenten der Republik erlassen, sie haben Wirkung und Rang eines Gesetzes.

gegen das Gemeinschaftsrecht verursacht wurden – wodurch Art. 11 italVerf mittelbar verletzt wurde – war für die Fragen der Interpretation des Gemeinschaftsrechts der EuGH, für die Frage der Verfassungsmäßigkeit der italVerfGH im Rahmen der indirekten Verfassungsbeschwerde[22] zuständig.[23] Waren die gemeinschaftsrechtlichen Bestimmungen unmittelbar anwendbar, hatte das Gericht die einschlägigen nationalen Bestimmungen unangewendet zu lassen, allfällige Zweifel über die Natur der relevanten gemeinschaftsrechtlichen Bestimmungen waren vom Gericht im Wege des Vorabentscheidungsverfahrens gemäß Art. 234 EGV und damit durch eine Vorlage an den EuGH zu klären. Wurde der italVerfGH vor oder gleichzeitig mit dem EuGH befasst, wies er die indirekte Verfassungsbeschwerde wegen mangelnder Relevanz als unzulässig zurück.[24] Indirekt verpflichtete er damit die Gerichte, von Art. 234 EGV Gebrauch zu machen.[25]

Der italVerfGH sah die Richter *a quo* zur Einleitung des Vorabentscheidungsverfahrens gemäß Art. 234 EGV zuständig, um allfällige Fragen der Interpretation entscheidungsrelevanter gemeinschaftsrechtlicher Bestimmungen zu klären, ausgenommen jene Fragen, in denen es um die Klärung allfälliger Verstöße gegen Grundprinzipien der Gemeinschaftsrechtsordnung ging[26] oder in denen sich Fragen der Verletzung der Schranken-Schranken stellten.[27] Damit war den Gerichten in diesen Fällen wohl eine Vorlage an den EuGH verwehrt,[28] was allerdings auch zu Fragen der Staatshaftung im Sinne des Gemeinschaftsrechts führen konnte.[29]

---

22 Diese Konstellationen, in denen sowohl die Gemeinschaftsrechtsmäßigkeit als auch die Verfassungsmäßigkeit einer nationalen Gesetzesbestimmung in Zweifel gezogen wird, werden als „doppelte Vorabentscheidung" bezeichnet, vgl. *Celotto*, L'efficacia delle fonti comunitarie nell'ordinamento italiano, 2003, 92 f.; *Salmoni*, La Corte costituzionale e la Corte di Giustizia delle Comunità europee, Diritto Pubblico 2002, 491, 504 ff.

23 Die indirekte Verfassungsbeschwerde dient der Klärung der Frage der Verfassungsmäßigkeit einer für die Entscheidung eines vor einem Gericht anhängigen Verfahrens relevanten gesetzlichen Bestimmung. Die Aufgaben des italVerfGH sind im Wesentlichen in Art. 134 italVerf beschrieben: „*Der Verfassungsgerichtshof urteilt: über Streitigkeiten betreffend die Verfassungsmäßigkeit der Gesetze und der Akte mit Gesetzeskraft des Staats und der Regionen; über Befugniskonflikte zwischen den Gewalten des Staats, zwischen dem Staat und Regionen und zwischen den Regionen; über die Anklagen, die gemäß der Verfassung gegen den Präsidenten der Republik erhoben werden.*" Hinzu kommt die Überprüfung der Zulässigkeit aufhebender Referenden gemäß Art. 75 Verf (Art. 2 VerfG Nr. 1 vom 11.3.1953, GA Nr. 62 vom 14.3.1953).

24 Vgl. etwa die Beschlüsse Nr. 391/1992 (Giurisprudenza costituzionale 1992, 3127); Nr. 249/2001 (Giurisprudenza costituzionale 2001, 2137).

25 *Cartabia/Weiler*, L'Italia in Europa. Profili istituzionali e costituzionali, 2000, 186 f.

26 Z.B. Urteil Nr. 286/1986 (Giurisprudenza costituzionale 1986, 2309).

27 Vgl. etwa Urteile Nr. 168/1991; Nr. 232/1989; Beschluss Nr. 536/1995 (Giurisprudenza costituzionale 1995, 4459).

28 Staatsrat, V. Sektion, Urteil Nr. 4207/2005 (Giurisprudenza costitutzionale 2005, 3391). Vgl. dazu *Morbidelli*, Controlimiti o contro la pregiudiziale comunitaria? Giurisprudenza costituzionale 2005, 3404, 3406 f.

29 Grundlegend zur Staatshaftung EuGH, verb. Rs. C-46/93 und C-48/93, *Brasserie du pêcheur und Factortame*, Slg 1996, I-1029, Rdnr. 32. Zur Staatshaftung allgemein *Clarich*, La responsabilità nel sistema comunitario, in: *Chiti/Greco* (Hrsg.), Trattato di diritto amministrativo europeo, 2. Aufl. 2007, 589, 600 ff. Zur Staatshaftung in Zusammenhang mit der Begrenzung der Haftung der italienischen Richter EuGH, Rs. C-173/03, *Traghetti del Mediterraneo*, Slg 2006, I-5177, Rdnr. 46.

Auf diese Weise vermied der italVerfGH die Schaffung einer potentiell konfliktuellen Situation im Verhältnis zum EuGH, die allerdings im Falle einer Verletzung von Prinzipien, die sowohl der Verfassung als auch der Gemeinschaftsrechtsordnung eignen, unvermeidlich war.[30]

3. Gemeinschaftsrechtliche Fragestellungen in den direkten Verfahren vor dem italVerfGH

In den direkten Verfahren – insbesondere den Verfahren der direkten Verfassungsbeschwerde des Staates gegenüber regionalen Gesetzesbestimmungen (bzw. Gesetzen der beiden Autonomen Provinzen Bozen und Trient) respektive der Regionen und Autonomen Provinzen gegen staatliche Gesetzesbestimmungen (einschließlich der Akte mit Gesetzeskraft des Staates) bzw. gegen gesetzliche Bestimmungen der anderen regionalen Autonomien sowie den Verfahren zu Befugniskonflikten zwischen Staat und Regionen bzw. Autonomen Provinzen und letzteren beiden untereinander (Befugniskonflikt zwischen Körperschaften)[31] – sah sich der italVerfGH ebenfalls nicht veranlasst, den Weg der Vorabentscheidung gemäß Art. 234 EGV zu beschreiten, obwohl hier kein anderer Richter involviert ist, der sich an den EuGH hätte wenden können.

Im Kontext der direkten Verfahren bedeutete die Ablehnung der Vorabentscheidung jedoch nicht, dass der italVerfGH das Gemeinschaftsrecht nicht beachtete. Vielmehr verwendete er die gemeinschaftsrechtlichen Normen als so genannte „zwischengeschaltete Norm" zu Art. 11 italVerf im Rahmen der direkten Verfassungsbeschwerde bzw. der Befugniskonflikte zwischen Körperschaften. Zwischengeschaltete Normen ergänzen den Verfassungsparameter und konkretisieren ihn im Einzelfall.[32]

Ein Verstoß gegen die durch Gemeinschaftsrecht konkretisierten Normen der Verfassung bedeutete eine Verfassungswidrigkeit aufgrund der Verletzung von Art. 11 italVerf und führte entsprechend zur Aufhebung der angefochtenen gesetzlichen Normen, die Gegenstand einer direkten Verfassungsbeschwerde waren[33] bzw. zur Annul-

---

30 Vgl. *Onida*, „Armonia tra diversi" e problemi aperti. La giurisprudenza costituzionale sui rapporti tra ordinamento interno e ordinamento comunitario, Quaderni costituzionali 2002, 549, 556 f.

31 Gegenstand dieser sind Streitfragen über die Befugnis zu handeln oder zu unterlassen, bezogen auf einen bestimmten Gegenstand, die auch in Zusammenhang mit der unrechtmäßige Ausübung einer Befugnis und der damit verbundene Beeinträchtigung von Befugnissen der anderen Körperschaft entstehen können, vgl. *Spadaro/Ruggeri*, Lineamenti di giustizia costituzionale 2004, 264; *Malfatti/Panizza/Romboli*, Giustizia costituzionale, 2. Aufl. 2007, 188. Befugniskonflikte zwischen Staatsgewalten hingegen entstehen zwischen Organen des Staates von verfassungsmäßiger Relevanz, die über eine unabhängig auszuübende verfassungsmäßig definierte Kompetenzsphäre verfügen, dazu gehören alle Verfassungsorgane, aber auch die Promotoren eines Referendums: *Spadaro/Ruggeri*, Lineamenti di giustizia costituzionale, 237 ff. Auch bei der Beurteilung der Zulässigkeit aufhebender Referenden zog der italVerfGH das einschlägige Gemeinschaftsrecht heran, um den Verfassungsparameter näher zu definieren (vgl. etwa Urteil Nr. 41/2000).

32 Vgl. *Spadaro/Ruggeri*, Lineamenti di giustizia costituzionale, 75 ff.

33 Vgl. etwa für Regionalgesetze Urteil Nr. 384/1994 (Giurisprudenza costituzionale 1994, 3449), für Staatsgesetze Urteil Nr. 94/1995.

lierung der Handlungen, die Gegenstand von Befugniskonflikten zwischen Körperschaften waren.[34]

Die Verwendung des Gemeinschaftsrechts als zwischengeschalteter Parameter gilt in der Literatur auch als Abweichung von einem strikten Dualismus im Verhältnis zwischen den beiden Rechtsordnungen.[35]

4. Die Natur des italVerfGH als Hindernis für eine Vorlage an den EuGH

Bis zum Beschluss Nr. 103/2008 und dem unmittelbar vorangegangenen Urteil Nr. 102/2008[36] hatte es der italVerfGH in ständiger Rechtsprechung abgelehnt, von Art. 234 EGV Gebrauch zu machen. Zwar hatte er im Urteil Nr. 168/1991[37] zunächst theoretisch die Möglichkeit erwogen, den EuGH im Rahmen des Vorabentscheidungsverfahrens anzurufen, ab dem Beschluss Nr. 536/1995[38] verneinte er diese Möglichkeit jedoch kategorisch. Begründet sah er diese Ablehnung in seiner Natur als oberstes Garantieorgan der Verfassung. Diese Funktion unterschied ihn in seinen Augen deutlich von den (ordentlichen und besonderen) Gerichten, weshalb er sich nicht als Gerichtsbarkeit im Sinne von Art. 234 EGV betrachtete.[39]

5. Das VerfG Nr. 3/2001: die Gemeinschaftsrechtsordnung als Schranke des Gesetzgebers

Das VerfG Nr. 3/2001 gestaltet die Beziehungen zwischen Staat und Regionen auch hinsichtlich des Aspektes der europäischen Integration neu. Art. 117 Abs. 1 neu italVerf stellt die Ausübung der Gesetzgebungsbefugnis durch Staat und Regionen ausdrücklich unter der Schranke der Verpflichtungen aus der Gemeinschaftsrechtsordnung.[40]

Dies kann einerseits als verfassungsmäßige Festschreibung der bisherigen Rechtsprechung des italVerfGH gewertet werden[41], wobei auch die unverändert gebliebene Rolle des von der Reform nicht berührten Art. 11 italVerf als Legitimationsnorm der Übertragungen von souveränen Befugnissen an die europäische Ebene berücksichtigt

---

34 Vgl. zu den Befugniskonflikten zwischen Staat und regionalen Autonomien Urteil Nr. 399/1987 (Giurisprudenza costituzionale 1987, 2807). Auch bei der Beurteilung der Zulässigkeit aufhebender Referenden zog der italVerfGH das einschlägige Gemeinschaftsrecht heran, um den Verfassungsparameter näher zu definieren (vgl. etwa Urteil Nr. 41/2000).

35 Vgl. etwa *Sorrentino*, Il diritto europeo nella giurisprudenza della Corte costituzionale: problemi e prospettive, Quaderni regionali 2006, 625 (629); *Cartabia/Weiler*, L'Italia in Europa, 131.

36 Giurisprudenza costituzionale 2008, 1194.

37 Giurisprudenza costituzionale 1991, 1408.

38 Giurisprudenza costituzionale 1995, 4459.

39 Beschluss Nr. 536/1995 unter Verweis auf Urteil Nr. 13/1960 (GA 1. Sonderserie Nr. 75 vom 26.3.1960).

40 Art. 117 Abs. 1 neu italVerf lautet: *„Die Gesetzgebungsbefugnis wird vom Staat und von den Regionen unter Wahrung der Verfassung sowie der Schranken, die sich durch die Gemeinschaftsrechtsordnung und die internationale Verpflichtungen ergeben, ausgeübt."*

41 Vgl. etwa *Pinelli*, I limiti generali alla potestà legislativa statale e regionale e i rapporti con l'ordinamento internazionale e comunitario, Foro Italiano 2001, V, 194, 195; *Caravita*, La costituzione dopo la riforma del Titolo V, 2002, 116.

wird.[42] Damit ergäbe sich im Verhältnis zwischen der Gemeinschaftsrechtsordnung und der italienischen Rechtsordnung keine Neuerung.

Wer mit Art. 117 Abs. 1 neu italVerf eine nicht unerhebliche Erneuerungskraft hinsichtlich des Verhältnisses der italienischen Rechtsordnung zur Gemeinschaftsrechtsordnung verbindet,[43] zeichnet ein völlig anderes Bild. Art. 117 Abs. 1 neu italVerf wird als Norm betrachtet, die für eine permanente Anpassung der italienischen Rechtsordnung an die gemeinschaftsrechtliche Rechtsordnung Sorge trägt.[44] Es greift das Prinzip der Integration zwischen den beiden Rechtsordnungen mit allen Folgen für das Verhältnis zwischen den Rechtsquellen, aber auch für die Qualifizierung der mitgliedstaatlichen Organe, die auch als Organe der Gemeinschaftsrechtsordnung fungieren würden.[45]

Die Schranke der Gemeinschaftsrechtsordnung aus Art. 117 Abs. 1 neu italVerf kann als ausdrückliche verfassungsrechtliche Anerkennung der Verpflichtung zur Beachtung der gemeinschaftsrechtlichen Vorgaben gesehen werden.[46] Verfassungsrechtlich gesehen bedeutet ein Verstoß gegen die Schranken aus der Gemeinschaftsrechtsordnung und damit gegen Art. 117 Abs. 1 neu italVerf eine ausdrückliche Verfassungswidrigkeit der staatlichen und der regionalen Gesetzgebungstätigkeit, die im Rahmen der einschlägigen Verfahren vor dem italVerfGH geltend gemacht werden kann – was auch schon bisher der Fall war. Ob eine solche Verfassungswidrigkeit vorliegt, kann wie bisher nur an Hand der einschlägigen Gemeinschaftsrechtsnormen beurteilt werden. Der italVerfGH verwendet folglich weiterhin die gemeinschaftsrechtlichen Normen als zwischengeschaltete Normen zu Art. 117 Abs. 1 neu italVerf und Art. 11 italVerf, wobei Art. 11 italVerf die Rolle des grundlegenden Prinzips zugesprochen wird.[47]

Für den italVerfGH ergab sich zunächst kein Anlass, seine Rechtsprechung in Zusammenhang mit dem Instrument der Vorabentscheidung zu ändern, weder hinsichtlich der indirekten Verfassungsbeschwerden[48] noch hinsichtlich der direkten Verfahren. Allerdings ließ er eine gewisse Zögerlichkeit erkennen,[49] den in Art. 117 Abs. 1 neu italVerf

---

42 Vgl. VfGH Urteil Nr. 129/2006 (Giurisprudenza costituzionale 2006, 1198).

43 Vgl. etwa *Torchia*, I vincoli derivanti dall'ordinamento comunitario nel nuovo Titolo V della Costituzione, Le Regioni 2001, 1203, 1206 ff.; *Galetta*, La previsione di cui all'art. 3 comma 1 cpv. 1, della legge di revisione del Titolo V della Costituzione come definitivo superamento della teoria dualista degli ordinamenti, in Problemi del federalismo, 2001, 293, 305 ff.; *Paterniti*, Giurisprudenza costituzionale 2004, 2105 ff.

44 *Torchia*, Le Regioni 2001, 1207.

45 Auf diese Konsequenz, insbesondere bezogen auf den italVerfGH, weist *Bartole* als Folge der Theorie der Integration zwischen den beiden Rechtsordnungen hin, vgl. *Bartole*, Pregiudiziale comunitaria e „integrazione" degli ordinamenti, Le Regioni 2008, 898, 902.

46 Mit dem In-Kraft-Treten des Vertrages von Lissabon (ABl 2008 C 115/12) würde die Europäische Union an die Stelle der Europäischen Gemeinschaft treten, weshalb diese Verpflichtungen zu Verpflichtungen aus der Rechtsordnung der Europäischen Union würden, vgl. Art. 1 Abs. 3 EUV.

47 Vgl. Urteile Nr. 129/2006; Nr. 269/2007 (Giurisprudenza costituzionale 2007, 2646).

48 Vgl. etwa Beschluss Nr. 454/2006 (Giurisprudenza costituzionale 2006, 4590).

49 Dazu *Celotto*, La Corte costituzionale finalmente applica il 1° comma dell'art. 117 Cost. (in margine alla sent. N. 406 del 2005), Giur it 2006, 1123, 1124. Im Urteil Nr. 14/2004 (Giurisprudenza costituzionale 2004, 237) hob der italVerfGH etwa hervor, dass der alleinige Verstoß gegen Gemeinschaftsrecht nicht ausreichend sei.

enthaltenen Parameter als einzige Grundlage für die Aufhebung gesetzlicher Bestimmungen im Rahmen der direkten Verfassungsbeschwerden zu verwenden.

Erst mit dem Urteil Nr. 406/2005[50] erklärte der italVerfGH in einem direkten Verfahren die angefochtenen regionalen Gesetzesbestimmungen[51] allein auf Grund der offensichtlichen Verletzung von Art. 117 Abs. 1 neu italVerf für verfassungswidrig. Im Grunde entspricht diese Judikatur der bisherigen Linie des italVerfGH im Rahmen der direkten Verfassungsbeschwerden auf der Grundlage eines nunmehr klar formulierten Verfassungsparameters.[52]

In weiteren direkten Verfahren zog der italVerfGH zur Integration des Art. 117 Abs. 1 neu italVerf auch die Rechtsprechung des EuGH heran,[53] was früher oder später zur Konfrontation mit zwischengeschalteten Normen aus dem Gemeinschaftsrecht führen musste, die nicht eindeutig und klar verständlich waren, sodass Zweifel an ihrer Auslegung entstehen würden – Zweifel, die gemäß den einschlägigen gemeinschaftsrechtlichen Normen nur vom EuGH geklärt werden können.

III. Das erste Vorabentscheidungsersuchen des italVerfGH

1. Der Ausgangsfall

Eine direkte Verfassungsbeschwerde gegen gesetzliche Bestimmungen der Autonomen Region Sardinien, erhoben im Jahr 2007,[54] konfrontierte den italVerfGH mit der Situation, die Frage der Verfassungsmäßigkeit einiger dieser regionalen Bestimmungen[55] allein auf der Grundlage von Art. 117 Abs. 1 neu italVerf beurteilen zu müssen.

Die einschlägigen regionalgesetzlichen Bestimmungen führten eine regionale Steuer auf Landungen zu touristischen Zwecken von Luftfahrzeugen bzw. von Freizeitbooten auf der Insel Sardinien ein, welche von Unternehmen erhoben wurde, die ihren Steuer-

---

50 Giurisprudenza costituzionale 2005, 4429.
51 Die Region Abruzzen hatte mit dem Regionalgesetz Nr. 14 vom 1.4.2004 die Vorbeugekampagne auf der Grundlage der Richtlinie 2000/75/EG des Rates vom 20. November 2000 mit besonderen Bestimmungen für Maßnahmen zur Bekämpfung und Tilgung der Blauzungenkrankheit auf dem Gebiet der Region ausgesetzt.
52 *Calvano*, La Corte costituzionale „fa i conti" per la prima volta con il nuovo art. 117 comma 1 Cost. Una svista o una svolta monista della giurisprudenza costituzionale sulle „questioni comunitarie"?, Giurisprudenza costituzionale 2005, 4436, 4442.
53 Urteile Nr. 129/2006 und Nr. 269/2007 zur Anwendung der gemeinschaftsrechtlichen Vergabevorschriften auf den Eigentümer eines Grundstückes, der alternativ zur öffentlichen Verwaltung direkt Strukturen von öffentlichem Interesse verwirklicht und sie dieser dann verkauft. Die einschlägige Judikatur (insbesondere EuGH, Rs. C-399/98, *Ordine degli architetti* Slg 2001, I-5409) wird durchaus kritisch gesehen, dazu *Venturi*, Standard qualitativi e strumenti compensativi nella recente legge lombarda sul governo del territorio: incostituzionalità per „incompatibilità" comunitaria?, Le Regioni 2006, 981, 989 ff.
54 Rekurs Nr. 36/2007 (Präsident des Ministerrates/Autonome Region Sardinien), GA 1. Sonderserie Nr. 38 vom 3.10.2007.
55 Es handelt sich um Art. 4 des Regionalgesetzes Nr. 4 vom 11.5.2006 (OBl Nr. 6 zu ABlReg Sardinien Nr. 15 vom 13.5.2006) idF Art. 3 Abs. 3 Regionalgesetz Nr. 2 vom 29.5.2007 (OBl Nr. 2 zu ABlReg Sardinien Nr. 19 vom 31.5.2007).

wohnsitz außerhalb der Region Sardinien hatten.[56] Die italienische Regierung sah insofern einen Verstoß gegen Art. 117 Abs. 1 neu italVerf gegeben, als sowohl Art. 49 EGV und damit die Dienstleistungsfreiheit als auch Art. 81 EGV i.V.m. Art. 3 lit. g) EGV und Art. 10 EGV verletzt würden, da sie eine Verfälschung des Wettbewerbs innerhalb des Gemeinsamen Marktes erkannte. Ebenso sah sie eine unzulässige Beihilfe an die in Sardinien ansässigen Unternehmen verwirklicht und ortete folglich einen Verstoß gegen Art. 87 EGV. Sollten die einschlägigen regionalen Bestimmungen nicht aufgrund der weiteren Verfassungsbestimmungen, welche neben Art. 117 Abs. 1 neu italVerf in der direkten Verfassungsbeschwerde ebenfalls angeführt wurden, für verfassungswidrig erklärt werden, forderte der Präsident des italienischen Ministerrats als Rekursführer den italVerfGH ausdrücklich auf, den EuGH mit der Klärung der gemeinschaftsrechtlichen Aspekte auf der Grundlage von Art. 234 EGV zu befassen.

Der italVerfGH stellte im Urteil Nr. 102/2008 zunächst die Unzulässigkeit oder Unbegründetheit jener Fragen der Verfassungswidrigkeit zu den einschlägigen angefochtenen Regelung fest, die sich nicht auf Art. 117 Abs. 1 neu italVerf bezogen. Damit verblieb als Parameter zur Beurteilung der Verfassungsmäßigkeit der regionalen Regelung nur mehr die Frage der Einhaltung der Verpflichtungen aus der Gemeinschaftsrechtsordnung gemäß Art. 117 Abs. 1 neu italVerf. Bei der darauf folgenden Prüfung der einschlägigen gemeinschaftsrechtlichen Normen, welchen den in Art. 117 Abs. 1 neu italVerf enthaltenen Verfassungsparameter integrierten und konkretisierten, stellte der italVerfGH auch im Lichte der Rechtsprechung des EuGH Auslegungszweifel fest und beschloss die Abtrennung der Fragen.

Gemäß Art. 3 Gesetz Nr. 204 vom 13. März 1958[57] setzte der italVerfGH auf der Grundlage der in Urteil Nr. 102/2008 dargestellten Überlegungen das Verfahren aus und wandte sich mit Beschluss Nr. 103/2008 an den EuGH. In dem Beschluss Nr. 103/2008 wiederholte er die wesentlichen einschlägigen Punkte des Urteils Nr. 102/2008 und wandte sich an den EuGH, um eine Klärung dahingehend zu erlangen, ob Art. 49 EGV bzw. Art. 87 EGV der Anwendung der in Art. 4 Abs. 3 bzw. Abs. 4 Regionalgesetz Sardinien Nr. 4/2006 enthaltenen Regelungen entgegenstünden.[58]

---

56 Die Beschränkung auf steuerlich nicht ansässige Subjekte wurde mit Art. 2 Abs. 15 litera c Regionalgesetz Sardinien Nr. 3 vom 5.3.2008 (OBl Nr. 1 zu ABlReg Sardinien Nr. 9 vom 6.3.2008) aufgehoben. Im Rahmen der direkten Verfassungsbeschwerden kann es zur Rücknahme der Beschwerde mit konsekutiver Erklärung der Beendigung des Streits kommen, Voraussetzung ist allerdings, dass die angefochtene Bestimmung keine Anwendung gefunden hat: Urteile Nr. 451/2007 (Giurisprudenza costituzionale 2007, 4882); Nr. 289/2008 (GA 1. Sonderserie Nr. 31 vom 23.7.2008); Nr. 320/2008 (GA 1. Sonderserie Nr. 33 vom 6.8.2008); Beschluss Nr. 345/2006 (Giurisprudenza costituzionale 2006, 3435).

57 OBl zu GA Nr. 75 vom 27.3.1958.

58 Siehe ABl 2008 C 171/24. Die Entscheidung hinsichtlich Art. 81 EGV i.V.m. Art. 3 lit. g) EGV und Art. 10 EGV, die von Seiten des Staates ebenfalls vorgebracht worden waren, schob der italVerfGH vorläufig auf.

2. Die grundlegenden Aussagen der Entscheidungen Nr. 102/2008 und Nr. 103/2008

a) Zum Verhältnis zwischen italienischer Rechtsordnung und Gemeinschaftsrechtsordnung

Ganz allgemein hält das italienische Verfassungsgericht im Urteil Nr. 102/2008 und im Beschluss Nr. 103/2008 fest, dass Italien durch die Ratifizierung der Verträge an einer Rechtsordnung teilnehme, die *„als autonom und mit der italienischen Rechtsordnung integriert und koordiniert"*[59] zu betrachten sei.

Erstmalig verwendet der italVerfGH das Adjektiv *„integriert"*, um das Verhältnis zwischen den beiden Rechtsordnungen zu beschreiben. Dies unterstützt jene Ansichten, die aus Art. 117 Abs. 1 neu italVerf eine Integration zwischen den beiden Rechtsordnungen ableiten.[60] Ob sich allerdings aus der einmaligen Verwendung dieses Adjektivs auch tatsächlich eine grundlegende Wendung der Rechtsprechung des Verfassungsgerichts in der Verhältnisfrage ergibt oder ob es sich nur um eine Unterstreichung der notwendigen Koordination zwischen den beiden Rechtsordnungen handelt, bleibt abzuwarten,[61] nicht zuletzt, weil der italVerfGH nach wie vor Schranken der Integration gegeben sieht.

Der staatliche und der regionale Gesetzgeber stehen nur insoweit unter der Vorgabe der Beachtung der Verpflichtungen aus der Gemeinschaftsrechtsordnung, als dadurch nicht die grundlegenden Prinzipien der Verfassungsordnung und die unverletzlichen, von der Verfassung garantierten Menschenrechte berührt werden.[62] In diesem Fall erachtet sich das Verfassungsgericht nach wie vor zuständig, die einschlägigen gemeinschaftsrechtlichen Bestimmungen zu überprüfen, womit die Schranken-Schranken aufrecht bleiben.

b) Der italVerfGH als Gerichtsbarkeit im Sinne von Art. 234 Abs. 3 EGV

Eine eindeutige Wendung in seiner Rechtsprechung tätigt der italVerfGH hinsichtlich seiner Qualifikation als Gerichtsbarkeit i.S.v. Art. 234 Abs. 3 EGV. Er überprüft, ob für ihn die Voraussetzungen gegeben sind, um ein Vorabentscheidungsersuchen an den EuGH zu richten und stellt dazu fest, dass gegen seine Entscheidungen gemäß Art. 137 Abs. 3 italVerf kein Rechtsmittel zulässig sei. Damit betrachtet er sich nunmehr, trotz seiner besonderen Position, die ihm als oberstes Garantieorgan der Verfassung in der italienischen Rechtsordnung zukommt, im Verfahren der direkten Verfassungsbeschwerde als Richter einziger Instanz, weshalb er sich berechtigt sieht, auf der Grund-

---

59 Urteil Nr. 102/2008 und Beschluss Nr. 103/2008: *„... l'Italia è entrata a far parte di un ordinamento giuridico autonomo, integrato e coordinato con quello interno ...".*

60 Vgl. etwa die Autoren unter Fußnote 49.

61 *Bartole*, Pregiudiziale comunitaria e „integrazione" dei ordinamenti, Le Regioni 2008, 898, 901 f.

62 Urteil Nr. 102/2008 und Beschluss Nr. 103/2008: *„... Le norme comunitarie vincolano in vario modo il legislatore interno, con il solo limite dell'intangibilità dei princípi fondamentali dell'ordinamento costituzionale e dei diritti inviolabili dell'uomo garantiti dalla Costituzione ...".*

lage von Art. 234 EGV an den EuGH heranzutreten.[63] Damit gibt er seine eigene Definition des Begriffes der mitgliedstaatlichen Gerichtsbarkeit auf, wenn auch ohne ausführliche und die zugrundeliegenden Argumente näher erhellende Begründung, was aber der Bedeutung des *overruling* keinen Abbruch tut.[64]

Allerdings vermeidet der italVerfGH, sich als zur Erhebung der Vorabentscheidungsfrage verpflichtet zu bezeichnen, wie dies Art. 234 Abs. 3 EGV normiert – er spricht von *„berechtigt"* – und betont seine besondere Position in der italienischen Rechtsordnung. In der Substanz kann er jedoch nicht anders, als aus den auf der Grundlage von Art. 11 italVerf erfolgten Souveränitätsbeschränkungen die Konsequenzen zu ziehen und die Rolle des EuGH anzuerkennen. Zum einen, weil mit Art. 117 Abs. 1 neu italVerf eine ausdrückliche Verfassungsbestimmung die Gemeinschaftsrechtsordnung als Parameter der Verfassungsmäßigkeit verankert, zum anderen, weil auch er als Organ der italienischen Republik den Verpflichtungen aus der Gemeinschaftsrechtsordnung unterliegt. In diesem Sinne sieht er sich auch als Organ, das im Rahmen seiner innerstaatlichen Befugnisse die Einheitlichkeit der Anwendung des Gemeinschaftsrechts mit zu tragen hat, deren Bewahrung er als allgemeines Interesse bezeichnet.[65]

Inwiefern hier die Judikatur des EuGH eine Rolle spielt, die alle Organe der Mitgliedstaaten zu gemeinschaftsrechtskonformem Verhalten verpflichtet und entsprechend Staatshaftungsansprüche auch durch Urteile von Höchstgerichten verursachbar sieht,[66] sei dahingestellt. Zudem würde eine nicht erfolgte Vorlage durch den italVerfGH als letztinstanzliche Gerichtsbarkeit eine Verletzung von Art. 234 Abs. 3 EGV darstellen und im Rahmen von Art. 226 ff. EGV verfolgbar sein.

3. Zum möglichen Anwendungsbereich der Vorabentscheidungsersuchen des italVerfGH

Der italVerfGH beschränkt die Vorlage an den EuGH dezidiert auf folgende Ausgangsituation: es muss sich um eine direkte Verfassungsbeschwerde handeln; unter den Beschwerdegründen wird Art. 117 Abs. 1 neu italVerf, ergänzt durch einschlägige Gemeinschaftsrechtsnormen, angeführt; es ergeben sich Zweifel hinsichtlich der Auslegung der zwischengeschalteten Normen; sämtliche andere Beschwerdegründe außer Art. 117 Abs. 1 neu italVerf erweisen sich als unbegründet oder unzulässig und folglich kann das Verfahren nicht auf der Grundlage anderer Verfassungsparameter entschie-

---

63 Urteil Nr. 102/2008: „... *La risposta, al riguardo, è positiva, perché questa Corte, pur nella sua peculiare posizione di organo di garanzia costituzionale, ha natura di giudice e, in particolare, di giudice di unica istanza (in quanto contro le sue decisioni non è ammessa alcuna impugnazione: art. 137, terzo comma, Cost.). Essa pertanto, nei giudizi di legittimità costituzionale in via principale, è legittimata a proporre rinvio pregiudiziale ai sensi dell'art. 234, terzo paragrafo, del Trattato CE.".* Ebenso Beschluss Nr. 103/2008.
64 *Bartole*, Le Regioni 2008, 899.
65 Urteil Nr. 102/2008: *„Pertanto, non ammettere in tali giudizi il rinvio pregiudiziale di cui all'art. 234 del Trattato CE comporterebbe un'inaccettabile lesione del generale interesse all'uniforme applicazione del diritto comunitario, quale interpretato dalla Corte di giustizia CE."* Ebenso Beschluss Nr. 103/2008.
66 EuGH, Rs. C-224/01, *Köbler*, Slg 2003, I-10239, Rdnr. 59.

den werden, womit die Klärung der Interpretation der gemeinschaftsrechtlichen Normen für die Entscheidung des Verfassungsgerichts notwendig ist.

Art. 117 Abs. 1 neu italVerf scheint damit gewissermaßen residualen Charakter anzunehmen, seine Stoßrichtung sich vor allem auf die regionale Gesetzgebungstätigkeit zu beschränken.[67] Die Ursache dafür liegt in den Anfechtungsgründen, die im Rahmen einer direkten Verfassungsbeschwerde vorgebracht werden können. Die Regionen können nur die Verletzung ihrer insbesondere in Art. 117 Abs. 3 und 4 neu italVerf definierten Kompetenzsphäre geltend machen, der Staat hingegen die Verletzung eines jeden Verfassungsparameters durch die regionalen Autonomien.[68]

Der italVerfGH bestätigt zugleich in den Entscheidungen Nr. 102/2008 und Nr. 103/2008 seine bisherige Judikatur zu den inzidenten Verfassungsbeschwerden. Weiterhin erscheint der Richter *a quo* zur Einleitung des Vorabentscheidungsverfahrens zuständig, um allfällige Fragen der Interpretation gemeinschaftsrechtlicher Bestimmungen zu klären.[69]

Allerdings hat die Feststellung, dass sich der italVerfGH als Gerichtsbarkeit iS von Art. 234 EGV betrachtet, durchaus allgemeine Tragweite. Deshalb bietet die einschlägige Rechtsprechung, neben einer auf die direkten Verfassungsbeschwerden beschränkten und damit minimalistischen Lesart, auch die Möglichkeit zu einer Weiterentwicklung.[70] Auf dieser Grundlage wäre eine Vorlage an den EuGH auch im Rahmen eines Befugniskonfliktes zwischen Staat und Regionen und Autonomen Provinzen bzw. letzteren untereinander denkbar. Auch anlässlich der Überprüfung der regionalen Statute gemäß Art. 123 Abs. 2 italVerf oder in Zusammenhang mit der Kontrolle der Verfassungsmäßigkeit aufhebender Referenden gemäß Art. 75 italVerf[71] könnte die Erhebung einer Vorabentscheidung in Frage kommen. Wenig wahrscheinlich erscheint hingegen eine Konstellation anlässlich der Strafgerichtsbarkeit in Zusammenhang mit einer Anklage des Präsidenten der Republik oder im Falle eines Befugniskonfliktes zwischen Staatsgewalten.[72]

Der italVerfGH hat sich zudem bisher in der Diskussion zu den Vorabentscheidungsfragen immer nur auf Konstellationen bezogen, in denen eine Frage der Auslegung des Gemeinschaftsrechts aufgeworfen wurde. Er könnte aber ebenso die Frage nach der Gültigkeit von Sekundärrecht gemäß Art. 234 Abs. 1 EGV vorlegen.

---

67 Vgl. *Cossiri*, La prima volta della Corte costituzionale a Lussemburgo. Dialogo diretto tra Corti, costituzionale e di giustizia, ma nei soli giudizi in via principale, unter http://www.forumcostituzionale.it/site/index.php?option=com_file_index&key=1379&name=0022_nota_103_2008_cossiri.pdf, Punkt 5.

68 Vgl. Urteile Nr. 94/2003 (Giurisprudenza costituzionale 2003, 774); Nr. 274/2003 (Giurisprudenza costituzionale 2003, 2238); Nr. 6/2004 (Giurisprudenza costituzionale 2004, 105).

69 Vgl. auch z.B. Beschlüsse Nr. 85/2002 (Giurisprudenza costituzionale 2002, 781); Nr. 99/2004 (Giurisprudenza costituzionale 2004, 1096); Nr. 165/2004 (Giurisprudenza costituzionale 2004, 1729); Urteil Nr. 284/2007 (Giurisprudenza costituzionale 2007, 2780).

70 *Cartabia*, La Corte costituzionale e la Corte di giustizia: atto primo, Giurisprudenza costituzionale 2008, 1312 (1315).

71 Allerdings sprechen die strikten Fristen dagegen, die bei dieser Überprüfung einzuhalten sind: *Cartabia*, Giurisprudenza costituzionale 2008, 1316.

72 *Cartabia*, Giurisprudenza costituzionale 2008, 1316.

IV. Schlussbetrachtungen

Der italVerfGH ist nach dem österreichischen Verfassungsgerichtshof[73] und dem belgischen Verfassungsgerichtshof[74] das dritte Verfassungsgericht, das sich im Wege der Vorabentscheidung an den EuGH wendet.

Die Vorlage der Vorabentscheidungsfrage erfolgte ausgehend von einem direkten Verfahren, in dem keine andere Gerichtsbarkeit involviert ist und in dem der italVerfGH die Entscheidung auf keinen anderen Verfassungsparameter stützen konnte als Art. 117 Abs. 1 neu italVerf, integriert durch das einschlägige Gemeinschaftsrecht. Die Zweiteilung zwischen inzidenten und direkten Verfahren wird scheinbar nahtlos fortgesetzt.[75]

Das erste Vorabentscheidungsersuchen des italVerfGH erfolgte in einem Kontext, in dem das Verfassungsgericht schon vor der Verfassungsreform durch das VerfG Nr. 3/ 2001 deutliche Interferenzen des Gemeinschaftsrechts mit der Verfassung zugelassen hatte, nämlich im verfassungsrechtlich definierten Verhältnis zwischen Staat und Regionen.[76] Dem Gemeinschaftsrecht ist es in den Augen des italVerfGH sogar möglich, die Kompetenzordnung zwischen Staat und Regionen zu verändern, wenn dies eindeutig aus den Erfordernissen des Gemeinschaftsrechts hervorgeht, was etwa, in Abweichung von der verfassungsrechtlichen Kompetenzlage, eine einheitliche Regelung durch den Staat in den Bereichen regionaler Zuständigkeit legitimieren kann, auch wenn die Regionen (und die Autonomen Provinzen Bozen und Trient) gemäß Art. 117 Abs. 5 neu italVerf zur Umsetzung und Anwendung des Gemeinschaftsrechts in den Bereichen ihrer Kompetenz zuständig sind.[77] Wenn man so will, ist in diesem Bereich die (inhaltliche) Kommunikation beinahe schon eine Integration und zwischen den beiden Rechtsordnungen wohl am weitesten fortgeschritten, was den italVerfGH veranlasst haben könnte, seine ablehnende Haltung gegenüber dem Gebrauch von Art. 234 EGV in dieser Konstellation aufzugeben,[78] allerdings nach wie vor betonend, dass er nicht verpflichtet ist, ein Vorabentscheidungsverfahren einzuleiten – was eher formelhaft anmutet.

Aus regionaler Sicht schließt sich allerdings eine Lücke im Garantiesystem der regionalen Autonomie, da allfällige Zweifel hinsichtlich der Auslegung von Gemeinschaftsrecht und damit indirekt hinsichtlich einer allfällig korrekten Umsetzung und Vollziehung von Gemeinschaftsrecht durch die Regionen und Autonomen Provinzen, welche Gegenstand direkter Verfahren zwischen Staat und Autonomie sein können, im Sinne einer einheitlichen Auslegung durch das zuständige Organ geklärt werden können.

---

73 Vgl. z.B. das Urteil des EuGH in der Rs. C-143/99, *Adria – Wien Pipeline*, Slg 2001, I-8365.
74 Siehe z.B. die Rs. C-73/08 (ABl 2008 C 116/10).
75 *Cossiri*, La prima volta, Punkt 4; *Cartabia*, Giurisprudenza costituzionale 2008, 1314, führt dies in erster Linie auf die Vorsicht zurück, mit der der italVerfGH im Allgemeinen seine Judikaturänderungen durchführt.
76 *Bartole*, Le Regioni 2008, 903.
77 Vgl. vor der Reform etwa Urteil Nr. 126/1996 (Giurisprudenza costituzionale 1996, 1044), nach der Reform Urteil Nr. 336/2005 (Giurisprudenza costituzionale 2005, 3165).
78 Vgl. *Bartole*, Le Regioni 2008, 903.

Es bleibt abzuwarten, ob das Potential, das in den Entscheidungen Nr. 102/2008 und 103/2008 steckt, auch tatsächlich genutzt wird. In der Literatur wird jedenfalls dieses erste Vorabentscheidungsersuchen als Eröffnung des direkten Dialogs zwischen den beiden Gerichtshöfen qualifiziert,[79] ein Dialog, der vielfach gefordert wurde, um die als selbst auferlegt betrachtete Ausgrenzung des italVerfGH im europäischen Integrationsprozess zu beseitigen, welche gerade im Hinblick auf die Grundrechte als unbefriedigend empfunden wird.[80] Ob die Beziehung zwischen den beiden Gerichtshöfen tatsächlich die Qualität eines direkten, über eine auf direkte Verfahren und in ihnen aufgeworfene Fragen beschränkte Interaktion hinausgehenden Dialog in allen Bereichen annehmen wird, ist aufgrund des durch den italVerfGH sehr eingeschränkten Anwendungsbereichs offen. Genauso offen ist, ob tatsächlich ein Potential der Vorabentscheidungsverfahren im Hinblick auf die Übermittlung der Werte der italienischen Verfassungsordnung zur Mitgestaltung der gemeinsamen Verfassungsüberlieferungen der Mitgliedstaaten im Rahmen der Judikatur des EuGH besteht, um Reibungspunkte zwischen den Rechtsordnungen zu beseitigen.[81]

---

79 Vgl. etwa *Sorrentino*, Giurisprudenza costituzionale 2008, 1291; *Cartabia,* Giurisprudenza costituzionale 2008, 1317; *Teresi*, Finalmente inizia il dialogo tra la Corte costituzionle e la Corte europea, Nuove Autonomie 2008, 129 f.

80 Vgl. etwa *Cartabia/Celotto*, La giustizia costituzionale in Italia dopo la Carta di Nizza, Giurisprudenza costituzionale 2002, 4477, 4502 ff.; *Salmoni*, Diritto Pubblico 2002, 529 ff.

81 Großes Potential sieht *Cartabia*, Giurisprudenza costituzionale 2008, 1317; skeptisch hingegen *Cossiri*, La prima volta, Pkt 5, die dem EuGH eher wenig Sensibilität attestiert.

Internationales Kaufrecht. Das UN-Kaufrecht in praxisorientierter Darstellung. Von Burghard Piltz, 2. Aufl., München, C.H. Beck 2008, XX und 492 S.

1. Dem Internationalen UN-Kaufrecht, kurz: CISG, kommt für den deutsch-italienischen Warenverkehr enorme Bedeutung zu, ist es doch auch ohne eine entsprechende Rechtswahl der Parteien anwendbar, sobald die Voraussetzungen des Art. 1 Abs. 1 lit. a CISG gegeben sind. Danach ist nur erforderlich, dass die Parteien eines grenzüberschreitenden Warenkaufs ihre Niederlassungen in verschiedenen Vertragsstaaten des CISG haben. Eine Abwahl des CISG ist nach dessen Art. 6 zwar möglich, der Parteiwille dazu muss aber in der entsprechenden Vereinbarung hinreichend deutlich zum Ausdruck kommen. In der Praxis wird eine solche Abwahl vielfach erklärt – wenn auch oftmals nicht erfolgreich, so dass das CISG dennoch zur Anwendung kommt. Die verbreitete Abneigung gegenüber dem CISG ist indessen unberechtigt, bietet das Einheitskaufrecht doch ein speziell auf die Bedürfnisse des grenzüberschreitenden Handels zugeschnittenes Regelwerk.[1]

2. Auch wenn das CISG seit gut zwei Jahrzehnten im deutsch-italienischen Warenverkehr Geltung beansprucht, ist sein Inhalt der (Beratungs-)Praxis oft nicht hinreichend vertraut. Das Werk von *Piltz*, das nun in zweiter Auflage erschienen ist, bietet einen sicheren Wegweiser durch das Einheitsrecht. Es ist an den Bedürfnissen der Praxis ausgerichtet, hat aber gleichzeitig den Anspruch, die Materie an geeigneten Stellen auch wissenschaftlich zu vertiefen. Seit der Erstauflage des Werks, die im Jahre 1993 erschienen ist, hat das UN-Kaufrecht eine rasante Entwicklung erlebt. Dies zeigt sich allein an der Zahl der Vertragsstaaten: Waren es damals noch 34, so hat sich diese Zahl aktuell mehr als verdoppelt. Als Konsequenz ist der Umfang des Werks in der Neuauflage um mehr als 100 Seiten gewachsen. Dennoch bleibt es übersichtlich und kompakt, bietet durch Aufzählungen („Checklisten"), Übersichten (u.a. ein Länderregister) und „Hinweisen für die Praxis" an Abschnittsenden jederzeit rasche Orientierung. Einschlägige Literatur, auch monographische, sowie Rechtsprechung sind umfangreich nachgewiesen. *Piltz* beschränkt sich dabei aber nicht auf deutschsprachige Quellen, sondern bezieht – entsprechend dem Charakter des CISG als Einheitsrecht – durchweg auch Judikate anderer Vertragsstaaten mit ein.

Der Aufbau der Buches ist systematisch, er orientiert sich nicht an der Artikelfolge des CISG, sondern an der Chronologie des Vertragsschlusses. Nach einer Einführung in die Grundzüge des UN-Kaufrechts (S. 1-16) folgt ein ausführliches Kapitel über den Anwendungsbereich des CISG (S. 17-100), das sich insbesondere in erfreulicher Ausführlichkeit und Klarheit dem Verhältnis des CISG zum nationalen Recht widmet. Nach einem kürzeren Kapitel über Vertragsabschluss und Form (S. 101-146), wo ein Schwerpunkt auf der praktisch bedeutsamen Einbeziehung von AGB liegt, folgen die beiden Hauptteile, die Pflichten der Parteien aus dem Kaufvertrag (S. 147-236) und deren Rechte bei Pflichtverletzungen (S. 237-422). Das letztere Kapitel trennt anschaulich zwischen Ansprüchen des Käufers und Ansprüchen des Verkäufers und ermöglicht so einen schnellen Zugang zum jeweils einschlägigen Rechtsbehelf. Auch Detailprobleme wie etwa das Verhältnis der Rügeobliegenheiten nach Art. 39 CISG zu den nach unvereinheitlichtem nationalem Recht bestehenden (kurzen) Verjährungsfristen werden erörtert.[2]

3. So kann das Fazit uneingeschränkt positiv ausfallen: Der Praxis dient das Werk von *Piltz* als sicherer Leitfaden für den internationalen Warenkauf. Für die Wissenschaft bietet es neben dem

---

1 Zu den Vor- und Nachteilen des CISG gegenüber dem deutschen Recht etwa *R. Koch*, NJW 2000, 910; *Piltz*, IHR 2002, 2; *M. Stürner*, BB 2006, 2029.
2 Rn. 5-114; vgl. dazu *M. Stürner*, RIW 2006, 338.

Zugang zu einer Vielzahl ausländischer Judikate und Literaturfundstellen auch eine profunde Quelle, die den Vergleich mit anderen Werken zum CISG nicht zu scheuen braucht.

Michael Stürner

Arlt, Roland, **True Sale Securitisation unter besonderer Berücksichtigung der Rechtslage in Deutschland und Italien**, Berlin, Duncker & Humblot 2009, 843 S.

1. Forderungsbesicherte Wertpapiere haben eine kurze, aber wechselvolle Geschichte. Lange kannte man in Deutschland nur den Pfandbrief in den Spielarten des Hypothekenpfandbriefs, des öffentlichen Pfandbrief und des Schiffspfandbriefs. Der Aufstieg dieser Finanzierungsform begann in den neunziger Jahren, in denen forderungsbesicherte Wertpapiere unter der Bezeichnung „*Asset-Backed-Securities*" oder kurz „ABS" weltweit enorme Zuwachsraten erlebten, so dass einige sich schon veranlasst sahen zu fragen, ob mit der Forderungsverbriefung ein alter Traum des Mittelalters – die Alchemie – endlich Wirklichkeit geworden sei.[1] Auch wenn wir mittlerweile erfahren haben, dass durch die Bündelung und Verbriefung von Forderungen keine neuen Werte aus dem Nichts geschaffen werden können, ist der Vergleich zur Alchemie durchaus passend. Bekanntlich hat der Sage nach der Mönch *Berthold Schwarz* bei alchemistischen Versuchen zufällig das Schwarzpulver entdeckt. Als ähnlich explosiv haben sich mittlerweile neben den sogenannten Credit-Default-Swaps auch Asset-Backed-Securities erwiesen, die von einigen als die Hauptschuldigen für die Finanzkrise ausgemacht werden. So führt das Bundeswirtschaftsministerium, dass „im Zentrum [der Finanzkrise] der Verbriefungsmarkt stand, auf dem Kreditrisiken gebündelt weiter verkauft wurden".[2] Dieser Finanzierungsform schlägt daher – ob zu Recht oder nicht – zur Zeit erhebliches Misstrauen entgegen.

2. Gerade vor dem Hintergrund dieser kritischen bis polemisch-ablehnenden Stimmung gegenüber Kreditverbriefungen, die im Schlagwort von „toxischen Papieren" ihren metaphorischen Ausdruck findet, untersucht *Roland Arlt* die sogenannte *True Sale Securitisation* als Spezialform der Verbriefung. Wie sich aus der Datierung des Vorworts ergibt, fiel der Abschluss der Arbeit zeitlich mehr oder weniger mit dem vorläufigen Höhepunkt der Krise in Gestalt der Insolvenz der Investmentbank Lehman Brothers zusammen. Die Arbeit beleuchtet also nicht in erster Linie die Rolle von ABS in der Krise, berücksichtigt diese aber an einzelnen Stellen. Gleichwohl besitzt diese umfassende und vertiefte Untersuchung gerade vor diesem hochaktuellen Hintergrund besondere Relevanz. Allerdings ist man geneigt zu fragen, ob nicht die „Faszination des Autors für diese Finanzierungstechnik" (S. 61), vom heutigen Standpunkt aus etwas kühler ausgefallen wäre.

3. Die immerhin 843 Seiten starke Schrift ist das Ergebnis einer von *Heribert Hirte* betreuten Dissertation an der Universität Hamburg. Der beeindruckende Umfang der Arbeit wird durch Breite der Fragestellung, Tiefe der Untersuchung und Detailreichtum der Darstellung gerechtfertigt. Die Arbeit ist einerseits eine umfassende Darstellung der ökonomischen Grundlagen sowie der Praxis der ABS-Transaktionen (in Vorkrisenzeiten), sie unternimmt andererseits eine rechtliche Untersuchung der vermögens-, insolvenz-, bank-, datenschutz-, bilanz- und steuerrechtlichen Rahmenbedingungen dieser Geschäfte. Hierbei berücksichtigt *Arlt* nicht nur die deutsche und die italienische Rechtsordnung, sondern geht hierüber weit hinaus, indem er auch das französische, das spanische, das luxemburgische sowie das maltesische Recht untersucht. Schließlich versucht *Arlt* unter Verwendung der rechtsvergleichend gewonnenen Erkenntnis *best practice rules* für ABS-Transaktionen zu entwickeln, an denen er schließlich insbesondere das italienische und das deutsche Recht misst.

4. Bei der Verbriefung von Forderungen wird im einfachsten Fall ein Bündel von Forderungen mit den für diese bestehenden Sicherheiten vom Gläubiger (*originator*) auf eine eigens gegründete Zweckgesellschaft (*Special Purpose Vehicle, SPV*) übertragen. Die Zweckgesellschaft begibt Schuldverschreibungen für die das Vermögen der Zweckgesellschaft – also der Forderungs-

---

1 *Schwarcz*, Die Alchemie der Asset Securitization, DB 1997, 1289-1297.
2 Bundesministerium für Wirtschaft und Technologie (Hrsg.), Jahreswirtschaftsbericht 2009, S. 18.

bestand – haftet. Zweck dieser Transaktion ist es, dem *originator* über den Kapitalmarkt besonders günstige Finanzierungsmöglichkeiten zu eröffnen, denn die Ausgliederung der Forderungen erlaubt es dem *originator*, diese Forderungen als Sicherheit für die Anleihe einzusetzen, wodurch sich bei entsprechender Werthaltigkeit der Forderungen günstige Refinanzierungszinsen ergeben.

Eng verwandt mit diesem Refinanzinanzierungsmodell ist wie angedeutet der Pfandbrief, bei dem die Hypothekenbanken einen sogenannten Deckungsstock schaffen, indem sie grundpfandrechtlich gesicherte Kredite bündeln. In einem zweiten Schritt werden Anleihen in Gestalt von Pfandbriefen am Kapitalmarkt platziert, für die die im Deckungsstock enthaltenen Deckungswerte haften. Die hohe Sicherheit dieser Papiere resultiert daraus, dass die verbrieften Forderungen durch Grundpfandrechte gesichert sind. In einer Insolvenz der Hypothekenbank, die man bislang für einen theoretischen Fall hielt – seit der nur durch Staatsintervention vermiedenen Insolvenz der Hypo Real Estate sind wir eines Anderen belehrt –, haften den Grundpfandbriefgläubigern die grundpfandrechtlich besicherten Hypothekenforderungen. Entscheidend bei diesem Modell ist die sogenannte „Insolvenzferne" des Forderungspools: Es muss gewährleistet sein, dass die verbrieften Forderungen und die für sie bestehenden Sicherheiten nicht in die Insolvenzmasse des *originators* bzw. der Hypothekenbank fallen. Beim deutschen Pfandbrief wird dies durch die gesetzliche Anordnung in § 30 Abs. 1 PfandBG erreicht.

5. Die exponentiellen Zuwächse im Verbriefungsmarkt resultierten daraus, dass man Anfang der neunziger Jahre begann, auch andere Vermögensgegenstände als Hypothekenforderungen (Forderungen von Kreditkartenunternehmen, von gewerblichen Vermietern oder Leasinggebern, von Telekommunikationsunternehmen, von Factoringunternehmen, Autofinanzierungsdarlehen) zu bündeln und zu verbriefen. Der durch das Pfandbriefgesetz vermittelte Schutz steht für diese Transaktionen wegen seines eng begrenzten Anwendungsbereichs nicht zur Verfügung. Zahlreiche Rechtsordnungen haben daher besondere „Verbriefungsgesetze" erlassen. In Italien ist dies in Form des *legge 30 aprile 1999, n. 130 – „Disposizioni sulla cartolarizzaione dei crediti"* geschehen, während der deutsche Gesetzgeber kein eigenes Gesetz geschaffen hat, sondern durch vereinzelte Änderungen im früheren Rechtsberatungsgesetz, im Gewerbesteuerrecht, im Insolvenzrecht und schließlich im Kreditwesengesetz (Einführung der §§ 22a ff. KWG) reagiert hat.

6. *Arlts* Untersuchung der Verbriefungsgeschäfte ist in fünf Teile gegliedert. Nach einer sehr informativen Einführung stellt *Arlt* abstrakt die ökonomischen Grundlagen und rechtlichen Strukturfragen einer *True Sale Securitisation* vor. Der dritte und der vierte Teil, mit jeweils über 120 Seiten, sind schließlich dem italienischen und deutschen Recht gewidmet. Die Arbeit schließt mit einer Zusammenfassung und einem Ausblick.

Arlt macht keinen Hehl daraus, dass er den vom italienischen Gesetzgeber gewählten Ansatz eines besonderen Verbriefungsgesetzes für deutlich überlegen gegenüber der deutschen „Patchwork-Lösung" hält. Als gesetzgeberische Meisterwerke auf diesem Gebiet bezeichnet er die Verbriefungsgesetze Luxemburgs und Maltas aus den Jahren 2004 bzw. 2006, da diese „potentiellen Originatoren weitreichende Freiheiten in der vertraglichen Gestaltung der Transaktion" (S. 430 f.) böten. Auch dem italienischen Verbriefungsgesetz l. 130/1999 bescheinigt er einen „sehr vorteilhaften Rechtsrahmen der *True Sale Securitisation*" geschaffen zu haben, wobei er Schwachstellen unter anderem im Hinblick auf die restriktive Regelung der Forderungsverwaltung ausmacht. Demgegenüber kritisiert er hinsichtlich der deutschen Rechtsordnung, dass bisher kaum Erleichterungen für Verbriefungsgeschäfte geschaffen worden seien, weshalb „das deutsche Rechtsumfeld im internationalen Vergleich unvorteilhaft" sei (S. 685). Auch von anderer Seite ist die deutsche Lösung bereits als wenig geglückt und praxisfern bezeichnet worden (*Fleckner/Frese*: Veräußerung und Indeckungnahme von Immobilienkrediten mit Hilfe des Refinanzierungsregisters, Kreditwesen 2007, 924 ff.). Allerdings wird man sich fragen müssen, ob tatsächlich alles erlaubt sein muss, woran die Finanzwirtschaft ein Interesse behauptet. Der deutsche Gesetzgeber wird sich insofern in seiner vorsichtigen Herangehensweise bestätigt finden. Jedenfalls seit dem Ausbruch der Finanzkrise wird kaum ein Gesetzgeber bereit sein, weitere die Errichtung von und den Handel mit strukturierten Finanzprodukten weiter zu erleichtern. *Arlts* Hoffnung, dass „die Weiterentwicklung der rechtlichen Rahmenbedingungen für *True Sale Securitisation* in Deutschland noch nicht abgeschlossen ist" (S. 556) wird sich daher zumindest kurz- und mittelfristig nicht erfüllen.

7. Insgesamt ist die von *Arlt* vorgelegte Arbeit eine außerordentliche wertvolle Untersuchung der nur Spezialisten vertrauten Materie der Verbriefungsgeschäfte. Nicht nur der Wissenschaftler wird hier eine Fülle von Informationen und Analysen über Hintergründe, Praxis und Rechtsprobleme der *True Sale Securitisation* finden, die Arbeit kann auch dem Rechtsanwender, der sich mit den rechtlichen Rahmenbedingungen dieser Geschäfte in Italien und Deutschland vertraut machen will, als umfassendes Handbuch dienen, das klar strukturiert und verständlich geschrieben ist. Inwieweit *Arlts* im Vorwort geäußerter Einschätzung zuzustimmen ist, dass *True Sale Securitisation* „zu Unrecht in den Strudel des Marktmisstrauens gerissen" wurden, bleibt abzuwarten. Jedenfalls wird in Zukunft das Bewusstsein wesentlich stärker ausgeprägt sein, dass Verbriefungsgeschäfte und vor allem der Handel mit Kreditderivaten neben Chancen eben auch erhebliche Gefahren bergen. Denn durch solche Transaktionen können Risiken zwar weitergegeben, verteilt und vielleicht auch versteckt werden, auflösen tun sie sich dabei aber nicht.

Moritz Brinkmann

III. Entscheidungen

Nr. 1   OLG Düsseldorf 10. Zivilsenat, Urteil vom 26.2.2009, Az. 10 U 121/08

Schadensersatz bei Stornierung einer Hotelbuchung

Leitsatz

1. **Zum anwendbaren Recht bei Zustandekommen eines Beherbergungsvertrages mit einem italienischen Hotelbetrieb.**
2. **Zum Anspruch des italienischen Hotelbetreibers auf Schadensersatz bei Stornierung einer Hotelbuchung nach Art. 1218 Cc.**

Gründe:

[...] Die Klägerin hat einen Anspruch gegen den Beklagten auf Zahlung von EUR 17.920,– aus einem Beherbergungsvertrag. Zinsen können ab Rechtshängigkeit in Höhe von 8 Prozentpunkten über dem Basiszinssatz verlangt werden.

1. Zwischen den Parteien ist ein Beherbergungsvertrag über jeweils 45 Betten im Zeitraum 03.-10.7.2005, 20.-27.8.2005, 10.-17.9.2005 zustande gekommen.

Das Zustandekommen und die Wirksamkeit des Beherbergungsvertrages richten sich gemäß Art. 31 Abs. 1 EGBGB nach dem für den Vertrag maßgeblichen Status, hier nach italienischem Recht. Die Parteien haben keine Rechtswahl im Sinne des Art. 27 EGBGB getroffen. Ob schon nach Art. 28 Abs. 1 EGBGB eine engere Verbindung mit Italien anzunehmen ist, mag dahinstehen. Jedenfalls ist nach Art. 28 Abs. 2 EGBGB zu vermuten, dass der Vertrag die engere Verbindung mit Italien aufweist, weil dort die charakteristische Leistung, namentlich die Beherbergung, zu erbringen sein sollte.

Auch im italienischen Recht bedarf es für das Zustandekommen eines Vertrages übereinstimmender Willenserklärungen, hinsichtlich derer das italienische Recht dem deutschen Recht weitgehend gleicht.[1] Auch das italienische Recht kennt einen Beherbergungsvertrag, auf den mangels spezieller Regelungen das allgemeine Vertragsrecht anzuwenden ist.

a) Das Landgericht ist zutreffend davon ausgegangen, dass die Klägerin eine verbindliche Buchung des fraglichen Zimmerkontingents im Jahre 2004 nicht substantiiert dargelegt hat.

Hinsichtlich der behaupteten Telefongespräche zwischen Frau P. H. und dem Beklagten fehlt jeglicher Vortrag zum Inhalt der Gespräche. Die angebotene Beweiserhebung liefe auf eine unzulässige Ausforschung hinaus. Entsprechendes gilt hinsichtlich der behaupteten schriftlichen Fax-Reservierung des Beklagten. Hier hat die Klägerin den Unterzeichner bzw. Urheber nicht benannt. Damit ist nicht vorgetragen, dass der Beklagte selbst oder ein bestimmter Dritter in ihm zurechenbarer Weise das Vertragsangebot der Klägerin angenommen hat. Allein die Verwendung des Briefkopfes „S. Reisen" vermag eine Zurechnung der Annahmeerklärung zum Beklagten nicht zu rechtfertigen.

Eine Anwendung der Grundsätze des deutschen Rechts über das kaufmännische Bestätigungsschreiben kommt schon deshalb nicht in Betracht, weil der Beklagte nicht Kaufmann ist, so dass dahinstehen kann, ob insoweit überhaupt deutsches Recht anwendbar wäre.

b) Aufgrund des Stornierungsschreibens vom 21.7.2005 kann aber angenommen werden, dass der Beklagte das fragliche Zimmerkontingent gebucht hat. Die Stornierung ist auf Veranlassung des Beklagten erfolgt und damit ein ausreichendes und zwingendes Indiz dafür, dass er zuvor einen entsprechenden Beherbergungsvertrag abgeschlossen hat.

---

1 Vgl. Grundmann/Zaccaria-*Grundmann*, Einführung in das italienische Recht, S. 203 ff.

aa) Das Stornierungsschreiben ist gefertigt unter dem Briefkopf „S. Reisen" und unterzeichnet mit „i.A. B.". Eine Vollmacht der Frau B., jetzt S., für den Beklagten zu handeln, kann aus dem Stornierungsschreiben selbst nicht abgeleitet werden.

Die Vollmacht beurteilt sich hier nach deutschem Recht. Das für die Vollmacht maßgebliche Recht ist nicht gesetzlich geregelt, vgl. Art. 37 Nr. 3 EGBGB. Im Interesse des Verkehrsschutzes ist die Vollmacht selbständig anzuknüpfen (Vollmachtstatut). Als Vollmachtstatut ist das Recht maßgeblich, in dessen Geltungsbereich die Rechtsmacht zur Auswirkung gelangt, wo von ihr Gebrauch gemacht wird.[2] Das Recht des Wirkungslandes entscheidet über das Bestehen, insbesondere die wirksame Erteilung einer Vollmacht, deren Auslegung und Umfang. Die Rechtsscheinsvollmachten beurteilen sich nach dem Recht des Ortes, wo der Rechtsschein gesetzt worden ist.[3]

Hier fehlt jegliche Darlegung der Voraussetzungen für eine Anscheins- oder Duldungsvollmacht, namentlich dass der Beklagte entweder das Auftreten der in seinem Namen handelnden Vertreterin bewusst geduldet oder aber ein solches Auftreten fahrlässigerweise nicht erkannt und verhindert hat.

bb) Nach dem Ergebnis der Beweisaufnahme in der mündlichen Verhandlung am 22.1.2009 steht aber fest, dass die Zeugin S. (vormals B.) das fragliche Zimmerkontingent auf Veranlassung des Beklagten storniert hat.

Die Zeugin S. hat in ihrer Vernehmung vor dem Senat ausgesagt, dass sie jedenfalls das Stornierungsschreiben vom 21.7.2005 auf Anweisung des Beklagten gefertigt und mit ihrem Namen unterzeichnet habe. Sie habe für den Beklagten nur aushilfsweise Schreibarbeiten erledigt, aber jeweils nur auf ausdrückliche Anweisung des Beklagten. Sie habe für ihn geschrieben, aber keine Telefonate geführt; wenn er nicht da war, habe sie lediglich eingehende Telefonate und Faxe in dem in ihrem Wohnhaus gelegenen Büro des Beklagten entgegen genommen und dann an den Beklagten weitergeleitet. Ob sie auf Anweisung des Beklagten Hotelbuchungen vorgenommen habe, wisse sie nicht mehr. Sie erinnere sich aber genau daran, dass ihr jetziger Ehemann, Herr S., und der Beklagte seinerzeit Hotels herausgesucht und angefragt hätten. Herr S. und der Beklagte hätten besprochen, neben den Beförderungsleistungen auch Hotelübernachtungen anzubieten; zur Vermarktung hätten sie zusammen einen ganzen Prospekt abgesprochen und gestaltet, sie hätten gemeinsam Bilder und Texte ausgesucht. Zur Durchführung sei aber keine der geplanten Reisen mit Hotelübernachtung gekommen. Die Hotelbuchungen seien vielmehr alle korrekt „abgemeldet" worden.

Die Aussage der Zeugin S. ist glaubhaft. Sie ist nachvollziehbar, in sich widerspruchsfrei und sowohl detailreich als auch detailgenau. Anhaltspunkte, an der Glaubwürdigkeit der Zeugin zu zweifeln, bestehen aus Sicht des Senats nicht. Der Beklagte hat weder mit seinen Einwänden noch mit seiner eigenen Aussage im Rahmen der Anhörung vor dem Senat die glaubhafte Aussage der Zeugin zu widerlegen oder ihre Glaubwürdigkeit zu erschüttern vermocht.

Ein eigenes Interesse der Zeugin S. an der Vermarktung von Busfahrten mit Hotelübernachtungen ist nicht ersichtlich. Nach dem eigenen Bekunden des Beklagten hat sie für ihn aus Gefälligkeit Tätigkeiten erledigt, sie hat hierfür kein Entgelt erhalten. Dafür, dass sie ihren jetzigen Ehemann, Herrn S., hat schützen wollen, gibt es gleichfalls keine Anhaltspunkte. Der Beklagte hat zwar geltend gemacht, dass Herr S. eigenmächtig die Hotels gebucht und die Prospekte in Auftrag gegeben habe. Nachvollziehbare Gründe für ein solches Verhalten sind jedoch nicht ersichtlich. Herr S. war ab 1.4.2005 als Busfahrer bei der Firma des Beklagten, S.-Reisen, ange-

---

2 Vgl. BGH NJW 1992, 618; NJW-RR 1990, 248, 250; Palandt/*Heldrich*, EGBGB, Anhang zu Art. 32.
3 Vgl. BGH NJW 2007, 1529.

stellt. Der Beklagte hat nicht darzulegen vermocht, welches Interesse Herr S. daran gehabt haben soll, ohne Wissen und Wollen des Beklagten unter dessen geplanter Firma vorab derartige Reisen zu planen und sogar entsprechende Prospekte drucken zu lassen. Der Vortrag des Beklagten in seinem nicht nachgelassenen Schriftsatz vom 4.2.2009, Herr S. habe vor Gründung der „S. Reisen Ltd." eine Firma „S. Reisen" unter eigenem Namen betrieben und für diese geschäftliche Aktivitäten entwickelt, kann keine Berücksichtigung finden. Es handelt sich um neuen Vortrag im Sinne des § 531 Abs. 2 ZPO, der nicht zugelassen werden kann und dementsprechend auch keinen Anlass zur Wiedereröffnung der mündlichen Verhandlung gibt. Seine Erkenntnis leitet der Beklagte maßgeblich von dem Auffinden des Angebotes für den Reiseprospekt vom 29.11.2004 her. Dieser befand sich aber bei den in seinem Besitz befindlichen Geschäftsunterlagen, so dass kein eine Nachlässigkeit ausschließender Grund für den verspäteten Vortrag ersichtlich ist.

Hinzu kommt, dass der Beklagte auf die Frage des Senats, ob er Frau B. angewiesen habe, das Storno-Schreiben vom 21.7.2005 zu fertigen, widersprüchliche Angaben gemacht hat. Zunächst hat er geantwortet, er könne sich nicht daran erinnern. Nach kurzer Abstimmung mit seinem Prozessbevollmächtigten hat er sodann ausgesagt, er habe keine Anweisung hierzu gegeben. Die Widersprüchlichkeit seiner Angaben wird nicht erklärt durch seine Vermutung im nicht nachgelassenen Schriftsatz vom 4.2.2009, die Eheleute S. hätten ihm möglicherweise im Frühjahr 2005 mitgeteilt, dass sie bereits Zimmerreservierungen getätigt haben und er habe ihnen daraufhin gesagt, dass dies ihre Sache sei und dass sie sich daher auch um etwaige notwendige Stornierungen kümmern mögen. Zum einen ist dieser Vortrag neu im Sinne des § 531 Abs. 2 ZPO. Zulassungsgründe für diesen neuen Vortrag sind nicht ersichtlich, so dass auch eine Wiedereröffnung der mündlichen Verhandlung nicht in Betracht kommt. Zum anderen bleibt unerklärlich, wieso der anwaltlich vertretene und beratene Beklagte diesen ersichtlich wichtigen Umstand nicht im Rahmen der mündlichen Verhandlung vor dem Senat mitgeteilt hat.

cc) Wenn aber die Zeugin S. das Stornierungsschreiben vom 21.7.2005 im Auftrag und mit Vollmacht des Beklagten verfasst hat, ist davon auszugehen, dass zuvor auch ein Vertrag entsprechend dem Inhalt des Schreibens der Klägerin vom 2.12.2004 zustande gekommen ist.

Aus dem Stornierungsschreiben ergibt sich die Absage eines der im Schreiben vom 2.12.2004 ausgeführten Termine gegenüber der Klägerin. Dies indiziert Kenntnisse, die nur hat, wer auch das den Vertragsinhalt bestätigende Schreiben der Klägerin vom 2.12.2004 und damit den vorangegangenen Vertragsschluss kennt. Der Vertragsschluss wiederum umfasst nicht nur die Reservierung für den im Fax vom 21.7.2005 stornierten Termin vom 20.8.-27.8.2005, sondern auch die Reservierungen für die Zeiträume vom 3.7.-10.7.2005 und 10.9.-17.9.2005. Dementsprechend ist davon auszugehen, dass der Beklagte Kenntnis von sämtlichen in diesem Prozess fraglichen Reservierungen hatte.

Bei den Reservierungen handelte es sich um verbindliche Buchungen. Die Möglichkeit, dass vor der Stornierung lediglich eine Abrede, gerichtet auf eine unverbindliche Vorhaltung des Zimmerkontingentes, getroffen worden sein soll, kommt nicht ernsthaft in Betracht. Es ist weder nachvollziehbar, dass über ein so großes Zimmerkontingent in der Hauptreisezeit lediglich eine unverbindliche Reservierung zustande gekommen sein soll, noch ergibt sich dies aus der Bestätigung der Klägerin vom 2.12.2004. Unter verständiger Würdigung ist vielmehr davon auszugehen, dass mit der Einigung über die Zimmerreservierung die Klägerin verpflichtet sein sollte, dieses Kontingent auch vorzuhalten; nur dann ist den berechtigten Planungsinteressen des Vertragspartners hinreichend Rechnung getragen. Mit der Verpflichtung zur Vorhaltung korrespondiert die Pflicht des Vertragspartners, diese auch zu bezahlen.

2. Infolge der Stornierungen/Nichtinanspruchnahme schuldet der Beklagte der Klägerin Schadensersatz nach Art. 1218 Cc. Dieser Anspruch ist gerichtet auf Zahlung einer bestimmten Geldsumme. Der Gläubiger ist so zu stellen wie er bei ordnungsgemäßer Erfüllung gestanden

hätte, abzüglich eventueller Vorteile aus der Nichterfüllung. Das Vertretenmüssen der Nichtleistung durch den Schuldner wird insoweit vermutet.[4]

Hier hat die Klägerin dargelegt, dass sie in der Zeit vom 03.-10.7.2005 45 Betten, in der Zeit von 20.-27.8.2005 38 Betten und in der Zeit von 10.-17.9.2005 45 Betten nicht anderweitig vermieten konnte. Von den pro Person und Tag vereinbarten € 34,– lässt sie sich € 14,– für ersparte Aufwendungen abziehen.

Der Beklagte hat zwar bestritten, dass diese Zimmer nicht anderweitig vermietet werden konnten. Sein Bestreiten bleibt jedoch ohne Erfolg. Gemäß Art. 1227 Abs. 2 Cc. oblag es der Klägerin, den Schaden gering zu halten, das heißt, sich um die Weitervermietung der stornierten Zimmer zu bemühen. Hierbei handelt es sich ebenso wie bei § 254 BGB um einen Mitverschuldenseinwand. Wenn sich der Beklagte hierauf beruft, obliegt es ihm, darzulegen und ggfls. zu beweisen, dass die Klägerin ihrer Schadensminderungspflicht nicht ausreichend nachgekommen ist. Bloßes Bestreiten genügt insoweit nicht. Die Höhe der in Abzug gebrachten ersparten Aufwendungen hat der Beklagte nicht substantiiert angegriffen.

---

4 Vgl. Grundmann/Zaccaria-*Zaccaria*, a.a.O., S. 175 ff.

Nr. 2 OLG Nürnberg, 10. Zivilsenat und Senat für Familiensachen, Urteil vom 18.2.2008, Az. 10 UF 1639/06

Zur Trennung von Tisch und Bett nach italienischem Recht

Redaktioneller Leitsatz:
Zu den Voraussetzungen einer „Unerträglichkeit der Fortführung des Zusammenlebens" nach Art. 151 Cc.

Gründe:

I. Der am 2.4.1966 geborene Antragsteller und die am 21.6.1963 geborene Antragsgegnerin sind italienische Staatsangehörige. Sie haben am 6.12.1986 vor dem Standesbeamten in M./Italien die Ehe geschlossen, aus der die Kinder M., geboren am 15.2.1987, und A., geboren am 15.11.1994, hervorgegangen sind.

Die Parteien lebten seit 1995 in Deutschland. Im Oktober 1997 verließ die Antragsgegnerin erstmals die eheliche Wohnung und zog vorübergehend nach Italien. Im Juli 1998 kehrte sie nach Deutschland und in die eheliche Wohnung zurück.

Seit Januar 2006 leben die Parteien erneut voneinander getrennt. Die Antragsgegnerin zog – nach vorheriger Absprache mit dem Antragsteller – mit dem Sohn A. unter Mitnahme fast des gesamten Hausrats und eines Pkw nach Italien. Im Mai 2006 kehrte die Antragsgegnerin mit A. nach Deutschland zurück. Zu einer Wiederaufnahme der ehelichen Lebensgemeinschaft mit dem Antragsteller kam es nicht mehr, da dieser sich inzwischen einer anderen Frau zugewandt hatte.

Mit Schriftsatz vom 18.7.2006 hat der Antragsteller Ehetrennungsklage nach italienischem Recht erhoben und zugleich Antrag auf Regelung des Umgangs mit dem Kind A. gestellt.

Das Amtsgericht – Familiengericht – Regensburg hat am 16.11.2006 die Parteien und am 22.11. 2006 das Kind A. angehört und nach – den Parteien zunächst nicht mitgeteilter – Abtrennung des Umgangsverfahrens mit Urteil vom 29.11.2006 den Antrag des Antragstellers auf Trennung von Tisch und Bett abgewiesen. Zur Begründung hat es ausgeführt, dass die Voraussetzungen des Art. 151 des italienischen Zivilgesetzbuches nicht festgestellt werden könnten, da der Antragsteller keinen Beweis für die eine Unzumutbarkeit des Zusammenlebens begründenden Tatsachen angetreten habe.

Hiergegen hat der Antragsteller form- und fristgerecht Berufung eingelegt, zunächst mit dem Ziel der Aufhebung der erstinstanzlichen Entscheidung und Zurückverweisung an das Amtsgericht. Hilfsweise hat er beantragt, auszusprechen, dass er das Recht habe, von der Antragsgegnerin getrennt zu leben und das Kind A. jeweils von Samstag, 10.00 Uhr bis Sonntag, 18.00 Uhr zu sich zu nehmen.

Inzwischen hält der Antragsteller nur den Trennungsantrag aufrecht.

Der Antragsteller behauptet, dass schon vor dem Auszug der Antragsgegnerin die Ehe der Parteien nicht mehr intakt gewesen sei.

Darüber hinaus wirft er der Antragsgegnerin eine mutwillige Schädigungsabsicht in finanziellen Angelegenheiten vor. So habe es die Antragsgegnerin abgelehnt, Kindesunterhalt im Wege des Lastschriftverfahrens entgegenzunehmen und habe stattdessen die Lohnpfändung betrieben; auch habe sie eine gemeinsame Einkommensteuererklärung mit Verzögerung unterschrieben.

Die Antragsgegnerin ist inzwischen mit dem Sohn A. wiederum nach Italien verzogen.

In diesem Zusammenhang beklagt sich der Antragsteller darüber, dass der Aufenthaltswechsel des Kindes nicht mit ihm abgestimmt worden sei und die Antragsgegnerin ihn auch nicht über einen weiteren geplanten Schulwechsel in Italien informiert habe.

Die Antragsgegnerin hat zunächst die eheliche Lebensgemeinschaft mit dem Antragsteller wiederaufnehmen wollen und hat daher die Zurückweisung der Berufung beantragt.

Mittlerweile stimmt die Antragsgegnerin der Trennung zu. Sie beantragt nunmehr die Feststellung, dass die Trennung dem Antragsteller anzulasten sei.

Diesem Feststellungsbegehren tritt der Antragsteller entgegen.

Der Senat hat gemäß § 293 ZPO ein schriftliches Rechtsgutachten des Prof. Dr. M. zu den Voraussetzungen der Ehetrennung nach Art. 151 Abs. 1 des Codice Civile eingeholt. Auf das Gutachten vom 20.12.2007 wird verwiesen.[1]

II. Die zulässige Berufung führt zur Abänderung der angefochtenen Entscheidung.

Die Trennung der Parteien von Tisch und Bett als Vorstufe zur Scheidung unterliegt dem italienischen materiellen Trennungsrecht (Art. 17, Art. 14 Abs. 1 Nr. 1 EGBGB, Art. 31 ital. IPRG).

Danach ist dem Trennungsbegehren des Antragstellers stattzugeben.

Obgleich die Antragsgegnerin nunmehr der Trennung zustimmt, liegt kein Fall des Art. 158 Cc. vor, der die Bestätigung einer einverständlichen Trennung der Ehegatten regelt. Diese Bestimmung setzt eine Vereinbarung der Ehegatten voraus, die, um bestätigt werden zu können, dem Gericht unter Wahrung der Schriftform vorzulegen ist.[2] Hieran fehlt es im vorliegenden Fall.

Es ist vielmehr eine „streitige" Trennung im Sinne der Art. 150 Abs. 2, Art. 151 Abs. 1 Cc. auszusprechen.

Die in Art. 151 Abs. 1 Cc. niedergelegten Voraussetzungen einer nicht einvernehmlichen Ehetrennung liegen vor. Es liegen Umstände vor, die die Fortsetzung des Zusammenlebens der Parteien unerträglich machen.

Wie dem erholten Rechtsgutachten zu entnehmen ist, nimmt die wohl herrschende Ansicht in der italienischen Literatur und Rechtsprechung bei der Interpretation des Begriffs der Unerträglichkeit weder eine alleinige subjektive noch eine alleinige objektive Bewertung vor. Vielmehr ist danach auf der Basis feststellbarer objektiver Umstände auch die subjektive Einstellung der Parteien zu berücksichtigen, wobei die Unerträglichkeit beim Vorliegen objektiver Umstände auch nicht dadurch ausgeschlossen werden kann, dass einer der Ehegatten an der Ehe weiter festhalten will. Wenngleich die vorwerfbare Verletzung ehelicher Pflichten in den meisten Fällen auch objektiv auf die Unerträglichkeit des Zusammenlebens hindeutet, ist dies nicht unabdingbare Voraussetzung für eine solche Annahme.

Unter Anwendung dieser Grundsätze sind die vorliegenden Geschehnisse wie folgt zu bewerten:

Die räumliche Trennung der Ehegatten ist grundsätzlich geeignet, die Annahme der Unerträglichkeit eines hypothetischen weiteren Zusammenlebens zu begründen. Dies gilt vor allem dann, wenn in dem Auszug aus der ehelichen Wohnung eine schwerwiegende Verletzung der ehelichen Pflicht zum räumlichen Zusammenleben (s. Art. 144, 146 Cc.) liegt; ein solcher Fall liegt hier allerdings nicht vor. Aber auch aus der langen faktischen Trennung allein kann sich ergeben, dass die eheliche Gemeinschaft durch Entfremdung zusammengebrochen ist.

Vorliegend haben die Ehegatten seit Januar 2006 keinen gemeinsamen Wohnsitz mehr. Ein relevanter Kontakt außerhalb des gerichtlichen Verfahrens besteht ersichtlich nicht mehr. Auch die lang andauernde mangelnde Fähigkeit der Eheleute, Regelungen bezüglich der sich aufwer-

---

1 Das Gutachten ist abgedruckt in IPG 2007/08, Nr. 23 (Köln).
2 Vgl. OLG Stuttgart FamRZ 1997, 879 m.w.N.

fenden Folgen ihrer faktischen Trennung (wie z.B. Regelungen zum Umgang mit dem Sohn A.) zu treffen, deutet darauf hin, dass ein „normaler" ehelicher Umgang zwischen den Parteien nicht mehr stattfindet. Die Aufhebung der ehelichen Gemeinschaft hat sich nach allem in einer Weise verfestigt, dass eine Unerträglichkeit im Sinne des Art. 151 Abs. 1 Cc. anzunehmen ist.

Hinzu kommt, dass sich der Antragsteller einer anderen Frau zugewandt hat und dadurch gegen die eheliche Pflicht zur Treue (s. Art. 143 Abs. 2 Cc.) verstoßen hat, ohne dass dies nur Folge eines vorherigen pflichtwidrigen Verhaltens der Antragsgegnerin gewesen ist. Auch hierin ist ein objektives Indiz für eine gegebene Unerträglichkeit zur Fortsetzung der ehelichen Lebensgemeinschaft zwischen den Parteien zu sehen. Der dennoch vorgebrachte Wunsch der Antragsgegnerin, die eheliche Gemeinschaft fortzusetzen, steht der Annahme, dass eine Fortführung des ehelichen Zusammenlebens nicht mehr zu erwarten ist, in Anbetracht der Zerrüttung des ehelichen Verhältnisses im übrigen nicht entgegen.

Soweit die Antragsgegnerin sich in finanziellen Angelegenheiten nicht kooperativ gezeigt hat und dadurch gegen die zwischen Ehegatten bestehenden Pflichten zur Unterstützung und Zusammenarbeit (s. Art. 143 Cc.) verstoßen hat, kann auch hierin ein objektiver Umstand gesehen werden, der die Unerträglichkeit der Fortführung der Ehe begründet. Erfolgen solche Pflichtverletzungen häufiger, zeigt dies überaus deutlich, dass ein mit gegenseitigem Respekt und Rücksichtnahme verbundenes eheliches Zusammenleben zwischen den Ehegatten nicht mehr erwartet werden kann, wobei auch insoweit ein entgegenstehender Wille eines der Ehegatten hieran nichts zu ändern vermag.

Schließlich ist von Bedeutung, dass die Antragsgegnerin den Sohn A. im März 2007 von der Schule in Deutschland abgemeldet und an einer italienischen Schule angemeldet hat, ohne hiervon den Antragsteller zu verständigen. Hierin liegt ein Verstoß gegen die Pflicht eines Ehegatten, sich nach den Interessen der Familie und insbesondere der Kinder zu verhalten (s. Art. 143, 156 Cc.), wozu auch gehört, über den Umzug eines Kindes in ein anderes Land im Hinblick auf die wesentliche Bedeutung dieser Angelegenheit nur mit dem Ehegatten gemeinsam zu entscheiden. Auch hat die Antragsgegnerin durch ihr Verhalten die Möglichkeit einer dauernden Beziehung des Kindes zum anderen Elternteil (s. Art. 155 Cc.) erschwert und dadurch, dass sie den Antragsgegner nicht über den weiteren Verbleib und die schulische Laufbahn des Kindes informiert hat, die Minimalpflicht eines kooperativen ehelichen Verhaltens verletzt. Auch dieser Geschehensablauf rechtfertigt die Feststellung einer Unerträglichkeit des weiteren Zusammenlebens.

Nach allem liegen die Voraussetzungen für den vom Antragsteller beantragten Ausspruch der Trennung der Parteien vor.

Auch das Feststellungsbegehren der Antragsgegnerin ist begründet.

Die Trennung ist dem Antragsteller anzulasten.

Die Aufhebung der ehelichen Lebensgemeinschaft seit Januar 2006 ist darauf zurückzuführen, dass der damalige Umzug der Antragsgegnerin nach Italien im Einvernehmen mit dem Antragsteller erfolgt ist, wobei der Antragsteller zumindest in Aussicht gestellt hat, nachzukommen. Dies ergibt sich aus den Angaben der Parteien im Senatstermin vom 23.4.2007. Anstatt Frau und Kind zu folgen und ein gemeinsames Familienleben zu führen, hat sich der Antragsteller einer anderen Frau zugewandt und ein weiteres Zusammenleben mit der Antragsgegnerin kategorisch abgelehnt. Durch diesen Verstoß gegen die eheliche Treuepflicht ist dem Antragsteller die Verantwortung für die Trennung anzulasten.

Wenngleich auch die oben erörterten Verhaltensweisen der Antragsgegnerin Indizwirkung für die Feststellung der Unerträglichkeit im Sinne des Art. 151 Abs. 1 Cc. gehabt haben, so sind sie doch als nachvollziehbare Reaktionen auf den Treuebruch des Antragstellers zu werten. Dass es auch ohne das Fehlverhalten des Antragstellers zu den bezeichneten Pflichtverstößen der Antragsgegnerin gekommen wäre, ist nicht ernstlich anzunehmen. Es bleibt daher bei dem alleinigen Vorwurf an den Antragsteller.

Die angefochtene Entscheidung war daher nach Maßgabe der obigen Erörterungen abzuändern.

Über das Umgangsrecht war keine Entscheidung zu treffen. Diesbezüglich hat das Amtsgericht das Verfahren letztlich wirksam abgetrennt.

Die Kostenentscheidung folgt aus § 93a ZPO.

Die Voraussetzungen für die Zulassung der Revision nach § 543 Abs. 2 ZPO liegen nicht vor.

IV. Rechtsprechungsübersicht

(im Anschluss an die Übersicht in Band 21,
vornehmlich aus dem Publikationszeitraum 2008)

1. SCHULD-, SACHEN-, HANDELS- UND WIRTSCHAFTSRECHT

Nr. 1.1   EGBGB Art. 28, 31 Abs. 1, 37 Nr. 3; CC ITA Art. 1218, 1227 Abs. 2; EuGVVO Art. 2 Abs. 1

1. Zum anwendbaren Recht bei Zustandekommen eines Beherbergungsvertrages mit einem italienischen Hotelbetrieb.

2. Zum Anspruch des italienischen Hotelbetreibers auf Schadensersatz bei Stornierung einer Hotelbuchung nach Art. 1218 ital. BGB.

OLG Düsseldorf 10. Zivilsenat, Urteil vom 26.2.2009, Az.: 10 U 121/08, siehe oben S. 171.

Nr. 1.2   ZPO § 253 Abs. 2 Nr. 2; CISG Art. 78

1. Der Antrag auf Zahlung von Zinsen über dem italienischen Basiszinssatz ist unzulässig, da nicht hinreichend bestimmt i. S. des § 253 Abs. 2 Nr. 2 ZPO, soweit er sich allgemein auf einen ausländischen Zinssatz bezieht.

2. Die Höhe des Zinssatzes gem. Art. 78 CISG ist dem nationalen Recht zu entnehmen, das nach dem Kollisionsrecht des Forumstaats anzuwenden ist.

3. Bei Anwendung italienischen Rechts ist insoweit die Gesetzesverordnung Nr. 231 vom 9.10. 2002 zur Umsetzung der Richtlinie Nr. 2000/35/EG vom 29.6.2000 zur Bekämpfung von Zahlungsverzug im Geschäftsverkehr heranzuziehen.

OLG Frankfurt 7. Zivilsenat, Urteil vom 24.9.2009, Az.: 7 U 46/08

2. ZIVILVERFAHRENSRECHT

Nr. 2.1   EuZVO Art. 8, 10; ZPO § 1070

Die Annahmeverweigerung nach Art. 8 Abs. 1 EuZVO kann auch gegenüber der Übermittlungsstelle erklärt werden.

(Anforderungen an wirksame Auslandszustellung – Italien)

OLG Frankfurt 5. Zivilsenat, Beschluss vom 20.8.2008, Az.: 5 W 23/08, NJW-RR 2009, 71

Nr. 2.2   EuGVVO Art. 34, 45, 46; EMRK Art. 6; BGB n. F. § 253; italienisches Gesetz Nr. 47 1948 Art. 12

Die Zuerkennung eines Zahlungsanspruchs gemäß Art. 12 des italienischen Gesetzes Nr. 47 vom 8. 2. 1948 verstößt nicht gegen den ordre public im Sinne von Art. 34 Nr. 1 EuGVVO.

OLG Hamburg 6. Zivilsenat, Beschluss vom 16.11.2008, Az.: 6 W 50/08, mitgeteilt in BeckRS

3. STEUERRECHT

Nr. 3.1   KonsÜbk Wien Art. 1, 48, 49, 71; EWG Verordnung 1408/71 Art. 4, 13, 16, 17; EG Verordnung 669/2006; EStG 2002 § 62 Abs. 1 Nr. 1

Der Kindergeldanspruch einer im Inland ihren ständigen Wohnsitz innehabenden Angestellten eines Generalkonsulats für ihr volljähriges Kind gem. § 62 Abs. 1 Nr. 1 EStG wird weder durch das Wiener Übereinkommen v. 24.4.1963 über konsularische Beziehungen noch durch VO (EWG) Nr. 1408/71 ausgeschlossen.

FG Köln 14. Senat, Urteil vom 21.01.2009, Az.: 14 K 176/05, EFG 2009, 939-941 (Revision eingelegt)

Nr. 3.2   EStG § 62 Abs. 1 Nr 1; EWGV 1408/71 Art 13 Abs. 2

Kindergeld für Beschäftigte des italienischen Konsulats: Sind auf eine italienische Staatsangehörige, die in Italien einer Sozialversicherungspflicht unterliegt und deshalb als in Italien beschäftigt gilt, die italienischen Rechtsvorschriften anzuwenden, auch wenn sie tatsächlich als Botschaftsangehörige einer nichtselbständigen Beschäftigung in Deutschland nachgeht? Hat das Versicherungsland auch als Beschäftigungsland im Sinne der Art. 13 ff VO(EWG) Nr. 1408/71 zu gelten, so dass italienische Rechtsvorschriften unabhängig vom Wohnort der Klägerin anzuwenden sind, mit der Folge, dass der Kindergeldanspruch in Deutschland (auch nach dem Bosmann-Urteil des EuGH vom 20.5.2008 C-352/06) ausgeschlossen ist?

BFH 3. Senat, III R 12/09 (anhängiges Verfahren)

4. STRAFRECHT UND STRAFPROZESSRECHT

Nr. 4.1   EG Rahmenbeschluss 584/2002 Art. 3 Nr. 2; IRG § 83 Nr. 1; GG Art. 103 III, StPO ITA Art. 649

Das Verfahren wird ausgesetzt und dem Gerichtshof der Europäischen Gemeinschaften werden die folgenden Fragen zur Vorabentscheidung vorgelegt:

1. **Beurteilt sich die Frage, ob „dieselbe Handlung" im Sinne von Art. 3 Nr. 2 Rahmenbeschluss 2002/584/JI des Rates vom 13. Juni 2002 über den Europäischen Haftbefehl und die Übergabeverfahren zwischen den Mitgliedstaaten (ABl. EG Nr. L 190 v. 18.07.2002 S. 1 – RbEuHb) vorliegt,**
   a) **nach dem Recht des Ausstellungsmitgliedstaats,**
   b) **nach dem Recht des Vollstreckungsmitgliedstaats oder**
   c) **nach einer autonomen unionsrechtlichen Auslegung des Begriffs „dieselbe Handlung"?**
2. **Ist eine unerlaubte Einfuhr von Betäubungsmitteln „dieselbe Handlung" im Sinne des Art. 3 Nr. 2 RbEuHb wie die Mitgliedschaft in einer Vereinigung mit dem Zweck unerlaubten Handels mit Betäubungsmitteln, sofern die Ermittlungsbehörden zum Zeitpunkt der Aburteilung der Einfuhr Informationen und Beweis hatten, wonach der dringende Verdacht einer Mitgliedschaft bestand, es aber aus ermittlungstaktischen Gründen unterließen, dem Gericht die diesbezüglichen Informationen und Beweise zu unterbreiten und deswegen Anklage zu erheben?**

OLG Stuttgart 3. Strafsenat, Beschluss vom 26.6.2009, Az.: 3 Ausl 175/08, veröffentlicht in Juris.

5. GEMEINSCHAFTSRECHT

Nr. 5.1   EG Art. 3 Abs. 1 Buchst. G, 4, 10, 43, 49, 81, 86, 98, 234

Die Art. 43 EG und 49 EG in Verbindung mit den Art. 48 EG und 55 EG sind dahin auszulegen, dass sie Rechtsvorschriften wie den im Ausgangsverfahren streitigen entgegenstehen, soweit sie die Werbung für von privaten Gesundheitseinrichtungen vorgenommene medizinisch-chirurgi-

sche Behandlungen über landesweite Fernsehsender verbieten, während sie eine solche Werbung unter bestimmten Bedingungen über lokale Fernsehsender erlauben.

EuGH 2. Kammer, Urteil v. 17.7.2008, Az: C-500/06 (*Corporación Dermoestética SA gegen To Me Group Advertising Media*), EuZW 2008, 505-507, EWS 2008, 480-483, GesR 2008, 543-546

Nr. 5.2   EG Art. 10 EG; Richtlinie 388/1977 EWG Art. 2, 22

Die Italienische Republik hat dadurch gegen ihre Verpflichtungen aus den Art. 2 und 22 der Sechsten Richtlinie 77/388/EWG des Rates vom 17. Mai 1977 zur Harmonisierung der Rechtsvorschriften der Mitgliedstaaten über die Umsatzsteuern – Gemeinsames Mehrwertsteuersystem: einheitliche steuerpflichtige Bemessungsgrundlage sowie aus Art. 10 EG verstoßen, dass sie in den Art. 8 und 9 der Legge n. 289 concernente le disposizioni per la formazione del bilancio annuale e pluriennale dello Stato (legge finanziaria 2003) (Gesetz Nr. 289 über die Bestimmungen zur Festlegung des Jahres- und Mehrjahreshaushalts des Staates (Haushaltsgesetz 2003) einen allgemeinen und undifferenzierten Verzicht auf die Überprüfung der in mehreren Besteuerungszeiträumen bewirkten steuerbaren Umsätze vorgesehen hat.

EuGH Große Kammer, Urteil v. 17.7.2008, Az: C-132/06 (*Kommission/Italienische Republik*), EuZW 2008, 575-577, EWS 2008, 397-398

Nr. 5.3   EG Art. 39

Die Italienische Republik hat durch die Beibehaltung des Erfordernisses in ihren Rechtsvorschriften, dass auf allen unter italienischer Flagge fahrenden Schiffen die Aufgaben des Kapitäns und des Offiziers (Erster Offizier) von italienischen Staatsangehörigen wahrgenommen werden, gegen ihre Verpflichtungen aus Art. 39 EG verstoßen.

EuGH 6. Kammer, Urteil v. 11.9.2008, Az: C-447/07 (*Kommission/Italienische Republik*), veröffentlicht in Juris

Nr. 5.4   EG Art. 10; Richtlinie 112/2006 EG Art. 2, 193ff.; Richtlinie 388/1977 EWG, Art. 2, 22

Die Italienische Republik hat dadurch, dass sie mit Art. 2 Abs. 44 der legge n. 350, disposizioni per la formazione del bilancio annuale e pluriennale dello Stato (legge finanziaria 2004) (Gesetz Nr. 350 über den Jahres- und Mehrjahreshaushalt des Staats, Haushaltsgesetz 2004), vom 24. Dezember 2003 die in den Art. 8 und 9 der legge n. 289, disposizioni per la formazione del bilancio annuale e pluriennale dello Stato (legge finanziaria 2003) (Gesetz Nr. 289 über den Jahres- und Mehrjahreshaushalt des Staats, Haushaltsgesetz 2003), vom 27. Dezember 2002 vorgesehene Steueramnestie auf das Jahr 2002 ausgedehnt und somit einen allgemeinen und undifferenzierten Verzicht auf die Überprüfung der im Besteuerungszeitraum 2002 bewirkten steuerbaren Umsätze vorgesehen hat, gegen ihre Verpflichtungen aus Art. 2 Abs. 1 Buchst. a, c und d und aus den Art. 193 bis 273 der Richtlinie 2006/112/EG des Rates vom 28. November 2006 über das gemeinsame Mehrwertsteuersystem, durch die die Art. 2 und 22 der Sechsten Richtlinie 77/388/EWG des Rates vom 17. Mai 1977 zur Harmonisierung der Rechtsvorschriften der Mitgliedstaaten über die Umsatzsteuern – Gemeinsames Mehrwertsteuersystem: einheitliche steuerpflichtige Bemessungsgrundlage ab 1. Januar 2007 ersetzt worden sind, sowie aus Art. 10 EG verstoßen.

EuGH 5. Kammer, Urteil v. 11.12.2008, Az: C-174/07 (Kommission/Italienische Republik), HFR 2009, 322.

Nr. 5.5   EG Art. 43, 56

1. Durch den Erlass der Bestimmungen des Art. 1 Abs. 2 des Dekrets des Präsidenten des Ministerrats vom 10. Juni 2004 zur Bestimmung der Kriterien für die Ausübung der in Art. 2 des Decreto-legge Nr. 332 vom 31. Mai 1994, mit Änderungen umgewandelt in das Gesetz Nr. 474 vom 30. Juli 1994 (Decreto del Presidente del Consiglio dei Ministri, definizione dei criteri di esercizio dei poteri speciali, di cui all'art. 2 del decreto-legge 31 maggio 1994, n. 332, convertito, con modificazioni, dalla legge 30 luglio 1994, n. 474) vorgesehenen Sonderrechte hat die Italienische Republik gegen ihre Verpflichtungen aus – den Art. 43 EG und 56 EG, soweit diese Bestimmungen auf die in Art. 2 Abs. 1 Buchst. a und b dieses Decreto-legge in der durch das Gesetz Nr. 350 mit Bestimmungen für die Aufstellung des jährlichen und mehrjährigen Staatshaushalts (Finanzgesetz 2004) (Legge n. 350, disposizioni per la formazione del bilancio annuale e pluriennale dello Stato [Legge finanziaria 2004]) geänderten Fassung vorgesehenen Sonderrechte angewandt werden, und – aus Art. 43 EG, soweit diese Bestimmungen auf das in Art. 2 Abs. 1 Buchst. c vorgesehene Sonderrecht angewandt werden, verstoßen.

EuGH 3. Kammer, Urteil v. 26.3.2009, Az: C-326/07 (*Kommission/Italienische Republik*), veröffentlicht in Juris.

Bearbeitet von stud. iur. Anna-Katharina Hübler und stud. iur. Dominik Braun, Heidelberg

V. Deutschsprachiges Schrifttum zum italienischen Recht

(im Anschluss an die Übersicht in Band 21,
vornehmlich aus dem Publikationszeitraum 2008)

1. Allgemeines

Bälz, Kilian/Moelle, Henning/Zeidler, Finn: Rechtsberatung pro bono publico in Deutschland – eine Bestandsaufnahme, NJW 2008, 3383-3388.

Bergner, Lutz: Der italienische Regionalismus: Ein Rechtsvergleich mit dezentralen und föderalen Systemen, insbesondere mit dem deutschen föderativen System, Hamburg 2008.

Grote, Georg: I bin a Südtiroler: kollektive Identität zwischen Nation und Region im 20. Jahrhundert, Bozen 2009.

Henninger, Thomas: Europäisches Privatrecht und Methode. Entwurf einer rechtsvergleichend gewonnenen juristischen Methodenlehre, Tübingen 2009 (Länderbericht Italien S. 168-175).

Hilpold, Peter (Hrsg.): Minderheitenschutz in Italien, Wien 2009.

Neumann, Andreas: Sprachensterben in Europa. Rechtliche Maßnahmen zur Erhaltung von Minderheitensprachen, Wien 2009.

Perathoner, Christian: Kulturkampf oder Europäisierung? Die Geschichte des Instituts für Italienisches Recht an der Universität Innsbruck, Saarbrücken 2008.

Rauscher, Thomas/Pabst, Steffen: Die Rechtsprechung zum Internationalen Privatrecht 2007–2008, NJW 2008, 3477-3482.

Volgger, Ruth Margit: Über den Gebrauch der deutschen Sprache bei öffentlichen Dienstleistungen in Südtirol, Theorie und praktische Anwendung, Innsbruck 2008.

2. Schuld-, Sachen-, Handels- und Wirtschaftsrecht

Arlt, Roland: True Sale Securitisation unter besonderer Berücksichtigung der Rechtslage in Deutschland und Italien, Berlin 2009 [dazu die Rezension von *Brinkmann*, in diesem Band].

Cerina, Suzana: Die Missbrauchsklausel der Zahlungsverzugsrichtlinie. Ihre Umsetzung in Deutschland und Italien im Rechtsvergleich, Baden-Baden 2009.

Däubler, Wolfgang/Heuschmid, Johannes: Cartesio und MoMiG – Sitzverlagerung ins Ausland und Unternehmensmitbestimmung, NZG 2009, 493-496.

Eikenberg, Thorsten: Der Jahrsabschluss deutscher und italienischer Kapitalgesellschaften, Frankfurt 2008.

Feller, Sabine/Jurisch, Thomas: Schadensregulierung bei Verkehrsunfällen in Italien, ZfS 2008, 543.

Fleischer, Holger/Schmolke, Klaus Ulrich: Das Anschleichen an eine börsennotierte Aktiengesellschaft – Überlegungen zur Beteiligungstransparenz de lege lata und de lege ferenda, NZG 2009, 401-409.

Gebauer, Martin: (Kein) Strafschadensersatz und italienischer ordre public, ZEuP 2009, 412-420.

Herrmann, Harald: Gebührenunterschreitung durch Steuerberater und Marktstörungsgefahr – Auswirkungen des EuGH-Entscheidung Cipolla zum (Niedrig-)Preiswettbewerb bei Marktstörungen i.S. des Akerlof'schen Zitronenmarktmodells, EWS 2009, 10-19.

Laimer, Simon: Durchführung und Rechtsfolgen der Vertragsaufhebung bei nachträglichen Erfüllungsstörungen, Tübingen 2009 (mit Rechtsvergleich Italien).

Di Matteo, Marco: Der Verbrauchsgüterkauf in Deutschland und Italien, Frankfurt 2009.

Mayr, Siegfried: Die Konjunkturpakete der italienischen Regierung, IWB 2009, 315-324.

Richter, Lutz: Der identitätswahrende Wegzug deutscher Gesellschaften ins EU-/EWR-Ausland auf dem Vormarsch – Zugleich Anmerkungen zu den Schlussanträgen in der Rechtssache Cartesio vom 22.5.2008, IStR 2008, 719-723.

Roth, Jürg: Sanierungsdarlehen, Nachrang – Gleichrang – Vorrang, Basel 2009 (Länderbericht Italien S. 128-131).

Rünz, Britta: Verbraucherschutz im Fernabsatz – Informationspflicht und Widerrufsrecht als Schutzinstrumente deutscher und europäischer Vorschriften, Münster 2005 (Länderbericht Italien S. 165-169).

Sangiovanni, Valerio: Die Geschäftsführung italienischer Gesellschaften und das Schlichtungsverfahren nach der Gesetzesverordnung Nr. 5/2003, RIW 2009, 305-311.

ders.: Das Kontrollrecht der GmbH-Gesellschafter und die Satzungsautonomie in Italien, GmbHR 2008, 978.

Schurr, Francesco A.: Transparenzgebot und Intransparenzverbot – Überlegungen zum Verbrauchervertragsrecht mit rechtsvergleichenden Hinweisen auf die Rechtslage in Italien, in: Ganner (Hrsg.), Die soziale Funktion des Privatrechts, Festschrift für Heinz Barta zum 65. Geburtstag, Wien 2009, S. 145-169.

Tietje, Christian/Kluttig, Bernhard: Beschränkungen ausländischer Unternehmensbeteiligungen und -übernahmen – Zur Rechtslage in den USA, Großbritannien, Frankreich und Italien, Halle 2008 (Länderbericht Italien S. 20-22).

Togo, Federica: Die Einführung der kollektiven Schadensersatzklage in Italien, GRURInt 2009, 132-133.

Ueding, Stefan: Prospektpflicht und Prospekthaftung im Grauen Kapitalmarkt nach deutschem und italienischem Recht, Frankfurt 2009.

Willemer, Victoria: Grenzüberschreitende Treuhandverhältnisse an GmbH-Anteilen. Eine rechtsvergleichende Untersuchung anhand des deutschen, italienischen und schweizerischen Kollisionsrechts, Baden-Baden 2008.

Zimmer, Daniel/Naendrup, Christoph: Das Cartesio-Urteil des EuGH: Rück- oder Fortschritt für das internationale Gesellschaftsrecht? NJW 2009, 545-550.

3. Familien-, Erb- und Staatsangehörigkeitsrecht

Bachmayer, Christian: Erbrechtliche Gestaltungsmöglichkeiten bei gemischtnationalen Ehen unter besonderer Berücksichtigung Gemeinschaftlicher Testamente und Erbverträge (Teil I), BWNotZ 2009, 28-38.

Breuer, Kai: Ehe- und Familiensachen in Europa – Das internationale Mandat mit Länderberichten, Bielefeld 2008 (Länderbericht Italien S. 352-364).

Castelli, André: Italien: Folgen der gerichtlichen Testamentsanfechtung für die Fälligkeit und Festsetzung der Erbschaftsteuer, ZEV 2008, 78-79.

Gerecke, Martin/Valentin, Julia Maria: Kinder auf Bestellung – „Geliehene Mütter" und ihre rechtliche Behandlung im Vergleich, in: Hoyer/Hattenhauer/Meyer-Pritzl/Schubert (Hrsg.), Gedächtnisschrift für Jörn Eckert, Baden-Baden 2009, S. 233-250 (Länderbericht Italien S. 247-250).

Kratzer, Susanne: Die vorweggenommene Erbfolge in Deutschland und Italien unter besonderer Berücksichtigung des Familienvertrages (*patto di famiglia*), Frankfurt 2009.

Reiß, Jürgen: Italien: Anspruch auf Zurückzahlung zu viel gezahlter Erbschaftsteuer bei fehlerhafter Erstellung der Erbschaftsteuererklärung, ZEV 2008, 428-429.

Völker, Mallory: Keine Anerkennung einer italienischen Sorgerechtsentscheidung, in Deutschland bei fehlender Anhörung des Kindes in Italien, jurisPR-FamR 25/2008 Anm. 3.

4. Arbeits- und Sozialrecht

Hein, Susanne: Antidiskriminierung – quo vadis? Ein Überblick zum italienischen Arbeitsrecht, NZA 2008, 82-91.

Fuchs, Maximilian: Zwischen Macht und Recht: Betriebliche Arbeitnehmervertretung in Italien, in: Höland/Hohmann-Dennhard/Schmidt/Seifert (Hrsg.), Arbeitnehmermitwirkung in einer sich globalisierenden Arbeitswelt, Employee Involvment in a Globalising World. Liber Amicorum Manfred Weiss, Berlin 2005, S. 345-358.

5. Gewerblicher Rechtsschutz, Medien- und Urheberrecht

Alich, Stefan: Neue Entwicklungen auf dem Gebiet der Lizenzierung von Musikrechten durch Verwertungsgesellschaften in Europa, GRUR Int 2008, 996-1007.

Fayaz, Nilab: Sanktionen wegen der Verletzung von Gemeinschaftsmarken: Welche Gerichte sind zuständig und welches Recht ist anzuwenden? (2. Teil), GRUR Int 2009, 566-577.

Goldmann, Michael/Möller, Ralf: Anbieten und Verbreiten von Werken der angewandten Kunst nach der „Le-Corbusier-Möbel"-Entscheidung des EuGH – Ist die „Wagenfeld-Leuchte" erloschen? GRUR 2009, 551-558.

Lerach, Mark: Defensivmarken für Veranstaltungsbezeichnungen – Eine Fallgruppe bösgläubiger Markenanmeldung gem. § 8 II Nr. 10 MarkenG? GRUR 2009, 107-111.

Moglia, Marianna: Italien – Irreführende Werbung für Zigaretten mit dem Schriftzug „Lights", GRUR Int 2008, 269.

dies.: Italien – Reduzierung der Laufzeiten für Patente auf Pharmazeutika, GRUR Int 2008, 879.

Ubertazzi, Benedetta: Die EG-Beweisaufnahmeverordnung und die „Beschreibung" einer Verletzung des geistigen Eigentums, GRUR Int 2008, 807-817.

Zhou, Cui: Neue Rechtsprechung gegen unlauteren Wettbewerb und Markenpiraterie in der VR China – Zum Urteil des Obersten Chinesischen Volksgerichts vom 24. März 2008 – Ferrero/Mengtesha, GRUR Int 2009, 201-205.

6. Zivilverfahrens- und Insolvenzrecht

Arlt, Roland: Vorinsolvenzliche Sanierungsverfahren und Restrukturierung in Italien, ZInsO 2009, 1081-1091.

Barba, Angelo: Die italienische kollektive Schadensersatzklage zum Schutze der Verbraucher, in: Casper/Janssen/Pohlmann/Schulze (Hrsg.), Auf dem Weg zu einer europäischen Sammelklage?, München 2009, S. 243-257.

Benndorf, Bianca: Insolvenzverschleppungshaftung im deutschen und englischen Recht, Hamburg 2008 (mit Rechtsvergleich Italien).

Bunge, Jürgen: Zivilprozess und Zwangsvollstreckung in Frankreich und Italien, Berlin 2008.

Busch, Lisa: Zerschlagungsabwendende Verfahren im deutschen und italienischen Insolvenzrecht, Berlin 2009.

Gruber, Andreas: Beweise und Beweisführungsgrundsätze im italienischen Zivilrecht, in: DACH – Europäische Anwaltsvereinigung e.V. (Hrsg.), Beweise und Beweisführungsgrundsätze im Zivilrecht, Zürich 2008, S. 123-135.

Lehmann, Matthias: Anti-suit injunctions zum Schutz internationaler Schiedsvereinbarungen und EuGVVO, NJW 2009, 1645-1648.

Niemeyer, Christoph: Gläubigerbeteiligung im Regelinsolvenzverfahren. Eine rechtsvergleichende Untersuchung zum deutschen und italienischen Recht, Baden-Baden 2009.

Patti, Salvatore: Der Beweis des Kausalzusammenhangs: Beweislastumkehr und Vermutung im italienischen Recht, in: Colombi Ciacchi/Godt/Rott/Smith (Hrsg.), Haftungsrecht im dritten Millennium, Liability in the Third Millennium. Liber Amicorum Gert Brüggemeier, Baden-Baden 2009, S. 181-189.

Pluta, Maximilian: Insolvenzaufrechnung und der Grundsatz der par conditio creditorum, Bielefeld 2009.

Stefenelli, Julian: Gläubigerschutz im italienischen Recht, Frankfurt 2009.

7. Steuerrecht

Feldt, Matthias/Ellenberg, Diana/Brutscheidt, Erik/Plikat, Marc R.: Mehrwertsteuerrecht europäischer Staaten, 23 Länder im Überblick, Herne 2008 (Länderbericht Italien S. 197-234).

Flarer, Judith/Robatscher, Nadia: Die Gesellschaftssteuer IRES und das italienische Außensteuerrecht, Saarbrücken 2008.

Glaser, Andreas: Regionale Steuerautonomie im Fokus des EG-Beihilfenrechts, EuZW 2009, 363-366.

Goebel, Sören/Jacobs, Claudia: Unmittelbare Anwendbarkeit der ZLRL trotz Umsetzung in § 50g EStG? IStR 2009, 87-92.

Goebel, Sören/Eilinghoff,Karolina/Schmidt, Sebastian: Der Wirrwarr mit den Rückfallklauseln: Neue Entscheidung des BFH vom 17.10.2007 – Vertrauensschutz für alle offenen Fälle …?, IStR 2008, 750-754.

Hahn, Hartmut: § 8 Nr. 1 GewStG verstößt nicht gegen die Zinsen- und Lizenzgebühren-Richtlinie – eine Erwiderung auf den Beitrag von Goebel und Jacobs, IStR 2009, 346-348

Hilpold, Peter/Steinmair, Walter/Rier, Klaus: Italien im internationalen Wettbewerb der Steuerstandorte, Luzern 2009.

Homburg, Stefan: AWD – ein deutscher Anwendungsfall für Marks & Spencer, IStR 2009, 350-353.

Mayr, Siegfried: Das Steuerpaket der vierten Regierung Berlusconi, IWB 2008, 859-864.

ders.: Die italienische Zinsschranke, IWB 2009, 747-754.

Romani, Brigitte/Grabbe, Christian/Imbrenda, Alessandro: Wichtige Steueränderungen in Italien, IStR 2008, 210-216.

Satzger, Helmut: „Schwarze Kassen" zwischen Untreue und Korruption – Eine Besprechung des Urteils BGH – 2 StR 587/07 (Siemens-Entscheidung), NStZ 2009, 297-306.

8. Öffentliches Recht

Arzt, Clemens: Libertà di riunione – Versammlungsfreiheit in Italien, Trento 2008.

Bandele, Andrea Bettina: Italien: Neues vom Datenschutzbeauftragten, MMR 2009, XII-XIII

Bayreuther, Frank: Inländerdiskriminierung bei Tariftreueerklärungen im Vergaberecht, EuZW 2009, 102-107.

Castelli, André: Italien: Gesetzgebungsverfahren zur Patientenverfügung, ZEV 2009, 186.

Von Danwitz, Thomas: Europäisches Verwaltungsrecht, Berlin 2008 (Länderbericht Italien S. 69-84).

Hilpold, Peter (Hrsg.): Minderheitenschutz in Italien, Wien 2009.

Prieß, Hans-Joachim/Hölzl, Franz Josef: Ausnahmen bleiben die Ausnahme! – Zu den Voraussetzungen der Rüstungs-, Sicherheits- und Geheimhaltungsausnahme sowie eines Verhandlungsverfahrens ohne Vergabebekanntmachung, NZBau 2008, 563-567.

Riz, Roland/Happacher, Esther: Grundzüge des Italienischen Verfassungsrechts unter Berücksichtigung der verfassungsrechtlichen Aspekte der Südtiroler Autonomie, Innsbruck 2008.

Valentin, Florian: Strom aus erneuerbaren Energiequellen im italienischen Recht, Baden- Baden 2009.

9. Strafrecht und Strafprozessrecht

Maiwald, Manfred: Einführung in das italienische Strafrecht und Strafprozeßrecht, Frankfurt 2009.

10. Gemeinschaftsrecht

Arhold, Christoph: Globale Finanzkrise und europäisches Beihilfenrecht – Die (neuen) Spielregeln für Beihilfen an Finanzinstitute und ihre praktische Anwendung, EuZW 2008, 713-718.

Noll-Ehlers, Magnus: Kohärente und systematische Beschränkung der Grundfreiheiten – Ausgehend von der Entwicklung des Gemeinschaftsrechts im Glücksspielbereich, EuZW 2008, 522- 525.

Pfeiffer, Thomas (Hrsg.): Analyse verbraucherpolitischer Defizite beim Erwerb von Teilzeitnutzungsrechten, Baden- Baden 2008.

Sobotta, Christoph: EuGH: neue Verfahren im Umweltrecht, ZUR 2009, 160-161.

Verlage, Christopher: Vergeltungszölle – Der EuGH rudert zurück, EuZW 2009, 9-11.

Bearbeitet von stud. iur. Anna-Katharina Hübler und stud. iur. Dominik Braun, Heidelberg

VI. Gutachten des italienischen Justizministeriums

In dieser Rubrik wurden regelmäßig Auskünfte des italienischen Justizministeriums abgedruckt, die auf Anfrage deutscher Gerichte im Verfahren nach dem Europäischen Übereinkommen betreffend Auskünfte über ausländisches Recht vom 7.6.1968[1] erstattet wurden. Zur Praxis dieses Übereinkommens im deutsch-italienischen Rechtsverkehr siehe *Otto*, Jahrbuch für Italienisches Recht 8 (1995), S. 229 f.[2] sowie seinen Beitrag in Band 12 (1999), S. 155 ff.[3]

Wie bereits in den Jahren 2004, 2006 und 2007 ergab eine Anfrage bei den Justizministerien der Länder, dass im Publikationszeitraum kein Ersuchen um Rechtsauskunft an das italienische Justizministerium gerichtet wurde.

---

1 BGBl. 1974 II, 938; Text mit Materialien abgedruckt bei *Wieczorek/Schütze*, ZPO, Band V: Internationales Zivilprozessrecht, 2. Aufl. Berlin 1980, CV.

2 Zuvor: *Otto*, Jahrbuch für Italienisches Recht 4 (1991), S. 139 ff. und 7 (1994), S. 233 ff.

3 Dort auch der Hinweis auf die einschlägige Dissertation von *Schellak*. Siehe zu Fragen des deutschen Verfahrensrechts bei der Einholung von Rechtsauskünften nach dem Übereinkommen *Mansel*, IPRax 1999, 387.

VII. Anhang

Verzeichnis der Organe und der korporativen Mitglieder der Deutsch-italienischen Juristenvereinigung (Vereinigung für den Gedankenaustausch zwischen deutschen und italienischen Juristen e.V.)

(Stand: Januar 2009)

Die Vereinigung hat über 1000 Mitglieder;
ihre Satzung ist abgedruckt in JbItalR 7 (1994), S. 330 ff.

Vorstand

Prof. Dr. Günter *Hirsch*,
Präsident des Bundesgerichtshofs a.D.
Bundesgerichtshof
76125 Karlsruhe
(Präsident der Vereinigung)

Prof. Dr. Peter *Kindler*
Universität Augsburg, Juristische Fakultät
Universitätsstraße 24,
86135 Augsburg
Tel. 0821/598 4520 bzw. 0821/598 4521,
Fax 0821/598 4522
peter.kindler@jura.uni-augsburg.de
(Generalsekretär der Vereinigung)

Rudolf F. *Kratzer*
Rechtsanwalt
Bahnhofstr. 32,
82143 München-Planegg
Tel. 089/8996340,
Fax 089/89963440
kanzlei@kratzerundpartner.de
(Erster Stellvertretender Vorsitzender)

Prof. Dr. Rainer *Hausmann*
Universität Konstanz, Juristische Fakultät
Universitätsstr. 10,
78434 Konstanz
Rainer.Hausmann@uni-konstanz.de
(Zweiter Stellvertretender Vorsitzender)

Dr. Herbert R. *Asam*
Rechtsanwalt
Adamstr. 4/II,
80636 München
info@blume-asam.de

Ehrenpräsidenten

Prof. Dr. Walter *Odersky*, Präsident des BGH a.D.
Tassilostr. 12, 82131 Gauting
WOdersky@aol.com

Ludwig *Martin*, Generalbundesanwalt a.D.
Märchenring 40, 76199 Karlsruhe

Kuratorium

Prof. Avv. Gerardo *Broggini*
Studio Legale Broggini
Via San Vittore, 45, I-20123 Milano

Korporative Mitglieder

ARAG s.p.a.
Direktor Ole Neuhaus
Viale delle Nazioni, 9, I-37135 Verona

Deutsches Notarinstitut
Gerberstr. 19, 97070 Würzburg
Tel. 0931/355760, Fax 0931/35576225
dnoti@dnoti.de

Institut für deutsches und internationales Recht des Spar-, Giro- und Kreditwesens an der Johannes-Gutenberg-Universität
Prof. Dr. Walther Hadding
Wallstr. 11, 55122 Mainz
Tel. 06131/31709, Fax 06131/381131

Villa Vigoni e.V.
Generalsekretär Prof. Dr. Gregor Vogt-Spira
Via Giulio Vigoni 1
I-22017 Loveno di Menaggio (Co)
Tel ++39/0344/36111, Fax ++39/0344/361210

VIII. Verzeichnis der Entscheidungen

B. = Beschluss, E. = Erlass, S. = Schreiben, U. = Urteil, V. = Verfügung, M = Mitteilung

Europäischer Gerichtshof

U. v. 17.07.2008, Az: C-500/06
EuZW 2008, 505 182

U. v. 11.12.2008, Az: C-174/07
HFR 2009, 322 182

U. v. 17.07.2008, Az: C-132/06
EuZW 2008, 575 182

U. v. 26.03.2009, Az: C-326/07
EuZW 2009, 458 183

U. v. 11.09.2008, Az: C-447/07
veröffentlicht in Juris 182

Bundesgerichte

Bundesfinanzhof anhängiges Verfahren, Az: III R 12/09 mitgeteilt in Juris 181

Oberlandesgerichte

Düsseldorf
U. v. 26.02.2009, Az: 10 U 121/08
ZMR 2010, 27 .... 171, 180

Hamburg
B. v. 16.11.2008, Az: 6 W 50/08 OLGR
Hamburg 2009, 184 180

Frankfurt
U. v. 24.09.2009, Az: 7 U 46/08
BeckRS 2008, 24556 180

Nürnberg
U. v. 18.02.2008, Az: 10 UF 1639/06
unveröffentlicht 175

Frankfurt
B. v. 20.08.2008,
Az: 5 W 23/08 NJW-RR 2009, 71 180

Stuttgart
B. v. 26.06.2009, Az: 3 Ausl 175/08
veröffentlicht in Juris 181

Finanzgerichte

Köln
U. v. 21.01.2009, Az: 14 K 176/05 EFG 2009, 939 .... 180 f.

Bearbeitet von cand. iur. Stephanie-Marleen Raach und cand. iur. Lorenz Jarass, Heidelberg

IX. Gesetzesverzeichnis

1. Deutsches Recht
2. Italienisches Recht
3. Recht der Europäischen Union

Die **fett** gedruckten Zahlen verweisen auf **Paragraphen** bzw. **Artikel**, die anderen Zahlen bezeichnen die jeweiligen Seiten (evtl. mit Fußnoten). Fundstellen wurden nur aufgenommen, sofern sie sich auf bestimmte Normen und nicht undifferenziert auf das Gesetz oder den jeweiligen Staatsvertrag beziehen. Findet sich eine Norm auf der jeweiligen Seite im Text sowie in einer Fußnote, so wird nur die Fundseite angegeben.

1. Deutsches Recht

AktG
(http://bundesrecht.juris.de/aktg/index.html)

23	79

EGBGB
(http://bundesrecht.juris.de/bgbeg/)

3	97
40	97-99

GmbHG
(http://bundesrecht.juris.de/gmbhg/)

32a	81
32b	81
45	80
52	80
64	81

2. Italienisches Recht

Codice civile
(http://www.altalex.com/index.php?idnot
=34794)

768-*bis* ff.	133
1117-1139	127
1138	127
1158	114
1223	99 f.
1226	102, 104
1350	120
1351	121 (Fn. 16)
1376	122
1385	121
1386	121
1441 ff.	110
1447 ff.	110
1453	121 (Fn. 17)
1453 ff.	110 f.
1482	111
1483	110
1490	110 f.
1491	111
1492	110
1494	110
1755	111
1759	111
2043	99, 103 f., 137-140, 142, 144,
2056	102, 104
2059	88, 90 f., 105, 137-139, 141, 143 f., 146
2364	70 (Fn. 19), 77
2380	65 (Fn. 9), 72, 77
2392	121 (Fn. 17)
2403	70
2409	70, 70 (Fn. 19), 71, 74
2468	78
2469	78

2473	78
2475	77
2476	79
2479	77
2483	79
2645	122
2671	123
2771	116
2772	116
2946	111

Codice della strada
(http://www.italgiure.giustizia.it/nir/1992/
lexs_134523.html)

237	97

Codice di procedura civile
(http://www.altalex.com/index.php?idnot
=33723)

490	134
570 ff.	133
576	133 f.
584	134
586	134

Costituzione della Repubblica Italiana
(http://www.infoleges.it/service1/scheda.aspx?
id=32287&service=1&ordinal=&fulltext=
&sommario=true)

2	88, 90, 92, 142 (Fn. 21), 143, 145, 146 (Fn. 32)
3	146 (Fn. 32)
11	150, 152.154, 159
13	92
24	151
32	92, 103 (Fn. 29), 146 (Fn. 32)
75	152 (Fn. 23), 160
76	151 (Fn. 21)
77	151 (Fn. 21)
117	154 - 161
123	160
134	152 (Fn. 23)
137	158
139	151 (Fn. 20)

Decreto legge n° 404/1992 vom 28.08.1992
(http://www.italgiure.giustizia.it/nir/1992/
lexs_135830.html)

8	126

Decreto legislativo n°58/1998
vom 24. Februar 1998
http://www.camera.it/parlam/leggi/
deleghe/98058dl.htm

124	73
154	75 (Fn. 27)

Decreto legislativo n°164/2000
vom 23. Mai 2000
(http://www.parlamento.it/parlam/leggi/
deleghe/00164dl.htm)

24	63 (Fn. 5)
26	63 (Fn. 5)

Decreto legislativo n° 122/2005
vom 20.06.2005
(http://www.altalex.com/index.php?
idnot=5897)

1	113
2	113
3	113
4	113
7	113
8	113
9	120

Decreto legislativo n° 206/2005
vom 06.09.2005
(http://www.altalex.com/index.php?idnot
=33366)

37	128
70	128
76	129
80	129

Decreto legislativo n° 209/2005
vom 07.09.2005
(http://www.altalex.com/index.php?idnot
=9869)

138	146
139	146

Decreto legislativo n° 169/2007
vom 12.09.2007
(http://www.altalex.com/index.php?idnot
=38216)

64-70	115 (Fn. 13)

Disposizioni per l'attuazione del codice civile
(http://www.lexced.it/Codice_Civile.aspx?
libro=8)
66 f. disp. att.   127
230 ff. disp. att.   114 (Fn. 11)

Legge n° 89/1913 vom 16.02.1913
(http://www.italgiure.giustizia.it/nir/1913/
lexs_2693.html)
47   123
49   123

Legge n° 87/1953 vom 11.03.1953
(http://www.comune.jesi.an.it/MV/leggi/
l87-53.htm)
2   152 (Fn. 23)

Legge n° 204/1958 vom 13.03.1958
(http://www.italgiure.giustizia.it/nir/lexs/1958/
lexs_180440.html)
3   157

Legge n° 590/1965 vom 26.05.1965
(http://www.italgiure.giustizia.it/nir/lexs/1965/
lexs_207034.html)
8   118 (Fn. 14)

Legge n° 333/1976 vom 10.05.1976
(http://www.italgiure.giustizia.it/nir/1976/
lexs_68081.html)
1   123

Legge n° 10/1977 vom 28.01.1977
(http://www.italgiure.giustizia.it/nir/1977/
lexs_70705.html)
1   125 (Fn. 26)

**Legge n° 191/1978 vom 18.03.1978,
conversione in legge, con modificazioni,
del Decreto legge n° 59/1978 vom 21.03.1978**
(http://www.italgiure.giustizia.it/nir/1978/
lexs_77682.html -> Legge)

(http://www.italgiure.giustizia.it/nir/lexs/1978/
lexs_260120.html -> Decreto legge)
12   126

Legge n° 392/1978 vom 27.07.1978
(http://www.sicet.it/pages/normativa/leggi/
leggi_nazionali/legge_392-78.htm)
7   120
10   127
38   120
39   120
41   120

Legge n° 218/1995 vom 31.05.1995
(http://www.altalex.com/
index.php?idnot=1178)
51   120
62   98 f.

Legge n° 296/2006 vom 27.12.2006
(http://www.parlamento.it/parlam/leggi/
06296l.htm)
48   112.

Legge regionale n° 4 vom 11.05.2006
(http://www.regione.sardegna.it/j/v/
80?s=24054&v=2&c=2133&t=1)
4   156 (Fn. 55), 157

Legge regionale n° 2 vom 29.05.2007
(http://www.regione.sardegna.it/j/v/
80?s=48682&v=2&c=3311&t=1)
3   156 (Fn. 55)

Legge regionale n° 3 vom 05.03.2008
(http://www.regione.sardegna.it/j/v/
80?s=75087&v=2&c=4426&t=1)
2   157 (Fn. 56)

3. Recht der Europäischen Union

EU-Vertrag (n.F.)   **1**   30, 34, 155 (Fn. 46)
(http://eur-lex.europa.eu/LexUriServ/   **2**   31, 32, 33
LexUriServ.do?uri=OJ:C:2008:115:0013:0045:   **3**   32, 33, 34, 43
DE:PDF)   **4**   41
Erster Erwägungsgrund   29, 31   **5**   33, 34

6	31, 39	**55**	49
7	32	**65**	49
12	40	**67**	38, 39, 41
20	45	**68**	39, 41, 57
39	35	**69**	39, 40, 57
49	32	**70**	38, 40, 48
		71	40, 41

EU-Vertrag (a.F.)
(http://eur-lex.europa.eu/LexUriServ/
LexUriServ.do?uri=OJ:C:2006:321E:0001:
0331:DE:pdf)

14	48	**72**	41
15	48	**73**	38, 41
29	38, 45, 47	**74**	41
30	47	**75**	41, 49
31	45	**76**	38, 41
34	42	**77**	38, 42
35	42	**79**	38
66	41	**81**	43, 44
		82	44, 45, 47, 57
		83	44, 45, 47

**AEUV – Vertrag über die Arbeitsweise der
Europäischen Union**
(http://eur-lex.europa.eu/LexUriServ/
LexUriServ.do?uri=OJ:C:2008:115:0047:0199:
DE:PDF)

		84	46
		85	38, 40
		86	44, 46, 47
2	36, 54	**87**	44, 47, 48
3	36	**88**	38, 40, 47
4	36, 37, 38, 54, 55, 56, 57	**89**	44
5	36, 57	**91**	49
6	36, 54	**98**	49
7	34	**113**	50
8	34	**115**	50
9	35	**118**	49
10	35	**119**	34, 50
11	35	**120**	34
12	35	**122**	52
13	35	**126**	52
14	35	**133**	52
15	35	**134**	52
16	35, 36	**135**	52
17	36	**138**	52
20	42	**140**	52
26	39	**152**	53
28	48	**156**	53
29	48	**165**	53
30	48	**168**	53, 54
31	48	**169**	54
32	48	**173**	54, 55
33	41, 48	**174**	54
38	49	**189**	55
48	49	**191**	55
		194	56
		195	56
		196	56
		167	56
		219	52

238	48
240	41
352	57
283	52
284	52
329	45
347	56
352	43

Protokoll (Nr. 2) über die Anwendung der Grundsätze der Subsidiarität und der Verhältnismäßigkeit
(http://eur-lex.europa.eu/LexUriServ/
LexUriServ.do?uri=OJ:C:2008:115:0201:0328:
DE:PDF)

7	40

Protokoll (Nr. 19) über den in den Rahmen der Europäischen Union einbezogenen Schengen-Besitzstand
(http://eur-lex.europa.eu/LexUriServ/
LexUriServ.do?uri=OJ:C:2008:115:0201:0328:
DE:PDF)

3	47
5	47

Protokoll (Nr. 21) über die Position des Vereinigten Königreichs und Irlands hinsichtlich des Raums der Freiheit, der Sicherheit und des Rechts
(http://eur-lex.europa.eu/LexUriServ/
LexUriServ.do?uri=OJ:C:2008:115:0201:0328:
DE:PDF)

1	48
3	48

Protokoll (Nr. 26) über Dienste von allgemeinem Interesse
(http://eur-lex.europa.eu/LexUriServ/
LexUriServ.do?uri=OJ:C:2008:115:0201:0328:
DE:PDF)

1	35
2	35

Protokoll (Nr. 27) über den Binnenmarkt und den Wettbewerb
(http://eur-lex.europa.eu/LexUriServ/
LexUriServ.do?uri=OJ:C:2008:115:0201:0328:
DE:PDF)

Erster Erwägungsgrund   33

Vertrag zur Gründung der Europäischen Gemeinschaft
(http://eur-lex.europa.eu/LexUriServ/
LexUriServ.do?uri=OJ:C:2006:321E:0001:
0331:DE:pdf)

2	33
3	34, 50, 56
4	51
6	35
10	157
13	35
16	35
20	42
23	48
24	48
25	48
26	48
27	48
36	41
49	157
58	49
60	41
62	42
64	41
65	43
68	42
71	49
78	49
81	43
81	157
87	157
90	50
93	50
94	50
99	40
104	52
111	52
112	52
113	52
116	52
126	40
135	48
141	52
149	53
151	53
152	34, 53, 54
153	35
157	55

174	55
175	55
225	35
226 ff.	159
234	149, 152-154,
	158 -161
286	35
293	50
294	49
308	34

Vertrag über eine Verfassung für Europa
(http://www.consilium.europa.eu/igcpdf/de/
04/cg00/cg00087.de04.pdf)

I-2	31
I-3	33, 38
I-14	38
I-42	38
III-260	38
III-264	38
III-269	43
III-276	38
III-270	44
III-271	44
III-273	38
III-275	48

**Verordnung (EG) Nr. 2157/2001 des Rates
vom 8. Oktober 2001 über das Statut der
Europäischen Gesellschaft (SE)**
(http://eur-lex.europa.eu/LexUriServ/
LexUriServ.do?uri=CELEX:32001R2157:
DE:HTML)

2	83
38	65
48	70

**Verordnung (EG) Nr. 593/2008 des Euro-
päischen Parlaments und des Rates vom
17. Juni 2008 über das auf vertragliche Schuldverhältnisse anzuwendende Recht (Rom I)**
(http://eur-lex.europa.eu/LexUriServ/
LexUriServ.do?uri=OJ:L:2008:177:0006:01:
DE:HTML)

Erwägungsgrund 23	17
Erwägungsgrund 24	17
Erwägungsgrund 32	18
4	17, 18
5	18, 19 (Fn. 22)

6	17, 18, 19 (Fn. 22)
7	18 (Fn. 22)

**Zweite Richtlinie 88/357/EWG des Rates
vom 22. Juni 1988 zur Koordinierung der
Rechts- und Verwaltungsvorschriften für die
Direktversicherung (mit Ausnahme der
Lebensversicherung) und zur Erleichterung
der tatsächlichen Ausübung des freien
Dienstleistungsverkehrs sowie zur Änderung
der Richtlinie 73/239/EWG**
(http://eur-lex.europa.eu/
LexUriServLexUriServ.do?uri=
CELEX:31988L0357: DE:HTML)

Erwägungsgrund 5	13
7	13

**Richtlinie 92/49/EWG des Rates vom
18. Juni 1992 zur Koordinierung der Rechts-
und Verwaltungsvorschriften für die Direktversicherung (mit Ausnahme der Lebensversicherung) sowie zur Änderung der
Richtlinien 73/239/EWG und 88/357/EWG
(Dritte Richtlinie Schadenversicherung)**
(http://eur-lex.europa.eu/LexUriServ/
LexUriServ.do?uri=CELEX:31992L0049:
DE:HTML)

7	18

**Richtlinie 2000/31/EG des Europäischen
Parlaments und des Rates vom 8. Juni 2000
über bestimmte rechtliche Aspekte der
Dienste der Informationsgesellschaft,
insbesondere des elektronischen Geschäfts-
verkehrs, im Binnenmarkt („Richtlinie über
den elektronischen Geschäftsverkehr")**
(http://eur-lex.europa.eu/LexUriServ/
LexUriServ.do?uri=CELEX:32000L0031:
DE:HTML)

2	13
10	13
11	13

**Richtlinie 2000/35/EG des Europäischen
Parlaments und des Rates vom 29. Juni 2000
zur Bekämpfung von Zahlungsverzug im
Geschäftsverkehr**
(http://eur-lex.europa.eu/LexUriServ/
LexUriServ.do?uri=CELEX:32000L0035:D
E:HTML)

Erwägungsgrund 7	9

Erwägungsgrund 13 9
2 9

**Richtlinie 2002/47/EG des Europäischen
Parlaments und des Rates vom 6. Juni 2002
über Finanzsicherheiten**
(http://eur-lex.europa.eu/LexUriServ/
LexUriServ.do?uri=CELEX:32002L0047:
DE:HTML)
Erwägungsgrund 3 7
Erwägungsgrund 5 7
1 6

**Richtlinie 2005/29/EG des Europäischen
Parlaments und des Rates vom 11. Mai 2005
über unlautere Geschäftspraktiken im
binnenmarktinternen Geschäftsverkehr
zwischen Unternehmen und Verbrauchern
und zur Änderung der Richtlinie 84/450/
EWG des Rates, der Richtlinien 97/7/EG,
98/27/EG und 2002/65/EG des Europäischen
Parlaments und des Rates sowie der
Verordnung (EG) Nr. 2006/2004 des
Europäischen Parlaments und des Rates
(Richtlinie über unlautere Geschäfts-
praktiken)**
(http://eur-lex.europa.eu/LexUriServ/
LexUriServ.do?uri=OJ:L:2005:149:0022:01:
DE:HTML)
Erwägungsgrund 8 10

**Richtlinie 2006/123/EG des Europäischen
Parlaments und des Rates vom 12. Dezember
2006 über Dienstleistungen im Binnenmarkt**
(http://eur-lex.europa.eu/LexUriServ/
LexUriServ.do?uri=OJ:L:2006:376:0036:01:
DE:HTML)
4 Nr. 3 12

**Richtlinie 2007/64/EG des Europäischen
Parlaments und des Rates vom 13. November
2007 über Zahlungsdienste im Binnenmarkt,
zur Änderung der Richtlinien 97/7/EG,
2002/65/EG, 2005/60/EG und 2006/48/EG**

**sowie zur Aufhebung der Richtlinie 97/5/EG
Text von Bedeutung für den EWR**
(http://eur-lex.europa.eu/LexUriServ/LexUri
Serv.do?uri=OJ:L:2007:319:0001:01:DE:HTML)
Erwägungsgrund 20 15
30 16
51 12, 16
83 16

Draft Common Frame of Reference – DCFR
(http://webh01.ua.ac.be/storme/
DCFRInterim.pdf)
II.-1:106 21 (Fn. 27)
II.-3:101 22 (Fn. 33), 22 (Fn. 34)
II.-3:102 21 (Fn. 27)
II.-3:103 21 (Fn. 27), 21 (Fn. 28)
II.-3:104 21 (Fn. 27)
II.-3:105 22 (Fn. 33)
II.-3:106 21 (Fn. 27), 22 (Fn. 33)
II.-3:107 21 (Fn. 27), 21 (Fn. 28),
22 (Fn. 33)
II.-3:401 21 (Fn. 27)
II.-4:210 22 (Fn. 34)
II.-5:106 21 (Fn. 27)
II.-5:201 21 (Fn. 27)
II.-5:202 21 (Fn. 27)
II.-9:102 21 (Fn. 27), 22 (Fn. 33)
II.-9:402 21 (Fn. 27)
II.-9:403 21 (Fn. 27)
II.-9:404 21 (Fn. 27), 22
II.-9:406 22, 22 (Fn. 34)
II.-9:408 21 (Fn. 27)
II.-9:410 21 (Fn. 27)
II.-9:411 21 (Fn. 27)
IV.A.-1:204 21 (Fn. 27)
IV.A.-4:302 22 (Fn. 34)
IV.B.-1:102 21 (Fn. 27), 21 (Fn. 28)
IV.C.-4:108 22 (Fn. 34)

Principles of European Contract Law – PECL
(http://frontpage.cbs.dk/law/commission_
on_european_contract_law/)
2:104 20 (Fn. 26)
4:110 20 (Fn. 26)

Bearbeitet von cand. iur. Stephanie-Marleen Raach und cand. iur. Lorenz Jarass, Heidelberg

Sachverzeichnis

(die Ziffern verweisen auf die Seitenzahlen)

Acquis Communautaire 4 f., 7 f., 37, 43
Außervertragliche Haftung (it) 95 ff., 137 ff.
– danno da fermo tecnico
  (Stillstandsschaden) 101
– danno esistenziale 137 ff.
  (*siehe auch dort*)
– Deliktische Haftung 95 ff.
– Deliktsstatut 97 ff.
– Direktanspruch gegen Versicherer 97 f.
– Nichtvermögensschaden 88 f., 105,
  137 ff.
– Nutzungsausfall 100 f. (*siehe auch dort*)
– Sachverständigenkosten 99 f.
– Schmerzensgeld 103 ff. (*siehe auch dort*)
– Verkehrsunfälle 95 ff.

Baugenehmigung 111, 116 f., 125, 135
– condono (Heilung durch nachträgliche
  Baugenehmigung) 117
– Schwarzbau 117

Compromesso (Kaufvorvertrag) 120 ff.
– Funktion 121
– Inhalt 121
– Unwiderrufliche Kaufversprechen 121
– Vertragsstrafe 121
– Wirksamkeit 120 f.
Corporate Governance 65 ff.
– Deutschland 67, 69 f
– Dualistisches System (it) 65, 69
– Frankreich 69 f.
– Gesetzesverordnung vom 17.1.2003 (it),
  Nr. 6 65, 67
– Großbritannien 67
– Kanada 67
– Monistisches System (it) 65 f., 68 f.,
  71 ff., 77
– Selbstverpflichtungskodex für börsen-
  notierte Gesellschaften (Preda-Gesetz)
  (it) 67 ff., 71 ff.
– USA 66 f.

Danno esistenziale 137 ff.
– Begriff 138
– Entstehung und Entwicklung 138 ff.

– Kritik 141
– Rechtsprechung 141 ff.

Europäische Grundrechte 31, 38
– Charta der Grundrechte 32, 35, 38
Europäisches Gesellschaftsrecht 61 ff.
– Aktionsplan zur Modernisierung des
  Gesellschaftsrechts 82 ff.
– Europäische Genossenschaft (SCE) 64
  – Verordnung (EG) Nr. 1435/2003 64
– Europäische Gesellschaft (SE) 64 f., 69 f.,
  82 f.
  – Verordnung (EG) Nr. 2157/2001 64
– Europäische Privatgesellschaft (SPE)
  83 f.
– Europäische Wirtschaftliche Interessen-
  vereinigung (EWIV) 64, 82
– Richtlinie 2007/36/EG 64
– Richtlinie 2007/63/EG 64
– Small Business Act für Europa 7, 84
Europäisches Vertragsrecht 3 ff.
– Aktionsplan zum Europäischen Vertrags-
  recht 4, 20
– Asymmetrischer Vertrag 6 ff., 11, 13 f.,
  17 ff., 22 ff., 27 f.
– B2B 6 ff., 11 ff., 22 f., 25, 27 f.
  – Richtlinie über Finanzsicherheiten
    2002/47/EG 7
  – Small Business Act für Europa, *siehe
    Europäisches Gesellschaftsrecht*
– B2C 6, 10 ff., 20 ff., 25, 27
– Charakteristische Leistung 8 ff., 17 ff.
– Dienstleistungsrichtlinie 2006/123/EG
  11 f.
– Draft Common Frame of Reference
  21 f., 63
– Handelsvertreterrichtlinie
  86/653/EWG 8
– Kundenschutz 13 ff., 23
– Principles of European Contract Law 20
– Richtlinie über den elektronischen
  Geschäftsverkehr 2000/31/EG 13
– Richtlinie über die Märkte von Finanz-
  instrumenten 4, 14
  – Richtlinie 2004/39/EG 4, 14

– Richtlinie 2006/73/EG   14
– Richtlinie über unlautere Geschäfts-
  praktiken 2005/29/EG   10
– Richtlinie über Zahlungsdienste
  2007/64/EG   15 ff.
– Rom I Verordnung   17 ff.
– Schutz des die charakteristische Leistung
  erbringenden Unternehmens   8 f.
– Unidroit-Prinzipien   63
– Unternehmensverträge   61
– Verbrauchervertrag   5, 9, 11 f., 16 ff., 20 ff.
– Versicherungsrecht   12 f.
  – Richtlinie über die Nichtlebens-
    versicherung 1988/357/EWG   12 f.
– Zahlungsverzugs-Richtlinie
  2000/35/EG   8 f.

Gemeinschaftsrecht   149 ff.
– Gesetzgebungsbefugnis   154 f.
– ItalVerfGH
  – in direkten Verfahren   153 f.
  – in indirekten Verfahren   151 f.
– Verhältnis zum italienischen Recht
  149 ff.
  – Dualismus   149 f.
  – Gemeinschaftsrecht als „zwischen-
    geschaltete Normen"   153, 155 f.
  – Gemeinschaftsrechtskonforme
    Interpretation   150
  – Integration und Koordination   158
  – Schranken-Schranken   151, 158
  – Unmittelbare Anwendung des
    Gemeinschaftsrechts   150
  – Vorrang des Gemeinschaftsrechts
    150
– Vorabentscheidungsverfahren   149 ff.
  – Vorlage des italVerfGH   154, 156 ff.
Gesellschaft mit beschränkter Haftung (de)
79 f.
– Aktiengesellschaft, Abgrenzung zur
  79 f.
– Satzungsautonomie   79
Gesellschaft mit beschränkter Haftung (s.r.l.)
75 ff.
– Aktiengesellschaft (s.p.a.) Abgrenzung
  zur   75 ff.
– Austrittsrecht   78
– Geschäftsführung   77
– Gesellschafter   78 f.
– Gesellschaftsanteile, Übertragung von
  78

– Gesellschaftskapital   79
– Satzungsautonomie   76 f.
Gesellschaftsrecht (de)
– Corporate Governance   67, 69 f.
– Gesellschaft mit beschränkter Haftung
  79 f. *(siehe auch dort)*
– Gesetz zur Modernisierung des GmbH-
  Rechts und zur Bekämpfung von
  Missbräuchen (MoMIG)   80 f.
– Haftungsbeschränkte Unternehmer-
  gesellschaft   81
Gesellschaftsrecht (it)
– Aufsichtsrat   70 ff.
– Börsennotierte Gesellschaften   72 ff.
  – Audit Committee   73 f.
  – Haftungsrisiken   75
  – Satzungsautonomie   73
– Coporate Governance   65 ff.
  (siehe auch dort)
– Gesellschaft mit beschränkter Haftung
  (s.r.l.)   75 ff. *(siehe auch dort)*
– Vorstand   70 ff.
Grundfreiheiten   31, 39, 50 f., 53

Handelsrecht   61 ff.

Immobilienerwerb (it)   109 ff.
– Baugenehmigung   111, 116 f., 125, 135
  (siehe auch dort)
– Baugenossenschaften   134 f.
– Bauleitplanung   116
– compromesso (Kaufvorvertrag)   120 ff.
  (siehe auch dort)
– Erbfall   132 f.
– Ersitzung   114
– Erwerb einer noch zu bauenden
  Immobilie vom Bauträger   113
– Gesetzesvorhaben   135 f.
– Grundbuch   114, 122
– Grundsatz der lex rei sitae   120
– Haftung für Außenstände des Verkäufers
  116
– Hypothekenregister   114
– Immobiliarregister   114, 121 f., 126
– Insolvenz des Verkäufers   115 f.
  – Anfechtung durch den Insolvenz-
    verwalter   115
  – Insolvenzfestigkeit des Kaufvertrages
    bzw. Kaufvorvertrages   116
– Kataster   114 f.
– Kaufvertrag   122 ff.

– Makler   111 f., 122 (*siehe auch dort*)
– Mängelgewährleistung   110 (*siehe auch dort*)
– Nachvertragliche Verpflichtungen   126 f.
– Notar   112, 122 ff. (*siehe auch dort*)
– Rechtsbehelfe des Erwerbers   110 f.
– Steuerliche Behandlung   126, 129 ff.
  – Bemessungsgrundlage   130 f.
  – Erbschaftssteuer   133
  – Steuersätze   129 f.
  – Steuervergünstigungen für die prima casa   126, 128, 131 f.
– Time Sharing   128 f.
– Vermietete Immobilien   116 f.
– Vorkaufsrecht   113, 117 ff. (*siehe auch dort*)
– Vorzulegende Unterlagen   124 f.
– Wohnungseigentümergemeinschaft   127 f. (*siehe auch dort*)
– Zahlung des Kaufpreises   126
– Zwangsversteigerung   133 f.
  – mit öffentlichem Versteigerungstermin   134
  – ohne öffentlichen Versteigerungstermin   133 f.

Internationales Privatrecht
– Deliktsrecht   97 ff.
– Grundsatz der lex rei sitae   120

Makler   111 f., 122
– Gesetzliche Regulierung des Maklerberufes   112
– Haftung des Maklers   111
– Informationspflicht   111
– Registrierung des Vertrages   112
Mängelgewährleistung   110
– Abgrenzung zum aliud pro alio   110
– Kenntnis des Mangels   111
– Minderung   110
– Vertragsaufhebung   110
– Vorliegen eines Mangels   110

Notar   112, 122 ff.
– Aufgaben   122 f., 125
– Haftung   122 f.
– Kosten   123 f.
Nutzungsausfall   100 f.
– Bemessung   102
– Billigkeitserwägungen   102
– Mietwagenkosten   101
– Fiktiver Nutzungsausfallschaden   100 f.

– Nutzungswille   101
– Stillstandsschaden (danno da fermo tecnico)   101

Politiken der EU   29 ff.
– Energie   56
– Gemeinsame Außen- und Sicherheitspolitik   31, 36
– Gesundheit   54
– Raum der Freiheit, der Sicherheit und des Rechts   37 ff. (*siehe auch dort*)
– Raumfahrt   55
– Sport   37, 53, 57
– Steuern   50 f.
– Tourismus   56
– Umwelt   55
– Währung   51 f.
– Wirtschaft   51 f.
Prinzipien der EU   30, 32

Raum der Freiheit, der Sicherheit und des Rechts   37 ff.
– Grenzkontrollen   42
– Initiativrecht der Mitgliedsstaaten   41 f.
– Innere Sicherheit   41
– Kompetenzverteilung   38
– Lissabon, Vertrag von   37
– Nizza, Vertrag von   41
– Polizeiliche Zusammenarbeit   47
– Strafsachen
  – Eurojust   38, 40, 46
  – Europäische Staatsanwaltschaft   44, 46
  – Europol   38, 40, 47
  – Gegenseitige Anerkennung gerichtlicher Entscheidungen   45 f.
  – Kriminalprävention   46
  – Materielles Strafrecht   45 f.
– Verfassungsvertrag   37
– Zivilsachen   43
– Zuständigkeit Europäischer Gerichtshof   42

Schadensrecht (it)
  siehe Außervertragliche Haftung
Schmerzensgeld   103 ff.
– Biologischer Schaden (danno biologico)   103 ff.
– Moralischer Schaden (danno morale)   105 f.
Subsidiaritätsprinzip   39 f., 43, 54

Time Sharing 128 f.

Verbraucherschutz 5 f., 9 ff., 15, 17, 19, 21, 23, 54, 62
- Grünbuch der Kommission 10
Verfassungsrecht 87 ff.
- Bundesverfassungsgericht (de) 87
- Corte costituzionale 87, 92 ff.
- Kassationshof 88 ff.
  - Ausfüllung von Wertungslücken 89 ff.
  - Berufung auf verfassungsrechtliche Prinzipien 89 ff.
  - Rechtsfortbildung 89
  - Unterscheidung zwischen Regeln und Prinzipien 90 f.
- Verfassungsbeschwerde 87, 93
- Verfassungskonforme Auslegung 91, 93
- Vorrang der Verfassung 87, 93
Vorkaufsrecht 113, 117 ff.
- aus Denkmal- und Landschaftsschutz 119
- des Landwirts 118 f.
- des Mieters 119
- des Mieters von Gewerberaum 120
- für Erwerber von zu errichtenden Immobilien 120

Werte der EU 30 ff.
Wohnungseigentümergemeinschaft 127 f.
- Reform des Wohnungseigentums-rechts 127 f.
- Verwalter 127

Ziele der EU 32 f., 58
Zuständigkeit der EU 34 ff.
- Ausschließliche Kompetenz 36
- Datenschutzbeauftragter, europäischer 36
- Einzelermächtigung, Grundsatz der begrenzten 30, 34, 57
- Hilfskompetenz 36
- Konkurrierende Kompetenz 36 f.
- Protokoll über die Dienste von allgemeinem Interesse 35
- Unterstützungs-, Koordinierungs- und Ergänzungskompetenz 36

Bearbeitet von cand. iur. Stephanie-Marleen Raach und cand. iur. Lorenz Jarass, Heidelberg